Next 教科書シリーズ

現代教職論

羽田 積男・関川 悦雄 編

弘文堂

はじめに

　本書は、大学における教職課程で学ぼうとする学生を主たる対象として編まれている。

　わが国において、学校教育の歴史は、明治 5（1872）年の「学制」発布から出発して、およそ 150 年にもなろうとしている。その学校教育を支え続けてきたのは、多くの教員であった。彼らは、戦前の師範学校や専門学校、あるいは戦後の教員養成系大学や一般大学の教職課程などで養成された教員であった。なかにはいわゆる代用教員、検定試験合格者や非常勤教員などもいた。ながい歴史の中で教員は、常に社会から支持され敬意をもって遇されてきたが、彼らが受けてきた教員養成の教育は十分でなく、それゆえ常に課題を抱えた教員の集団でもあった。

　ひろい海岸線と豊かな四季を持つ国土のわが国ではあるが、人的資源を除けば、わが国の資源は決して恵まれず、その人的な資源をさらに開発し伸長することができるのは、多くの教員の日々の営みにかかっている。

　その教員を養成し、社会に送り出し、わが国の社会、経済を支えるのに寄与しているのは大学における教職課程の教育である。その課程における最初の入門編ともいうべき科目が「教職の意義等に関する科目」である。本書『現代教職論』は現代の教職の意義や教員の役割・職務内容等を広く説く目的で編まれている。

　新しい教育基本法は、平成 18（2006）年に成立し、既に定着しているが、なお国の教育政策は大きく変わり続けている。国の財政に問題があり、また経済的な格差や社会的な格差が指摘され、教育の現場にもその格差は大きな影響を与えているように見える。

　本書は、こうした時代背景の中で学校教育に取り組み、新しい時代を切り拓いていこうと教員を志望する学生の育成を念頭においている。

　変化の激しい流動的な社会の中で、現在の教員の立ち位置を確認しつつ、国際社会とわが国の現状を十分に理解した上で、現代の教職についてできるだけ具体的に理解できるよう、本書の編集には配慮をしている。またできるだけ平易な叙述につとめ、実例を挙げるなど、その理解し易さにも特

段の注意を払っている。より高い教職課程の専門的な科目に入っていける
ような準備的な要素をも盛り込んでいる。

　教職は現代においては専門職の１つに数えられるようになった。専門職
には教師の自律性が高く求められる。本書を通して、学生のさらなる成長
と自律への志向を大いに期待している。

　2016 年 1 月

編者　羽田積男・関川悦雄

目　次　┃　Next 教科書シリーズ『現代教職論』

はじめに…ⅲ

序章　教職の意義…1

1　教職とは…2

2　教職の意義とは…3

第1章　学校と教員の歴史…5

1　戦前の師範教育と教員像…6

A.「学制」と教員養成…6
B. 教育政策の転換と教員養成…7
C. 文相森有礼の教育政策と師範学校令…10
D. 師範教育令と教員養成制度…11
E. 臨時教育会議の答申と師範教育の改善…12
F. 大正自由教育と教員…14
G. 戦時下における教員養成…15
［コラム］教員に求められる資質や教員像…17

2　戦後の教育改革と教員像…19

A. 敗北を抱きしめて…19
B. 連合国軍政下における教育…19
C. アメリカ教育使節団と教員養成…20
D. 憲法の制定と教育基本法の成立…22
E. 教育委員会制度…25
F. 新制大学と教育養成…25
G. 教育職員免許法…26
H. 日本教職員組合の成立──教師労働者論…27
I. ILO-UNESCO の教師専門職論…27
J. 教員人材確保法の成立…28
K. 新しい「教育基本法」の制定…29
L. 教員免許状更新制の成立…29

●知識を確認しよう…30

第2章　教員の養成…31

1　大学の教職課程とその学び方…32

A. 教育職員免許法…32
B. 1988 年の免許法改正…33

C. 1998 年の免許法改正…34
D. 2007 年の免許法改正以降…36
E. 免許状の種類…37

2　教員に必要な教養…38

3　教職に関する科目…40

4　教科に関する科目…43

5　介護等体験…44

A. 介護等体験とは…44
B. 介護等体験の目的…45
C. 介護等体験の内容…46
D. 介護体験等で留意したいこと…47

6　教育実習…48

A. 教育実習とは…48
B. 教育実習の目的…49
C. 教育実習の留意事項…50

7　教員養成の質保証…52

A. 教職課程科目の充実と学習意欲の向上…52
B. 総合的な人間力育成の必要性…53
［コラム］イギリスの教育実習に学べ…55

●知識を確認しよう…56

第3章　教員の仕事と役割…57

1　学習指導と教育課程…58

A. 学習指導と生徒指導…58
B. 教育課程…58

2　校務分掌…60

A. 校務分掌とは…60
B. 職員の職務…61
C. 校務の内容…62

3　学級経営・学校経営…63

A. 学級経営…63
B. 学校経営…64

4　生徒指導と進路指導…66

A. 生徒指導…66
B. 進路指導…68

5　道徳教育…71

A. 道徳教育とは…71
B. 戦前・戦後の道徳教育…71

目　次　vii

　　　C. 道徳教育の目的と位置づけ…72
　　　D. 道徳教育の目標と内容…72
　　　E. 道徳科の指導・教師・授業時数・教材・評価…73

　6　教育相談…74
　　　A. 教育相談とは…74
　　　B. スクールソーシャルワーカー…75
　　　C. 子どもの SOS の相談窓口・教育相談室…76
　　　D. いじめの定義…76
　　　E. 外国人教育相談…77

　7　特別活動・部活動…77
　　　［コラム］「教員の多忙化」――チーム学校は実現なるか…78

　8　保護者・地域社会等の関わり…79
　　　A. 学校・家庭・地域の相互の連携協力…79
　　　B. 学校、保護者、家庭、地域に関する法令、学習指導要領…80
　　　C. 開かれた学校…81
　　　D. 学校のスリム化…83
　　　E. 学校外活動の評価…83
　　　［コラム］高校における政治的教養の教育　高校生の政治的活動について…83

　　　●知識を確認しよう…84

第4章　教員の資質と能力…85

　1　教員の専門性――授業・教材研究…86
　　　A. 教職と授業研究・教材研究…86
　　　B. 授業研究…86
　　　C. 教材研究…88
　　　［コラム］教員の自己分析という教材研究…90

　2　教員の専門性――生徒（子ども）理解・指導…90
　　　A. 教職と生徒理解・生徒指導…90
　　　B. 生徒理解…90
　　　C. 生徒指導…93
　　　D. 生徒理解・生徒指導における人間観…95

　3　教員の専門性――教育評価における専門性…96
　　　A. 学校教育における教育評価の機能…96
　　　B. 教育評価と教員の専門性…97
　　　C. 教育評価の考え方と方法…99

　4　中央教育審議会等の答申内容にみる資質能力…102
　　　A. 教員の資質能力と教育政策との関係…102
　　　B. これからの社会に求められる教員の資質能力…103
　　　C. 新しい時代の中で具体的に求められる教員の資質能力…104
　　　D. 教員資質の高度化、多様化への対応…106

●知識を確認しよう…108

第5章　教員の地位と身分…109

1　教員の身分とその保障…110

A. 公務員としての教員…110
［コラム］どうする主権者教育？…112
B. 教員の任用…112

2　関係法令による教員の服務規定…115

A. 学校の教員の服務…115
B. 職務上の服務…115
C. 身分上の服務…117
［コラム］教師のストライキ（争議行動）…118

3　懲戒・分限処分…120

A. 懲戒…120
B. 分限…123

4　待遇と勤務条件…125

A. 勤務条件…125
B. 給与…130

5　私立学校の教員…132

●知識を確認しよう…134

第6章　教員の研修…135

1　教員の資質能力の形成と研修…136

A. 教員研修の定義…136
B. 教員研修の服務上の形態…136
C. 教員研修の実施体系…137

2　さまざまな研修——初任研・10年研修・免許更新講習など…139

A. 初任者研修…139
B. 10年経験者研修…142
C. 教員免許更新制…144
［コラム］教員免許更新制の存廃をめぐる迷走…146

3　自己研修…147

A. 自己研修の経緯…147
B. 2012年中央教育審議会に見る自己研修のあり方…147
C. 自己研修の機会…148
D. 自己研修を可能にする能力…149
F. 「気づき力」を高める教育実習…151

4　教員評価…151

A. 背景…151
　　　B. 現在の教員評価の特徴…152
　　　C. 教員評価の実施状況…154
　　　D. 教員評価の年間プロセス…155
　　　E. 教員評価の意義…155
　　　F. 教員評価への準備…157

　　　● 知識を確認しよう…159

第7章　教職への進路…161

1　教師という仕事とそのやりがいの追求…162

　　　A. やりがいの源泉…162
　　　B. 教員の職務の実態とやりがい…163

2　教師のワーク・ライフ…165

　　　A. ワーク・ライフ・バランス…165
　　　B. 教員のワーク・ライフ・バランスを考える…165
　　　[コラム] 優先するのは仕事か家庭の事情か…167

3　教師の1日…167

　　　A. 登校から授業開始まで…167
　　　B. 授業と空き時間…168
　　　C. 給食指導・休憩時間…168
　　　D. 終業時間まで…168
　　　E. 放課後…168
　　　F. 下校時刻以降…169

4　さまざまな教師の生き方…169

　　　A. 「教師のライフコース」研究から…169
　　　[コラム] 若い女性教員が体験した信州の教育風土…171
　　　B. 教師像の諸類型…172
　　　C. 個々の教員の言葉に学ぶ…173

5　教師のメンタルヘルス…174

　　　A. 職務の多様性と多忙性…174
　　　B. 休職に追い込まれる教員たち…174
　　　C. 教員の負担感…176

6　未来を切り拓く教師——学び続ける教師…177

　　　A. 教員に必要な力量…177
　　　B. 資質・能力の層構成…178
　　　C. 同僚性の中で学ぶ…180

7　教員採用試験合格への道…181

　　　A. 教員採用に関する基本情報…181
　　　B. 教員採用の試験日程と準備のポイント…182

　　　● 知識を確認しよう…187

参考文献…188
資料編…190
おわりに…225
索引…227
編者・執筆者紹介…232

序章

教職の意義

本章のポイント

　学校の教員を目指す者であれば、誰でも心に決めなくてはならないことがある。教職とは学び続けることが必要な職業である。

　宗教改革者 M. ルター（Luther, M.）は、16 世紀の前半に公教育制度の確立を主張して、教職はこの世における最上の労働であると述べている。今その労働は、大学において養成される専門的な職となった。

　教育職員免許法は、その職業への道程を示している。しかしその道程を超えて、教員には自ら研究し修養することが法的にも求められている。教職について学ぶことは、単に職業への準備というにとどまらず、山積するわが国の教育課題を考えることでもある。

1 教職とは

　一般に教職とは、教育職員を指し示す。教員、教師あるいは先生などその使われる場面によってこれらの語は使い分けられてきた。

　江戸時代になり社会が安定すると、ほどなく寺子屋や手習塾などと呼ばれた庶民の学びの場が広まった。そこでは師匠と呼ばれる人たちが1人ひとりの子どもたちの学びを個別に指導した。いわゆる、読み、書き、算がその主な学びの内容であったが、師匠は子どもたちの学びを懇切に導く役割を果たしていた。特段に教えることに精通していない師匠が、一方的に何かを教授をすることは困難であったからである。また、女師匠が複数で子どもたちの指導に当たっていた手習塾も存在していた。女性が教員として活躍している今日の姿は、既に江戸時代にその嚆矢があったことになる。

　明治新政府のもとで1871（明治4）年に文部省が設置され、翌5年には近代学校の成立を宣言する「学制」が太政官から布告され、新しい教育、欧米に倣った学校教育が構想され実施された。明治の学校は、和室ではなく洋室に教壇が用意され、黒板が取り付けられ、師範学校で養成される教師が教えることが構想された。小学校といえども洋式の校舎を持つ学校は少なくなかった。

　師範学校の登場で、初めて政府によって計画され、養成された教員によって学校教育が始まったのである。子どもと教員の存在は、近代教育の原型をなすものでもある。

　1873（明治6）年の統計で見れば、全国に小学校12,588校、中学校20校が設立され、新しい小学校教員25,331名、中学校教員125名からなる学校教育制度がうぶ声を上げたのであった。

　制度発足後、わずか1〜2年でこれほどの学校を国民が自らの手で作り上げたことは驚異的であるが、その学校の中には、江戸時代の遺産である寺子屋を引き継ぐ学校もあったのである。

　しかし、問題は師範学校で養成される教員だけでは必要とされる教員の需要を満たすことが、直ちにはできなかった。いや、戦前はできなかったというべきである。単一の目的に捧げられた師範学校教育の限界であろう。

ところで小学校教員は、第2次世界大戦まで、その職名は「訓導」であり、中学校は教諭、高等学校と大学では教授というのが正式な職名であって身分上の呼称となっていた。

今日、わが国の教員は、すべて教諭という職名で呼ばれ、幼小中高の教員数は約110万人を数えるに至ったが、これらの教員はほとんど大学などにおいて養成された教員であり、まことに巨大な教育制度を支える集団となっている。今日、教員養成は主として大学が担っているが、大学がいかに大きく重要な社会的役割を担っているか想像ができよう。

その大学は、教養教育、専門教育、キャリア教育、課外教育など多目的な教育を提供する教育機関である。教員養成の課程はその中にあって、その必要とする単位数などにおいても、大学を卒業するために必要な単位数（124単位）の約半分の59単位が必要とされている。教員養成がいかに重要な課程であるか理解する必要があろう。

2　教職の意義とは

それでは教職の意義とは何か。

教職の意義とは、たとえば、「教育職員免許法」という教員養成に関する法律の中で謳われている概念である。この法律は、「教育職員の免許に関する基準を定め、教育職員の資質の保持と向上を図ること」を目的として、1949（昭和24）年に定められ、何度か改正されて今日に至っている。

現行の「教育職員免許法」の施行規則（第6条の表）において規定されている内容を見れば、「教職の意義等に関する科目」として、「教職の意義及び教員の役割」「教員の職務内容（研修、服務及び身分保障等を含む）」「進路選択に関する各種の機会の提供等」と定められており、これらの科目は幼稚園、小学校、中学校、義務教育学校、高等学校、中等教育学校、特別支援学校の教諭に必須な2単位科目として定められているのである。つまり、どの段階の学校教員であっても一様に必須な内容を明示しているのである。教員への道を歩むとき、教員に必要な基礎的な内容を学ぶことが謳われてい

るのである。

意義とは、岩波書店『広辞苑』（第6版）によれば、「物事が他との連関において持つ価値・重要さ」と説明されている。つまり、教職の意義とは、教育職員の持つべき職務の価値、重要さということになろう。

教職が持つ価値の高さ、その重要さは今日では誰にでも首肯できることであろう。しかし、その価値の高さや重要性は社会的なものであり、高い程度の教育を必要とする。教員の養成教育が問われるのである。

ところが、わが国の教員を取りまく環境は、決して安逸なものでなく、むしろ厳しいものがあろう。たとえば、OECD（経済協力開発機構）の調査では、わが国の教員の職場における労働時間は、世界的に見ても最も長いのである。また国際教育到達度評価学会（IEA）のTIMSS 2011や国際教員指導環境調査（TALIS 2013）によれば、教員の学歴は、OECD諸国の中では低位に位置づけられている。

つまり、世界の教員の受けた教育程度と比べて、多くの教員は十分な教員養成教育を受けていないまま教壇に立っているのである。そこで重労働に従事しているという事態は、私たちには思いもかけなかったことが進行しているということになる。この不都合な事実から私たちは目を背けてはならないのである。

かつてユネスコ（UNESCO）は、ILO（国際労働機関）とともに「教員の地位に関する勧告」（1966）を世界に向けて呼びかけたことがある。その教員養成課程に関して、「教員養成課程の目的は、学生一人ひとりが一般教育および個人的教養、他人を教える能力、国の内外を問わずよい人間関係の基礎をなす諸原則の理解および社会、文化、経済の進歩に、授業を通して、また自らの実践を通して貢献するという責任感を発展させるものでなければならない」と記している。

誰でも先に生まれたものは、後で生まれたものに何がしかのことを教えることができる。しかし、教師は生まれるものではなく、創られるものなのである。

第1章 学校と教員の歴史

本章のポイント

　わが国の師範教育の歴史を概観することで、その時代ごとに求められた"期待される教員像"について理解してほしい。学制期において政府は、東京に官立の師範学校を創設し、欧米流の教員養成法を用いて小学校教員の養成を行った。明治10年代には、儒教道徳・品行が教員に求められた。そして、明治20年代、国民教育を担う教員には、「順良・信愛・威重」の3気質が必要とされた。大正期は、子どもの自発性や個性を尊重しようという自由教育が1つの運動として展開され、教員たちは、官公立学校においても教育の理想を実践に移すことをためらわなかった。戦時下の教員は、戦時体制を支える存在として、皇国民錬成の役割を担わされることになった。

1　戦前の師範教育と教員像

A　「学制」と教員養成

1872（明治5）年9月、「学制」を全国の府県に公布し近代的な教育制度を発足させた。学制の教育理念は、「学制前文」とも呼ばれる「学事奨励に関する被仰出書」によく表現されている。そこにおいては、これからの学問は「身を立てるの財本」であると規定し、学校は国民各自の立身治産昌業のためのものであるとしている。さらに、この新しい学校には華士族農工商および婦女子の別なくすべて平等に就学すべきであり、「必ず邑に不学の戸なく家に不学の人なからしめん事を期す」と述べているのである。このような学問観によって立案された学制の教育制度はどのような内容であったのであろうか。

計画では、全国を8つの大学区に分け、各大学区を32の中学区に、各中学区を210の小学区に区分し、大学区には大学校、中学区には中学校、小学区には小学校を各1校設けることとしている。したがって、全国に設置されるべき大学校は8校、中学校は256校、小学校は53,760校という膨大な数字となる。

こうして学校が設立されていくのであるが、近代的教育制度に対応する教員養成が問題となった。新しい学問観に立脚した教育内容と方法についての資質が育成されなければならない。そこで政府は同年5月、学制の公布に先立って、わが国最初の教員養成機関である師範学校を東京に設立していた。学制の条文によれば、「小学ニ教ル所ノ教則及其教授ノ方法ヲ教授ス当今ニ在リテ極メテ要急ナルモノトス此校成就スルニ非サレハ小学ト雖モ完備ナルコト能ハス故ニ急ニ此校ヲ開キ其成就ノ上小学教師タル人ヲ四方ニ派出センコトヲ期ス」（39章）と師範学校について規定している。小学校教員の資格要件は、男女の別なく満20歳以上で師範学校卒業免状あるいは中学校卒業の免状を所有する者であること、師範学校卒業生が教員以外の職業に就くことまたはそれを兼務することを禁止することなどであった。

この師範学校は、アメリカの師範学校をモデルにして設立されたもので

あり、アメリカ人のスコット（Scott, M. M.）により教育がなされ、小学校教員が養成されたのである。このとき用いられた教授法は一斉教授法であり、1人の教員が多くの生徒を相手にして教育する形態は、わが国ではみられなかったものである。この方法が、師範学校を通じて、またその後各地に設けられた教員養成機関の講習などを経て、各地に広まっていった。

1873（明治6）年5月、「師範学校校則」が定められ、入学生徒年齢については学力優等の者は20歳以上35歳以下とし、学科を本科・予科に区分し修業年限はそれぞれ1年とした。本科は授業法の研究と実践を主として学び、予科は普通学科（英語・算術・物理・化学・国語・漢文等）を習得させた。その後、この師範学校は東京師範学校と改称され、学科課程も予科・本科とあらためられ、修業年限を2年とした。そして、1874（明治7）年までには、新たに大阪・宮城・名古屋・広島・長崎・新潟に官立の師範学校が設立されて、各府県の教員養成もしだいに名実を伴うようになった。

B 教育政策の転換と教員養成

「学制」は、欧米の教育制度を模範として定められたものであり、わが国の実際の経験を基礎としたものではなかった。文部省が教育を画一的かつ強圧的に実施したことによって、各地にさまざまの深刻な問題を引き起こした。さらに明治10年代の初期は国民思想の転換期でもあり、文明開化のいきすぎた欧化主義を批判して、知識才芸の教育よりも仁義忠孝を教育の基本とする復古思想が興隆し始め、学制とその教育理念も大きな変革を迫られることになった。また、この頃から自由民権運動が活発になり、政府はその抑制の方針をとらざるを得なくなった。

1879（明治12）年9月、学制の干渉主義を排して自由主義を基調とした「教育令」が公布された。教育令は47条からなる簡単なもので、小学校の設置を自由にして就学義務を緩和するとともに、地方町村の教育費負担を軽減するなどの条項も設けられていた。このような小学校設置運営についての自由な方針は、当時全国を風靡していた自由民権の思想と結びつけられ、自由教育令と通称された。しかし、あまりにも自由すぎるものとして批判され、公布後わずか1年余りで改正されることになった。

教育令の公布とほぼ同じ頃、「教学聖旨」が示された。これは、本文の「教

学大旨」と初等教育について言及した「小学条目二件」の2文からなり、明治天皇の教育についての意見を侍講の元田永孚がまとめ、天皇の教学に関する「聖旨」として文教責任者に伝えられたものである。まず教学大旨は、「教学ノ要、仁義忠孝ヲ明カニシテ、智識才芸ヲ究メ、以テ人道ヲ盡スハ、我祖訓国典ノ大旨、上下一般ノ教トスル所ナリ」と述べ、教学の根本は仁義忠孝を明らかにすることにあるとした。次に小学条目二件は、小学校に忠臣・孝子の画像や写真を掲げ、幼少のときから忠孝の心を養うこと、小学校教育が高尚な空理に終わることなく実学的な内容に改めるべきであるとした。

　教学聖旨が示された後、1880 (明治13) 年12月、教育令が改正された。それは、一般に「改正教育令」と称されている。改正教育令は、全文50条からなり、教育令同様に初等教育を中心としている。主な改正点は、教育の重要事項について文部卿の許可を経ることとし、府知事、県令の監督権限を拡大・強化したこと、小学校の設置、就学義務を強化したこと、学務委員については町村民の選挙制をやめ府知事・県令の任命制とし、文部省の厳しい監督の下においた。この改正によって、教育の内容や方法に関する干渉が著しくなったのである。また、改正教育令では小学校の「修身」を初めて教科の筆頭科目にすえ、小学校教育の根底に道徳教育を位置づけ、教育令では削除されていた教員の品行に関する条文が挿入された。これによって、各府県の師範学校設置義務や教員の資格・免許状にする規定など教育および教員養成の国家支配の強化が進められた。

　教学聖旨以降の教育内容を変革する方策は、教育の実際を担当する教員に対しても特別の措置をもたらしていった。

　文部省は、1881 (明治14) 年6月、小学校教員を対象に「小学校教員心得」を公布した。この心得は、教員のあるべき姿、教員として「恪守実践」すべき本分について記述したものである。心得の前文には「小学校教員ノ良否ハ普通教育ノ弛張ハ国家ノ隆替ニ係ル其任タル重且大ナリト謂フヘシ」とあるように、普通教育すなわち小学校教育の消長がそのまま国家の盛衰に関係している。そして、教員として心得るべき実践上の留意事項を16項目にわたって列挙した。その冒頭には「人ヲ導キテ善良ナラシムルハ多識ナラシムルニ比スレハ更ニ緊要」であるがゆえに、「殊ニ道徳ノ教育ニ力

ヲ用ヒ生徒ヲシテ皇室ニ忠ニシテ国家ヲ愛シ父母ニ孝ニシテ朋友ニ信ニシテ卑幼ヲ慈シ及自己ヲ重スル等凡テ人倫ノ大道ニ通暁セシメ」ることとある。つまり、教育の目的は、智識ある人間よりも善良な国民を育成することであり、教員はそのような善良な国民の育成に努めなければならないとしたのである。続いて、文部省は同年７月、「小学校教員免許状授与方心得」や「学校教員品行検定規則」を公布した。これらは、教員の資質に関する規定であり、教員の資質は儒教主義を基調とした復古思想から規定され、教員の政治的社会的行動は厳しく規制された。

　小学校教員免許状授与方心得は、改正教育令における「教員免許状」制の規定を受けて改定されたものである。改正教育令では、小学校の教員は官公立師範学校の卒業証書を有する者に限定し、それを持たない者であっても府知事県令より教員免許状を得た者はその府県で教員になることができるとした。また、教員の資格要件は従前の「教員ニ相応セル学力」から「品行不正ナルモノハ教員タルコトヲ得ス」という「品行」を最重要の要件と考えるようになり、教員観も大きく変化したのである。さらに、小学校教員免許状授与方心得は、教員の品行規制に関して当初「品行不正ニ因リテ其職ヲ解罷スルトキハ免許状ヲ没収スルモノトス」と規定したが、その後、「免許状ヲ授与スルニハ予メ品行等ヲ検定スヘシ」の一句を追加している。これは、教員の資格付与に際して教員の品行が重要要件とされたからである。さらに、学校教員品行検定規則では品行不正に該当する事項として、鎖錮（禁錮）以上の刑事罰を科せられた者、身代限り処分（破産宣告処分）を受けて弁償義務を終えていない者、荒酬暴激等の行動を行う者などを挙げている。これらに１つでも抵触する者は教員として不採用、あるいは解職、師範学校卒業証書および教員免許状の没収などの厳しい処分を受けることになったのである。この品行不正の要件が、実は自由民権派の政治活動に関与する教員を排除するための布石であったことは明らかなことである。この頃には、教員の政治活動を直接規制する措置も施行されていった。まず、1880（明治13）年４月自由民権運動抑制策の一環として「集会条例」が制定された。この条例において、軍人・警察官などと並んで官公私立の諸学校教員および生徒の政治集会への参加、政治的結社への加入が禁止された。さらに、文部省は公立学校教員の公衆に対する講談演説を一切禁止

し、集会の会場として学校の施設を使用することも禁止したのである。しかし、こうした法的規制が教員や生徒の政治的活動への関与を一掃したわけではなかった。教員たちは、学術講演会、教育演説会などの名目で、政談演説会の開催を続け、民権運動に参加する者が後をたたなかった。

C 文相森有礼の教育政策と師範学校令

1885（明治18）年、太政官制が廃止され、内閣制度が発足した。この時初代の文部大臣に就任したのが森有礼である。森は文相となるや直ちに教育制度の大改革に着手し、翌年には「帝国大学令」、「小学校令」、「中学校令」、「師範学校令」を制定して国家主義的教育制度の原型を創出した。

森の教育観は、「国家ノ須要ニ応ジ、教育学問ニ達スル者ヲ製造スルト云ウニ外ナラス」と述べているように、国家富強を第一義的に考えた国家主義的なものであった。森は、これら4つの学校令によって各学校の目的や機能を、それらがいかなる社会階層の養成にあたるかという観点から説明した。森によれば、帝国大学や高等中学校は社会の上流に立つべき人物を育成する場であり、尋常中学校は中流の人士の育成の場であり、小学校は国民すべてに対して基礎訓練を行う場であるとともに、貧民層の就学をも可能にする場でなければならなかった。そして、師範学校は小学校の教師を主として育成し、また東京高等師範学校はその師範学校の教師、校長を養成する場であるとした。

森はとりわけ、師範教育は全国の初等、中等教育に与える影響が甚大であるという理由で帝国大学と並んで重視した。

師範学校令は全文12条からなる比較的簡単な勅令であり、師範学校の定義とその教育の特性に関する規定から始まって、師範学校の種類、設置と維持、職員、生徒、教育内容、教科書に至るまでの基本事項を総合的に定めている。その第1条は「師範学校ハ教員トナルヘキモノヲ養成スル所トス」と定義し、但し「生徒ヲシテ順良信愛威重ノ気質ヲ備ヘシムルコトニ注目スヘキモノトス」と規定した。順良、信愛、威重の3気質は、森のかねてから抱懐する理想の教員像を要約したものであった。これを生徒に育成すべき気質として法文に明示したことは、併行して制定された他の学校令にもみられない師範学校令の特色である。これら3気質の内実につい

ては、埼玉県尋常師範学校における森の演説の中によく述べられている。第1の気質である順良とは、唯命令に従うことをいい、順良はたとえば校長や教頭などとの関係に欠くことのできない徳性であるとした。第2の気質の信愛は、互いに助け合う情のことであり、友情すなわち友誼の情を養成することであり、教員間の交際を円滑にする徳性である。第3の気質である威重は、命令を発し、また命令に従う場合に不可欠のものであり、学校の管理職として一般教員に対する場合に必要な徳性であるとした。これらの気質は、いずれも将来の教育現場での教育活動に必要な要件であった。

　森は順良、信愛、威重の3気質の涵養のために、「教室外の教育」、すなわち軍隊式全寮制寄宿舎による生活訓練と「兵式体操」の導入を試みた。このような生徒の日常生活のすべてを軍隊に倣おうとする師範教育は、その後、わが国の公教育に多大な影響を与えることとなった。

　こうした師範教育は、国家が必要とする資質と数の教員を養成することに貢献したが、「師範タイプ」という、型にはまった教員を多数生み出すことになった。一般的に師範タイプといえば、真面目で着実性があり親切であるという長所がある反面、内向的で表裏性があり、偽善的で仮面をかぶった聖人的性格で、卑屈で融通がきかないという短所を持った教員を指していう。このように二面的性格を持った教員では、純真ではつらつとした児童生徒を育成するためにはマイナスであるとの批判も少なくなかったが、結局、終戦を迎えるまで大きな改革はなされなかった。

　なお、1890（明治23）年には、国民教育の精神的支柱となった教育ニ関スル勅語が発布されている。

D　師範教育令と教員養成制度

　明治20年代の後半から30年代にかけて、義務教育の著しい普及によって就学率が急激に上昇した。1893（明治26）年の就学率は60%に満たなかったが、1900（明治33）年には80%を超え、1902（明治35）年には90%を突破している。このような就学率の増加に伴って、以前から課題になっていた義務教育年限の延長の機運が増し、1900年「小学校令」を改正して尋常小学校の修業年限を3年制から4年制に統一した。同時に教員需要の増大も著しく、教員の不足は明治20年代後半の重要な課題となっていた。こ

の教員需要の増大に対応するために、同年、「師範学校令」に代わって「師範教育令」が公布され、師範学校生徒定員に関する勅令が制定された。師範教育令は、特に師範学校の増設と師範教育を受ける生徒定員の増加を直接の目標とするもので、第1条において高等師範学校、女子高等師範学校、師範学校（尋常師範学校を改称）のそれぞれの目的を明確に規定した。さらにこれらの学校においては、「順良信愛威重ノ徳性ヲ涵養スルコトヲ努ムヘシ」として順良信愛威重を徳性と捉え直している。第2条は、高等師範学校、女子高等師範学校は東京に各1校、師範学校を北海道および各府県に1校もしくは数校設置するものとした。

　師範学校の生徒定員は、学齢児童数3分の2に対して1学級70名の割合で算出し、全学級数の20分の1以上と定められた。また、師範学校を2校以上設置する場合、女生徒が1校を構成するに十分な人数になるときには、「男女ニ依リテ学校ヲ別ニスル事」になった。このように師範教育令は師範学校令の下における師範教育方針に一定の変更を加え、新たな教育状況に対応するために制定されたものであった。そして、1943（昭和18）年に改正されるまで師範教育の性格を枠づける基本規定とされたのである。

E　臨時教育会議の答申と師範教育の改善

　日露戦争後の日本は、公債（特に外債）の負担、軍事費の増加による財政難に苦しみながらも、1910（明治43）年に韓国を併合し、1914（大正3）年には第1次世界大戦への参戦というように、帝国主義政策を推し進めていった。そこで政府は、新しい内外の情勢に対応する教育の方針を検討するため、1917（大正6）年9月、臨時教育会議を設立した。この会議では、「国体ノ精華ヲ宣揚シ奉ラ」ねばならぬとの基本方針のもとに、国民教育の課題は、「護国ノ精神ニ富メル臣民」の育成にあることをあらためて強調し、教育勅語を重視すべきであるとした。会議は諮問された小学校教育、男子高等普通教育、大学および専門学校、師範教育、視学制度、女子教育、実業教育、通俗教育、学位制度の9事項について答申するとともに兵式体操の振興についてと教育の効果を完からしむべき一般施設についてとの2つの建議を行っている。建議の主旨について、前者は、兵式体操により規律・服従に関する良習に馴染むように仕向け、「彼ノ徳育ニ依リ涵養スル忠愛

心ト相俟チテ他日軍務ニ服スル素養ヲ得シムルコト」がわが国の教育の現状に照らして不可欠なことであると説き、後者においては、「国民思想ノ帰嚮ヲ一ニシ其適従スル所ヲ定ムル」必要が強調され、「我カ国体ノ精華」を知らしめる教育を具体的に学校、社会に徹底させることを要請したのである。会議は、1919（大正8）年3月まで継続され、改革要綱が答申された。政府はその答申に従って教育改革を行い、以後、初等、中等、高等教育の著しい発展を見ることになる。

　では、師範教育に関してはどのような答申が出されたのであろうか。まず、答申において注目されなければならないのは、教育財政に関する問題であった。答申では市町村立の小学校教員の俸給は、国庫および市町村の連帯支弁として国庫支出金で教員俸給の半分を拠出すべきであると述べている。これは日露戦争後の不況下で地方財政の疲弊が著しく、教員給与の支払が遅延するという事態が生じていた市町村が少なくなかったことによるものである。こうして、教員給与を国家が支弁することにより教員の待遇の改善を図り、教員の社会的権威をも高めようとした。また、今日の小学校教育を改善するためには、これを直接担う教員の資質を改善することも重要な問題であった。小学校教育を托すべき適良なる教員であるためには、精神力を充実させ、高い人格を有し、学力の面でも優秀な三拍子そろった教員が理想の教員であるとされたのである。

　次に、答申「小学校教育ニ関スル件」では、小学校教育を改善するための1項として、師範学校教育を1部中心に改め、2部は存置してもこれを副とする教員養成制度の新構想が示された。そして、師範教育の目的は、「高潔ナル人格ヲ陶冶シ殊ニ国民道徳ノ根柢タル忠君愛国ノ志操ヲ鞏固ニシテ教育ヲ以テ天職ト為シ忠良ナル国民ヲ養成シ有為ノ人材ヲ薫育スルノ最モ高尚ナル任務」であるとして、伝統的な天職・聖職的教員の形成を目指した。その目的達成のための具体的方策として列挙されているのが、修業年限2か年の高等小学校卒業生を入学させる予備科を設置すること、師範学校教員の待遇を改善すること、男女教員の比率を正常にするように師範学校の生徒を養成すること、生徒給費を増額すること、師範学校用の模範教科書を編纂すること、付属小学校教育を改善することなどであった。しかし、これらの方策は巨額の出費を伴い、地方財政の現状からみて抜本

14 ■ 第1章 ■ 学校と教員の歴史

的な改革は望むべくもなかった。

F　大正自由教育と教員

　第1次世界大戦後、世界各国に民主主義が波及していった。この民主主義の波は、戦後の日本にも急速に波及し、思想運動として国民の政治意識、社会意識に大きな影響を与えた。しかし、日本の民主主義は、充分にその成長をみることができなかった。このような政治的、思想的な背景をもって誕生したのが大正自由教育である。

　大正自由教育は、それまでの国民教育が特徴とした画一的・注入主義的教育、権威主義的教育に対して、子どもの自発性や個性を尊重しようという自由主義的な教育を特徴とするものであり、そうした立場からの教育改造が1つの運動として展開されたものである。新教育思想は、既に明治30年代から紹介されていたが、その教育実践は大正期においては私立学校、官公立師範学校の付属小学校が中心となって推進された。その主な事例を挙げると、大正の初期には西山哲治の帝国小学校、中村春二の成蹊実務学校、河野清丸の日本女子大学豊明小学校、沢柳政太郎の成城小学校、及川平治の明石女子師範付属小学校などにおいて自由主義の教育が実践されている。代表校として成城小学校の教育について見てみよう。沢柳はこの学校で思い切った教育の実証的な研究を行った。たとえば、教育方針として、個性尊重の教育、自然に親しむ教育、心情の教育、科学的研究を基とする教育という4目標を掲げた。また、教科の配当もそれまでの小学校とは全く異なり、修身科は4年生から開始され、算数の授業は2年生から、理科は1年生から自然の観察を中心に行われた。このように、日本の自由教育は、文部省の干渉の比較的少ない私立学校から始まったのであるが、大戦後は、木下竹次の奈良女子師範付属小学校、手塚岸衛の千葉師範付属小学校、千葉命吉の広島師範付属小学校などの官公立の学校まで自由教育の実践が拡大されていった。これらの学校で実践された教育は、児童中心の立場から教育改造を試みるものであり、明治以来の国家の教育方針と合致し得ない要素が多くあった。しかし大正期の教員たちは、官公立の学校においても理想を実践に移すことをためらわなかったのである。

　1919（大正8）年には千葉師範付属小学校の主事手塚岸衛を中心として、

全学年全学級にわたって教授における自学、訓練における自治、経営における自由を掲げる「自由教育」を展開した。また、同じ年に奈良女子師範付属小学校では主事木下竹次の指導のもとに、教育活動の主体を教員の側から児童の側へ移行させ、学習を「発動的」「創作的」「努力的」「歓喜的」にするために、「分科学習」と「合科学習」が考案された。

　また、こうした自由教育運動の一環として、鈴木三重吉の「赤い鳥」の文芸運動、山本 鼎 の自由画教育運動、芦田恵之助の国語教育の改革運動なども児童を尊重した児童中心主義の自由教育運動と呼応し、教育界や子どもたちに大きな影響を与えたのである。しかし、この自由教育運動は一時的な隆盛をみたが、結局、明治以来の天皇制下の強固な政治の枠組み、教育現場を干渉する教育法規、国定教科書制度、視学制度など制約を受けて充分な発展をみることができなかった。また、自由教育を実践した教員側も政府の干渉・圧迫に対してほとんどみるべき抵抗をなし得ないままに、昭和初期の国家主義体制の中に吸収されていった。

G　戦時下における教員養成

　学校教育に対する戦争の影響は 1931（昭和6）年の満州事変以後徐々に増大し、1937（昭和12）年の日中戦争を契機として、教育は戦時体制へ国民を収斂させていくための積極的な役割を担わされることになった。この時期の主要な教育課題は、「教学刷新」と「学制改革」であった。教学刷新の問題は、大正期から昭和にかけて国内の社会主義運動・労働運動の高揚を背景にした思想問題に対応するものであり、人心を「国体」に帰一させることをねらいとしたものである。文部省は、学生・大学教授・教員等に一連の思想弾圧対策を講じながら、1932（昭和7）年に国民精神文化研究所を設置し、1934（昭和9）年には思想局を設けて、教育と学問研究についての統制を実施した。さらに、1935（昭和10）年には、国体観念・日本精神を基本とする「教学」の基本方針を明示し、国体に則った教育の目標を定めようとする「教学刷新評議会」が設置された。教学刷新に関する実施事項の中にある「教員ノ養成ニ関スル事項」を見ると、「教員ノ養成ニツイテハ、専門的知識ト共ニ特ニ国体ニ関スル教養・体認ニ重点ヲ置キ、以テ真ニ人ノ師タリ得ル教員ヲ養成スルニ努ムベク、教員養成ノ学校ニツイテハ意ヲ用

ヒテソノ刷新」を図る必要があると述べて、教員のための学校の特異性を明示するとともに、国体観念、日本精神に基づく教員養成の方向を明らかにした。

　学制改革の問題は、戦争遂行という現実的問題が現れるようになって初めて具体化する。1937（昭和12）年、時局に応じる教育を検討するために「教育審議会」が設置された。この審議会は、1942（昭和17）年に廃止されるまでに、広範囲にわたる答申を行い、戦時下教育制度の基本を樹立した。教育審議会の答申に基づいて、最も早く具体化されたものは「国民学校」の制度である。1941（昭和16）年4月からは、小学校を国民学校に改め、義務教育年限は6年制から8年制と定められた。戦時下の教育目的を示した「国民学校令」の第1条は、「国民学校ハ皇国ノ道ニ則リテ初等普通教育ヲ施シ国民ノ基礎的錬成ヲ為スヲ以テ目的トス」と規定し、「皇国ノ道ニ則ル」教育が打ち出された。教育内容については、皇国民の錬成を目標に大胆な教科の統合が行われた。国民科・理数科・体錬科・芸能科・実業科の5領域である。この中で修身・国語・国史・地理を内容とする国民科は、「国民精神ヲ涵養シ皇国ノ使命ヲ自覚セシムル」ことを、理数科は「事物現象ヲ正確ニ考察シ処理スルノ能力ヲ得シメ」「合理創造ノ精神ヲ涵養」することを要旨とし、著しい対照を示していた。このような教育目標・内容はこの後、終戦まで公布されたすべての学校令をつらぬく基本方針となったのである。

　教育審議会による師範教育の改革は、答申「国民学校、師範学校及幼稚園ニ関スル件」において、その基本方針が明らかにされた。師範学校の教育は、国民学校における皇国民の錬成の役割を担当すべき人物を養成する意図の下になされるべきである。師範教育の制度・内容を根本的に刷新して、師範学校を昇格させるとともに皇国の道の修練のために師範学校の全施設を統一し人物錬成の道場とすることであるとしている。

　教育審議会の答申の主旨に沿って、1943（昭和18）年に「師範学校令」が改正され、同時に「師範学校規程」が制定された。改正師範学校令第1条は、「師範学校ハ皇国ノ道ニ則リテ国民学校教員タルベキ者ノ錬成ヲ為スヲ以テ目的トス」と定め、師範学校の目的を明確にした。改革の要点を見ると、「国家ノ要求ヲ充足セシムベキ」教員の養成は国家の手によって行うのが最適であるとの考えのもとに、「師範学校ハ官立トス」と規定している。

そして、師範学校を本科3年予科2年の専門学校程度として制度的に位置づけ、本科に入学する資格のある者は予科修了者、中学校若しくは高等女学校卒業者またはこれと同等以上の学力のある者とした。予科については、国民学校高等科修了者およびこれと同等以上の学力のある者として国民学校からの入学の道を開いたのである。

　改革された師範教育の本質は、当時の文部大臣の訓示にもあらわされているように、文教に課せられた最高の任務は「皇国の大使命を自覚し身を挺して聖業を翼賛し奉り真に東亜民族の指導者たるに恥じざる人材を育成することである」として、学校の全施設をあげて人物錬成にあたることを要請したのである。

　1941（昭和16）年、太平洋戦争に突入してからは、学校教育における戦時体制は強化され、1943（昭和18）年には、学校教育全体を「当面ノ戦争遂行ノ増強ノ一事ニ集中」すべく、「教育ニ関スル戦時非常措置方策」を決定した。これによって、国民学校の義務教育8年制の実施は延期され、戦時生産への学徒の勤労動員体制の整備がなされた。学徒の勤労動員は、既に1938（昭和13）年より集団的勤労作業運動として実施されていたが、1941（昭和16）年からは、食料等の増産運動が国策に協力する実践的教育であるとされ作業の日数・時数は授業時数に充当するものと認められていた。そして、戦局が深刻化する状況の下で、1944（昭和19）年「学徒勤労令」が公布され、全く学業を放棄して軍需工場や軍事関係の現場に労働力として動員されることになった。

　1945（昭和20）年、政府は「決戦教育措置要綱」を閣議決定し国民学校初等科を除いて1か年間、すべての学校の授業を停止することとした。続いて、「戦時教育令」が公布され、「戦時ニ緊要ナル要務ニ挺身」することが学徒の本分とされ、日本の教育は機能を停止したまま終戦を迎えることになった。

▌▌▌コラム▌▌▌　教員に求められる資質や教員像

　教師にはどのような資質が求められているのだろうか。

　2006（平成18）年の中央教育審議会答申「今後の教員養成・免許制度の在

り方について」では、優れた教員の3要素について「1. 教職に対する強い情熱（教師の仕事に対する使命感や誇り、子どもに対する愛情や責任感）　2. 教育の専門家としての確かな力量（子ども理解力、児童生徒指導力、集団指導の力、学級づくりの力、学習指導・授業づくりの力、教材解釈の力）　3. 総合的な人間力（豊かな人間性や社会性、常識と教養、礼儀作法をはじめ対人関係能力、コミュニケーション能力などの人格的資質、教職員全体と同僚として協力していくこと）」と提示している。

　このように、児童生徒の人格の形成に影響を与える教員に大きな期待が寄せられているのである。さらに、2012（平成24）年に出された中央教育審議会答申「教職生活の全体を通じた教員の資質能力の総合的な向上方策について」では、"これからの教員に求められる資質能力"として、「1. 教職に対する責任感、探究力、教職生活全体を通じて自主的に学び続ける力（使命感や責任感、教育的愛情）、2. 専門職として高度な専門的知識・技術　①教科や教職に関する高度な専門的知識（グローバル化、情報化、特別支援教育その他の新たな課題に対応できる知識・技能）　②新たな学びを展開できる実践的指導力（基礎的・基本的な知識・技能の習得に加えて思考力・判断力・表現力等を育成するため、知識・技能を活用する学習活動や課題探究型の学習、協働的学びなどをデザインできる指導力）　③教科指導、生徒指導、学級経営等を的確に実践できる力、3. 総合的な人間力（豊かな人間性や社会性、コミュニケーション力、同僚とチームで対応する力、地域や社会の多様な組織等と連携・協働できる力）」を挙げている。このように、子どもたちの人格形成に影響を与える教員には大きな期待が寄せられていることがわかる。

　それでは、教員に対するゆるぎない信頼を確立するためには、どのようにすればよいのだろうか。それは、大学における教職課程の質的水準を向上させることである。学部段階で教科・教職についての基礎的・理論的内容と幅広い教養、そして実践的指導力の基礎を確実に身につけさせ、教科指導・生徒指導等の職務を著しい支障が生じることなく実践できるように指導することである。そのためには、一貫した教職指導を行うこと、教育実習を改善し充実すること、教職委員会等の機能を充実・強化することなど、さまざまな方策が考えられる。つまり、大学・学部全体で、責任をもって教職課程に取り組むことである。

2 戦後の教育改革と教員像

A　敗北を抱きしめて

　1945（昭和20）年8月14日、ポツダム宣言の受諾を決意した天皇は、「終戦の詔書」（玉音放送の原稿）を準備した。「堪ヘ難キヲ堪ヘ忍ヒ難キヲ忍ヒ」と認めて、あらゆる苦難に堪えて日本の将来を平和へと道を開こうと決意したのである。国民の苦難もまた堪え難いものであった。

　戦勝国アメリカ側から見た日本の戦後史が、アメリカのMIT教授J.ダワー（Dower, J. D.）によって書かれている。『敗北を抱きしめて—第二次大戦後の日本人—（上・下）』（2000年）である。国民はまさに敗北を抱きしめながら、戦後をどう生きていくか困窮の中で模索した。

　戦禍によって、東京では多くの学校が灰燼に帰し、子どもたちは疎開先にいた。終戦の前年、長崎に向かっていた沖縄からの疎開船「対馬丸」に乗っていた那覇国民学校などの子どもたち約700名が犠牲となった。

　終戦後間もなく文部省では省内の機構改編があり2か月後には戦後体制が整った。学校は再開されたが、東京では校舎を失った学校でも青空教室が始まった。学校教育は既に70年もの歴史を閲していて、いち早く授業を受けようとする心性が子どもたちの内部に根づいていた。

　教師たちもまた敗北を抱きしめつつ教壇に戻った。教え子をすすんで戦場に送り出したことへの悔恨は痛切なものがあったろう。

B　連合国軍政下における教育

　アメリカの対日占領政策は、間接的な統治法をもって1945（昭和20）年の秋には着手され、連合国軍総司令部（GHQ）は、4大指令と呼ばれる占領教育政策を次々と打ち出した。10月22日の第1指令では、「日本教育制度に対する管理政策の件」を発令し、軍国主義的ないし極端な国家主義的個所を削除したうえで現行の教科目、教科書、教師用参考書その他の教材の暫定的な使用許可を出した。教育に停滞は許されず、墨塗り教科書を使っての授業が再開されたのである。

　続いて10月30日には「教員及び教育関係者の調査、除外、認可に関す

る件」では、戦争に積極的に関与した教員や教育関係者が公職から除外されたのである。戦争に対する教員の責任は厳しく問われ、戦争の責任の一端は日本の教育にあるとみなされていたのである。

いわゆる教職追放がこうして実施され、新たな民主主義教育に不適格と文部省に認定された教員は、延べ120万人もの審査対象者のうち約11万人にも達したという。軍国主義的思想、過激な国家主義的思想を持つ者などがその対象となったが、戦争に積極的に加担した教育者に対して連合国軍側の追及は熾烈を極めたのである。

12月15日の第3指令では「国公立学校における神道の教育、行事の禁止」を命じ、歳の暮れとなった12月31日の第4指令では「修身、日本歴史及び地理停止」が命じられた。「学制」期から教えられてきた修身（道徳）の授業は禁じられ、日本史や地理もまた当分の間、教えることが禁じられたのである。

こうして戦後の日本の教育の民主的再建のための4大指令は、新しい時代の教育を用意する地ならしとなった。

C アメリカ教育使節団と教員養成

連合国軍の軍政下における間接統治では、日本の教育の民主的再建は容易ではない。そこで連合国軍最高司令官マッカーサー（MacArthur, D）は、翌1946（昭和21）年1月にアメリカ本国の陸軍省に対して、教育の専門家からなる使節団の派遣を要請し、専門家の助力を得て教育を再建することを決意した。この要請に際しては、最高司令官に対して使節団から勧告すべき4つの諮問事項がもられていた。

つまり日本の民主主義教育について、再教育の心理的側面について、教育制度の行政上の再編について、そして復興における高等教育についてである。過度に中央集権的な教育制度、画一的な詰め込み主義の教育、官僚支配の教育行政、エリート教育に重点をおく非民主的な高等教育など、まさに日本の教育の骨格にも相当する制度に問題があると連合国軍側はみていたのである。

同時に最高司令官は日本政府に対して新たな指令を追加して、「日本教育家の委員会に関する件」を発して、アメリカからの使節団を迎え新しい

教育を創るべく日本側の教育専門家の準備を急がせたのである。

1946（昭和21）年、アメリカ教育使節団（The US Education Mission to Japan）はストッダード（Stoddard, G. D.）を団長とする総員27名で結成され、首都ワシントンや旅途ホノルルやグアムなどで準備会議をもち、3月5日と6日に分かれて来日した。団長は、イリノイ大学総長の経験者であり、ユネスコ（UNESCO）の創設に関与するなど、教育学者として知られた人物であった。使節団は、連邦教育局、大学教授、大学職員、教育関係団体職員などからなる人々で構成されていた。

こうして約1か月の日本滞在中に、連合国軍の民間情報教育局（CIE）の準備した『日本の教育』（Education in Japan）などの各種資料を読み、日本教育家の委員会（後の教育刷新委員会）と議論を重ね、戦禍を免れた京都と奈良を訪ね、京都帝大や奈良女子高等師範学校の関係者などと教育再建の議論を深め、離日前に「アメリカ教育使節団報告書」（The Report of the United States Mission to Japan）を最高司令官に提出した。

この報告書は、明治5年の「学制」序文（被仰出書）、明治23年の「教育に関する勅語」（教育勅語）と並んで、わが国の教育史上もっとも重要な文書の1つと評されている。

報告書の「序論」（Introduction）には、「われわれは決して征服者の精神をもって来たのではない。すべての人間には、自由を求め、個人的な、また社会的な成長に対するはかり知れない力がひそんでいることを信ずる、経験のある教育者として来たのである」との有名な一節がある。

そして、「われわれの最大の希望は子どもたちである」とも述べて日本の教育再建に期待を寄せたのである。

教員の養成に関しては、報告書本論の第4章「授業および教師養成教育」において扱われている。授業および教師養成教育の改革は、教育一般の再建と同じ目標を持つものであると述べ、「すぐれた授業とは、目標とされたものに効果的に近づく授業をいう。もし目標が民主主義的であれば、民主主義的手続きを賢明に用いることが必要である」と述べている。

こうして現職教員の再教育を提言し、計画を構想し、教員にとって「教育上第一に必要なことは、仲間の教師たちと、互いに助言し合ったり、刺激しあったりするために、集会をもつ機会があたえられることである」と

22 ■ 第1章 ■ 学校と教員の歴史

いう。

　報告書は、さらに師範学校による教師養成の限界を指摘し、いくつかの「勧告」（Recommendations）をなしている。勧告は、「提言」と理解してもよいが、押しつけ的な文書ではないことは明らかである。

　その勧告によれば、師範学校（Normal Schools）は、教師養成教育のためのより高度な学校あるいは大学（Colleges）とすべきであり、修業年限は上級中等学校修了後の4年間とするべきであるとし、カリキュラムは未来の教師を個人として、また市民として教育するように作成されるべきであるから、自然科学、社会科学、人文科学および芸術といったリベラルな側面に重きを置くべきであるという。戦前の教員があまりにも偏狭な視野をもつ教師集団になっていたことに使節団の団員は心を痛めていたことであろう。

　最後に「単科大学および総合大学における教師及び教育関係職員の養成」について述べ、教員養成と同様に将来教育関係の職員となるものの養成を大学で行うよう勧めている。

　この「勧告」は、まさに戦後の教員養成制度の根幹をつくったが、たとえば教育関係職員の再教育については、後に教育指導者講習（通称 IFEL：Institute for Educational Leadership）が文部省と CIE との共催のもと、1948（昭和23）年から開始されている。

　1950（昭和25）年8月に、この教育使節団報告書の勧告がどのように活かされているかを調査するために、新たな教育使節団が来日している。第2次アメリカ教育使節団である。その報告書は、「教師教育の進歩」という章において、新制国立大学の組織が未完成であること、大きな国立大学は教師養成における大学の責任を十分に理解していないこと、教師養成大学の大部分は最低基準の校舎、体育館、図書館などの施設を欠いていること、教師養成教育の最低基準を設けるべきことなどが勧告されていた。アメリカ教育使節団は、第2次世界大戦において敗戦国となったドイツとイタリアにもそれぞれ派遣されているが、その果たした役割は日本におけるほど大きなものではなかった。

D　憲法の制定と教育基本法の成立

　1946（昭和21）年11月3日、「日本国憲法」が制定され、新生国家の骨格

ができ上がった。

　国家の新生のために「大日本帝国憲法」(明治憲法) の改正は必然のことであったが、日本側の作成した改正案は連合国軍総司令部の受け入れるところとならず、いわゆる「マッカーサー草案」(MacArthur Notes) が総司令部によって作成された。最高司令官マッカーサーの示した憲法改正 3 原則に則っている。天皇の地位を保持すること、戦争は放棄すること、封建制度の廃止の原則である。

　この草案は、戦後初の総選挙で選出された国民の代表によって開催された第 90 回帝国議会において審議され修正され可決されたのである。

　憲法は、日本の国家理念を示す最高法規であるため、教育に関して詳細に規定している訳ではない。そこでは基本的な理念として、国民主権、基本的人権の尊重、平和主義などが謳われ、教育に関しては第 23 条「学問の自由は、これを保障する」と、第 26 条「すべて国民は、法律の定めるところにより、その能力に応じて、ひとしく教育を受ける権利を有する」ことが定められた。

　1948 (昭和 23) 年には国連総会において「世界人権宣言」が採択され、その第 26 条では「教育への権利」が謳われていたので、日本国憲法で定めた第 26 条は時代を反映したものであった。

　アメリカ教育使節団の勧告に基づき、憲法制定の後、日本側の教育刷新委員会は教育の基本法を定めることを方針として取り決めた。政府は教育基本法案を作成し、枢密院、帝国議会などにおいて審議し、衆議院および参議院を経て政府案はそのまま可決され、1947 (昭和 22) 年 3 月 31 日に公布され施行された。

　「教育基本法」には、「われらは、さきに、日本国憲法を確定し、民主的で文化的な国家を建設し」ではじまる「前文」が付されていた。憲法は、「この理想の実現は、根本において教育の力にまつべきものである」と謳っており、教育の普及徹底を強調していた。こうして重い責務を負った全 11 条からなる教育基本法は成立したのである。

　教育基本法第 6 条は、学校教育について定め、第 2 項において、「法律に定める学校の教員は、全体の奉仕者であって、自己の使命を自覚し、その職責の遂行に努めなければならない。このためには、教員の身分は、尊重

24 ■ 第1章 ■ 学校と教員の歴史

され、その待遇の適正が、期されなければならない」と謳った。

　戦前において国家主義や軍国主義に従うことを強いられた教員は、民主主義社会においては、「全体の奉仕者」となったのである。この新しい教員像は、その後ながく教員の間に浸透した。

　教育基本法は、敗北を抱きしめてきた教員をして新しい社会の建設者として、将来に希望を抱く教員集団へと変えようとしていたのである。まさに新しい教員像の提示であった。

　教育基本法に基づいて、「学校教育法」が定められた。新しい学校教育を始めるために教育基本法と同日に公布され、翌日に施行された。

　学校教育法は、学校教育の骨格である、6-3制（または 6-3-3-4 制）の新しい学校制度の法的基準を定めている。アメリカ教育使節団の勧告は、ようやく実際の学校教育へと結実したのである。

　戦前の小学校（1941〔昭和 16〕年「国民学校令」によって国民学校へ改称）は、新制の 6 年制の小学校となった。また旧制の中学校、高等女学校、青年学校普通科、実業学校、専門学校、師範学校、盲学校・聾唖学校中等部などの中等学校は 3 年制の新制中学校となり、上級の学校は同じく 3 年制の新制高等学校、あるいは専門学校などとなった。

　新制の高等学校は、戦前のエリート的な高等学校とは全く異なった、むしろアメリカのハイスクールの理念で創設された。義務教育学校ではなく、高校 3 原則と呼ばれた小学区制、男女共学制、総合制教育が原則とされた。男女共学制は西日本でより徹底した制度となった。また定時制課程や通信制課程なども設けられ民主的な開かれた体制が整っていった。

　戦前における旧制大学の総数は 48 大学（国立 18、公立 3、私立 27）であったが、1949（昭和 24）年度から 4 年制を中心とする新制大学となった。旧制の高等学校は、もともと高等教育機関として位置づけられており、新制大学のなかに吸収されていった。短期大学は、アメリカのジュニア・カレッジに倣って、1950（昭和 25）年度において 149 校が創設された。

　新制の学校制度が始まった 1947（昭和 22）年度における小学校約 25,000校（うち分校約 4,600 校）、教える教員数は約 270,000 人であって男女教員の割合はほぼ拮抗していた。中学校数は約 16,000 校であり、教員数は約 176,000 人であった。高等学校は約 3,500 校に教員が約 86,000 人であった。

こうして戦後の学校制度が整い、「学校教育法施行規則」なども整備された。戦後の新制高等学校などでは私立学校の占める割合が都市部などにおいて高くなり、戦前の「私立学校令」に代わって、「私立学校法」が1949（昭和24）年に定められた。

E　教育委員会制度

1948（昭和23）年7月15日、「教育委員会法」が制定された。教育が不当な支配に服することなく、地方の実情に即した教育行政を行うために設けられたものである。

教育委員会の制度は、17世紀のアメリカの植民地時代に始まった制度であるが、教育の行政を政治や宗教の直接的な影響下におくことなく、住民が直接的につかさどる制度である。アメリカ教育使節団報告書では、既に初等教育や中等教育における教育行政（Administration of Education）は、文部省の権限をできるだけ都道府県や地方の学校行政単位に移管することを勧告していた。この制度は、日本側の教育刷新委員会の答申に基づいて成立したものである。

1952（昭和27）年までには、地方の住民で教育の専門家でない人たちが教育行政に当たる制度が立ち上がった。少数の素人（layman）の教育委員の意見をまとめ上げるのが、事務局の責任者である教育長であり、教員養成教育を受けた教員免許状をもつ専門職であることが規定されていた。制度成立当初の教育委員は、公選制によって選出されることになっていたが、公選制も選挙であり政治的な党派色が反映されやすく公選制は廃止されていく。

F　新制大学と教育養成

1948（昭和23）年、文部大臣の諮問機関として大学設置委員会が設けられ、大学設置認可の任に当たることになった。その前年には、大学基準協会が「大学基準」を定めており、アメリカのアクレディテーション（Accreditation）制に倣った大学教育の水準維持のための基準を整えていた。

旧制の大学、高等学校、専門学校は新制大学の母体となっていったが、翌1949（昭和24）年、「国立学校設置法」が成立し、師範学校や青年師範学

校の多くは教員養成のための国立の学芸大学などとなり、あるいはいくつかの前身校が統合された国立大学の学芸学部や教育学部となって新しい時代の教員養成に当たることになった。大都市や地方の公立大学にも教員養成の課程が設けられることとなった。

　戦前の私立専門学校の多くも私立大学となり、旧制の私立大学に併設されていた専門部としての高等師範部や高等師範科も新制大学に再編され教育学部や文理学部などとなっていった。大学には、「大学基準」によって一般教養科目（後に一般教育科目）が設けられることになったので、専門分野に偏らない人間形成の教育が志向されようになった。このことは戦後の教員養成の特質となった。

　こうして、師範学校は新しい大学にとって代わられた。何より中等教育の範疇にあった師範学校は、教員養成のための4年課程の大学に再編成されたのである。ドイツを歴史的な起源とし、フランス、アメリカなどにおいても大きな歴史的な役割を果たしてきた師範学校は、わが国では戦後の初期に歴史的な役割を終えたのである。

　戦後に誕生した短期大学は、広く国民の支持を受けた。設立後、短期大学にも教員養成の機能が付与されたので、幼稚園教諭をはじめ特定分野の教員養成において重要な教育機関となった。

G　教育職員免許法

　教員免許に関する戦後の改革では、大学生であれば望めば誰もが教員養成の課程（教職課程）を履修できるようになったことが特筆される。このしくみはアメリカに倣った画期的な制度であって、誰にでも開かれた制度であるため開放制免許状制度などと呼ばれて今日に至っている。

　この制度は、大学関係の諸法令が整備された1949（昭和24）年に「教育職員免許法」として成立したものである。教員の免許状の種類、授与、失効などについて定めたものであった。旧教員免許制度は、師範学校など特定の学校を卒業することを条件にしていたが、これを全面的に改めたものである。免許状の授与権者は、国公立大学では都道府県教育委員会、私立大学では都道府県知事となった。

　この新しい教育職員免許法は、明治初年から続いた教員不足を一挙に解

消する政策となり、かつ良質の教員を確保し、また民主主義の理念に沿うものとなった。同じく 1949（昭和 24）年、「教育公務員特例法」と「教育公務員特例法施行規則」が制定され、公立学校に勤務する教育職員の任免、分限、懲戒、服務、研修などについての規定がもり込まれて、教員を教育公務員の身分とするなど、教員のもつ職務から生じる特別な条件を整えたのである。教育基本法で謳われた、教員の身分保障の必要性など一般公務員とは違うことを謳っていた。

　教員養成制度が整った 1953（昭和 28）年、大学における教職課程を課程認定する制度が設けられ、大学の中でも文部大臣の認定を受けた教職課程のみが教員免許状を授与する条件を付与されることになったのである。

H　日本教職員組合の成立——教師労働者論

　1947（昭和 22）年、全国の教職員団体や教職員を糾合して、日本教職員組合（日教組）が結成された。当時の教員の 85 パーセントもの教員を擁するマンモス労働組合となった日教祖は、待遇と労働条件の改善、教育制度の民主化などを争点に文部省とながく対立することになる。

　開放性を旨とする教育職員免許法によって大量に生み出された全国の教員は、日教組が毎年開催する教育研究全国集会などに参加して自主的な研修の場とすることができたが、日教組の持つ職能団体的な側面は十分に発揮されず、労働組合としての強い性格には及ばなかった。

　日教組は、1952（昭和 27）年に「教師の倫理綱領」を定めて教師のもつべき倫理を高らかに宣言したが、そこにもられた宣言は、「教師は平和をまもる」「教師は団結する」あるいは「教師は労働者である」と宣言し、この労働者であるとの宣言は後に、教師労働者論として知られるようになった。

I　ILO-UNESCO の教師専門職論

　戦後、日本の教員の質が高いことは国民的な誇りであったが、1966（昭和 41）年、ユネスコ（UNESCO）は、国際労働機構（ILO）との共同勧告を世界に向けて発表した。それは、「教員の地位に関する勧告」（ILO/UNESCO Recommendation concerning the Status of Teachers）であり、教育の仕事は専門職（Profession）であるべきとの勧告であった。

戦後、アフリカ大陸を中心に新しい国々が誕生し、そこでは初等教育に力が注がれていたが、教員の質や教員の生活はなお困難な状態に置かれていた。教員を学校のための単なる労働者として遇していたのでは、その困難な状況の打開はできない。教員をより高い職業へと押し上げなければ、社会からの支持も学校教育への参画も得られないからである。

教員が専門職といっても、医師、聖職者、法曹などの伝統的な専門職とは、教育程度もかけ離れまた自律性などでも大きく異なっている。

しかし、現在では専門職と呼ばれるべき職業は、たとえば心理カウンセラー、エンジニア、建築家など少なくない。その意味において教員は現代社会においては、まさに専門家とみなされてしかるべきなのである。

アメリカの MIT 教授であったショーン（Schön, D.）が、デューイ（Dewey, J.）について研究を基盤としつつ、教員の持つ実践的な専門性を高く評価して、教員に対して反省的実践家（Reflective Practitioner）と名づけてその専門性を理論的に支えた。さらに高い専門性の確立のためには、よりながい教育年限をもつ教員の養成教育が求められている。

J　教員人材確保法の成立

昭和 30（1955〜64）年代は、日本の高度経済成長の時代であった。東京オリンピック大会を急ピッチで準備していた 1962（昭和 37）年、文部省は「文部省白書」を刊行し、「日本の成長と教育」をタイトルとして掲げた。高度経済成長の絶頂期にあった日本は、オリンピックの開催を経て国民総生産（GNP）において世界 2 位に登りつめた。

経済的な好調の中で、大学卒業者の多くは高度成長を支える民間企業に就職し、より安定的な就職先を求めるようになっていった。他方、教員の給与や生活水準は民間や公務員より遅れがちになっていた。優秀な人材が民間企業などに流れ、教育界に流れてこなくなったことは中央教育審議会などにおいても問題とされていた。

「人材確保法」は、1974（昭和 49）年に公布されたが、一般の公務員より教員の給与を優遇することを定め、優秀な教員を採用し、これによって義務教育の水準を維持向上しようとするものであった。法の成立とともに 3 次にわたって給与の引き上げが実施され、基本給や諸手当などの合計で約 25

パーセントが引き上げられた。

K　新しい「教育基本法」の制定

　2006（平成18）年12月、教育基本法が改正された。教育基本法は、1947（昭和22）年に定められてから、その時、既に50年以上を経て、定める内容がしだいに教育の実情に合わなくなったと指摘されてきた。たとえば、生涯学習（Lifelong Learning）という現在の教育の基盤的な理念は、教育基本法の制定当時は存在しなかったのである。

　新しい教育基本法は、「前文」を持つ理念法のあり方は不変であった。全4章18条の条文から成っている。

　第1章では、「教育の目的及び理念」が、第2章では「教育の実施に関する基本」が、第3章では「教育行政」が謳われ、そして第4章においては、上の規定を実施するために必要な「法令の制定」が定められている。

　第1条（教育の目的）では、人格の完成を謳い、第2条（教育の目標）では、具体的な目標を5項目挙げている。第3条は、（生涯学習の理念）を定め、その生涯にわたって、あらゆる機会に、あらゆる場所において学習することができ、その成果を適切に生かすことのできるような社会を実現するよう求めている。

　小学校や中学校において不登校の子どもが増え続けている現状を考えると、硬直した学校教育制度を和らげる方向を示しているともいえよう。

　教員についての第9条（教員）は、旧教育基本法の第6条第2項に相当する条文であるが、全体の奉仕者という部分は削除され、「自己の崇高な使命を深く自覚し、絶えず研究と修養に励み、その職責の遂行に努めなければならない」とし、また「その使命と職責の重要性にかんがみ、その身分は尊重され、待遇の適正が期されるとともに、養成と研修の充実が図られなければならない」と定めたのである。教員に向けた社会の要請がここに込められた。

L　教員免許状更新制の成立

　学校がさまざまな問題を抱え、学級の運営がうまくできない教員や指導力不足の教員の増加が指摘されてきた。2007（平成19）年に「教育職員免許

法」の改正があった。不登校は小中学校合わせて13万人規模に達し、学校におけるいじめの認知件数も同様に大きな数字になっていた。

新しい教員免許状は、10年間の有効期限つきとなり、免許状更新講習を修了できなければ教員免許状が失効するという制度である。その更新には大学などにおいて約1週間30時間の講習を受けて、最終試験に合格する必要がある。教職についての省察、子どもの変化についての理解、教育政策の動向についての理解、学校の内外における連携協力についての理解などの事項に12時間以上の講習が必要とされる。さらに教科指導、生徒指導、その他教育の充実に関する事項の講習を18時間以上受けるというのがその概要である。

学校教育にさまざまな問題や課題を抱えているわが国は、いま「チーム学校」としてこれに立ち向かっている。チームの中に多様な教員がおり、それぞれの持ち場でその力量を発揮することが求められている。教員は学び続けることが社会から求められている。学び続けない専門職は存在しないし、なにより研究と修養が法的に求められているのである。

知識を確認しよう

問題

(1) わが国の教員が歴史的にどのような役割を担わされてきたのか。
(2) 理想的な教員とは、どのような教員なのか。

解答への手がかり

(1) 時代ごとの教員養成の目的について、確認してみよう。
(2) 天職・聖職的教員と比較して考えてみよう。

第 2 章

教員の養成

本章のポイント

　教員養成は大学で行われる。教員免許状は、学士の学位を取得していること（大学を卒業すること）を基礎資格として、免許状取得課程（教職課程）の設置を認められた大学において所定の教職科目の単位を修得することで取得可能となる。教職課程とは教員免許状取得のためのコースとして認められた科目群（カリキュラム）のことであり、大きく分けて「教職に関する科目」と「教科に関する科目」とで構成されている。

　この他にも、さまざまな条件が必要となるが、本章では、教員養成のための教育（教職課程教育）のしくみと内容を整理しておきたい。教員を目指す学生が学ぶべきこと、免許状の種類、その取得のためにはどのような条件が必要なのかなどについてみていく。

1 大学の教職課程とその学び方

　本章では、大学における教員養成について説明し、そこでの学び方について考えていきたい。この「現代教職論」は現在の日本の教職課程を規定する教育職員免許法の 1998 (平成10) 年改正時に「教職の意義等に関する科目」として加えられたものである。①教職とはどんな仕事なのか、②どのような義務や責任があり、どういった保障があり、どのような能力や資質が求められているのか、③それを理解したうえで自身が本当に教員に向いているのか、以上について自問自答しながら学び深めることが期待されている。

　幼稚園、小学校、中学校、高等学校、中等教育学校や特別支援学校等の教員になるためには、そのための資格として教員免許状を取得していなければならない。この教員免許状は、教職課程の認定を受けた大学 (短期大学) で必要単位を修得し、都道府県教育委員会に申請することにより発行されることになる。免許は幼稚園から高等学校まで学校種ごとに、また国語・英語・社会等の教科ごとに分けられているが、取得する大学がどの学校種・教科について課程認定を受けているかによって異なる。この課程認定は厳格であり、同じ大学・学部であっても学科ごとに取得可能な免許状の教科が限定される。たとえば、所属学科が国文学科 (専攻) で国語科が認定されていた場合、その時点で他学科の他教科 (例：英文学科で認定された英語科教育に関する単位) を修得しても、免許状申請では無効となる拘束性の強さを持つ。

A　教育職員免許法

　1949 (昭和24) 年に制定された教育職員免許法 (昭和24年5月31日法律第147号) (表2-1 ※を参照) は、「教育職員の免許に関する基準を定め、教育職員の資質の保持と向上を図ること」(第1条) を目的に掲げ、免許状の種類や授与の要件など基本的な事項について定めている。第3条には「教育職員は、この法律により授与する各相当の免許状を有する者でなければならない」として相当免許状主義が明言され、教師として教壇に立つためには、

教育職員免許法の定める免許状を有すること、勤務する学校段階（小学校、中学校、高等学校）や教える教科に相当する免許状でなければならないこととされている。

　教育職員免許法は全文23条からなる法律である。制定後、多くの改正が重ねられてきたが、本章では近年の改正についてみていくこととする（免許法の条文については資料編を参照のこと）。

B　1988年の免許法改正

　1970年代後半から80年代にかけて、日本のみならず世界中で教育改革が推進されていく。日本でも臨時教育審議会がリードする形で国際化、生涯学習時代における教育のあり方について議論が進められていくが、「教員」についても大きな変動があった。たとえば、文部省（当時）は、現職教員の再教育として公費での大学院への派遣を推進することとし、1980（昭和55）年以降、国立兵庫教育大学、鳴門教育大学、上越教育大学の新構想3教育大学（大学院）が新設されている。

　この時期の教育改革・行政改革の影響を受けつつ、1988（昭和63）年に免許法改正が行われた。その特色は、免許状の種類が変わったことと、免許基準引き上げの2点である。

　免許状の種類は、従来、「一級」「二級」の2本立てであった。このうち小・中学「二級免許状」は、主に短期大学卒業者に授与されるものであり、教員の給与やその他の勤務条件に反映される区分ではない。1988年改正では、免許状の種類が2本立てから「専修」「一種」「二種」の3本立てに改められた。その構想の過程においては、免許状の種別と教員の給与とをリンクさせ、免許状による教員の階層化が意図されていたが、この点は見送られ、3本立て免許状制度のみが実現されている。この3種は免許状授与のための基礎資格として、それぞれ修士、学士、短期大学士（1991〔平成3〕年7月から2005〔平成17〕年9月までは準学士）の3つの学位によって区別されている。

　次に、免許基準の引き上げであるが、これは、専門科目のうち、教職に関する科目を中心に、履修すべき科目が増加し、履修単位数も増やされた。特に、生徒指導や特別活動などに関する科目が新設され、教育実習に関す

る単位の増加など、教職科目の強化を図るように改正された点に特色がある。これは、当時、教育問題多発が報じられ、教師の資質・能力の低下ないし不足を指摘するという形での学校バッシング（批判）が高まった 1970年代以降の状況に対する１つの対応策であったと考えられる。戦後の新制度以降，教育大学における教員養成を求める声（目的養成）が常にあるが、教職科目が卒業単位として認定されないことの多い一般大学（特に私立一般大学）の学生にとって、これらの科目増を含む改正は教員免許状の取得を難しくするものとなっている。

C 1998 年の免許法改正

　1990 年代後半には、文部省、教育職員養成審議会を中心として、大学における教員養成（教職課程教育）に関する抜本的な改革が進められていく。1996（平成 8）年に文部大臣より教育職員養成審議会に「新たな時代に向けた教員養成の改善方策について」諮問され、翌 1997（平成 9）年 7 月 28 日に同一表題の「第一次答申」が発表された。同審議会（教養審）は 1998 年 10月 29 日「修士課程を積極的に活用した教員養成の在り方について―現職教員の再教育の推進」（第二次答申）、1999（平成 11）年 12 月 10 日「養成と採用・研修との連携の円滑化について」（第三次答申）を提出した。90 年代になって教員養成高度化への要求がさらに高まってくる。当時は学習指導要領の検討の時期と重なり、1998 年に幼稚園と小・中学校で、翌年に高等学校と盲学校、聾学校、養護学校の学習指導要領の新しい告示が出された。

　以上の「第一次答申」を受けて、1998 年 6 月、教育職員免許法の改正が行われた。この改正では既に課程認定を受けていた大学も含めて、すべての課程について再び審査を行う「再課程認定」が実施され、新法による新課程は一部の大学では 1999 年度から、多くの大学では 2000（平成 12）年度から学年進行で実施されていく。

　ここでの重要なポイントは、表 2-1 に示したように、「教職に関する科目」と「教科に関する科目」とのバランスが大きく変更されたことである。中学校教諭・高等学校教諭ともに一種免許状では、合計単位数は 59 単位と変わらない。しかし中学校教諭では教職に関する科目 19 単位から 31 単位（増加）、教科に関する科目 40 単位が 20 単位（減少）、高等学校でも前者（教

1 大学の教職課程とその学び方 ■ 35

表 2-1　教員免許状取得に必要な単位数の新旧比較（一部）※

	改正前				改正後　*			
	教職	教科	教科又は教職	計	教職	教科	教科又は教職	計
中学校専修	19	40	24	83	31	20	32	83
中学校 1 種	19	40		59	31	20	8	59
中学校 2 種	15	20		35	21	10	4	35
高等学校専修	19	40	24	83	23	20	40	83
高等学校 1 種	19	40		59	23	20	16	59

＊　2000 年度入学生から適応※免許法第 5 条別表第 1 関係

※　法令の「法律第 147 号」は法令番号であり、制定当初の公布日が記される。その後の改正においても、この期日と番号が使われ続ける（2007 年改正時にもこの番号で示されている）。ちなみに教育職員免許法施行規則（昭和 29 年 10 月 27 日文部省令第 26 号）の場合、改編により省庁の名称が変わっても「文部省令」の呼称が残ることになる。

職）が 19 単位から 23 単位へ、後者（教科）は 40 単位から 20 単位へとほぼ同じ構成に変えられていた。旧法・新法ともに合計単位数は同じであることと、さらに弾力的に開講できる「教科又は教職に関する科目」が増設（中学校：8 単位、高等学校：16 単位）されていることから、ある意味で自由化が進められたようにもみえる。

　しかし、実際には教科に関する科目は各大学の学部学科で卒業所要単位 124 単位に含まれて学ぶ専門科目であり、"そうではない科目"としての「教職に関する科目」が増加したこと、教育実習の延長も示されたこと、これに加えて 2000 年代に入り、課程認定校への実地視察など外部評価が進められつつあり、そこでは科目に含めるべき事項レベルでの実施状況が確認されることから、その対応を迫られる大学や履修者にとってはハードルが上げられることとなっている。

　この単位増には、新設科目「教職の意義等に関する科目」と「総合演習」（各 2 単位）も含まれ、教育職員免許法施行規則第 6 条の表が改正された（表 2-2 は最新版）。このうち前者（現代教職論に相当）については、①教職の意義及び教員の役割、②教員の職務内容（研修、服務、身分保障等を含む）、③進路選択に資する機会の提供等、の 3 点が「各科目に含めることが必要な事項」として表中に明記されている。後者の「総合演習」については、表の備考

欄に「人類に共通する課題又は我が国社会全体にかかわる課題のうち一以上のものに関する分析及び検討並びにその課題について幼児、児童又は生徒を指導するための方法及び技術を含むものとする」とされている。総合演習は1999年告示、2002（平成14）年以降から実施の学習指導要領で新設された「総合的な学習の時間」に全教員が対応できるよう教員養成課程の中に入れたものであるとの考えもある。また「教育実習」の単位増（従来の3単位から5単位へ）もみられるが、詳細については後述する。また1997年6月18日に制定された「小学校及び中学校の普通免許状授与に係る教育職員免許法の特例等に関する法律」（通称「介護等体験特例法」）についても後述する。

D　2007年の免許法改正以降

　2006（平成18）年12月「教育基本法」改正を受けて、翌2007（平成19）年6月「学校教育法等の一部を改正する法律」「地方教育行政の組織及び運営に関する法律の一部を改正する法律」「教育職員免許法及び教育公務員特例法の改正」という教育三法が成立し、その一環として教員免許法の内容が変えられた。免許状の有効年限が10年と定められ、第9条の3「免許状更新講習」が追加され、現職教員に対する更新講習が導入された。ここにも時代の進展に応じた資質能力を保持することへの要請が示されている。「教育基本法」には、「法律に定める学校の教員は、自己の崇高な使命を自覚し、絶えず研究と修養に励み、その職責の遂行に努めなければならない」（第9条）とあり、旧法では第6条にあった条文に、「崇高な」の文言と「養成と研修の充実」とが加えられた。この養成にとどまらず、任用後の研修や更新講習、あるいは教職大学院の新設など、教員に求められる専門性や専門的知識・技能のハードルは高まる傾向にある。たとえば、2006年7月の中央教育審議会（以下、中教審）答申「今後の教員養成・免許制度の在り方について」では、「子どもたちの学ぶ意識の低下や規範意識・自律心の低下、社会性の不足、いじめや不登校等の深刻な状況など」に加えて、LD（学習障害）、ADHD（注意欠陥/多動性障害）や高機能自閉症等への適切な支援といった新たな課題についても指摘されている。

　教員養成については、科目や授与条件について部分的変更にとどまった

ので再課程認定は行われず、この新課程は 2010（平成22）年度の大学入学者から適用とされた。旧課程の総合演習を廃止して、新たに教育実習後の4年次後期に総まとめの科目として「教職実践演習」を置き、教員となるべき学生の資質能力について最終的な確認を大学が行うことになった。また、各大学には教職課程を履修する学生の学び（教職科目等）や履修状況を個別に把握できるよう、「履修カルテ」を作成し、指導することが求められるようになった。こうして大学には教員養成への最終的な責任が意識されるようなしくみが作られ、それを文部科学省がチェックする監督体制が整備されていく。

　2012（平成24）年8月の中教審の答申「教職生活の全体を通じた教員の資質能力の総合的な向上方策について」では、「学び続ける教員像」の確立が強調されている。従来の“教員資格（免許状）取得”がゴールではなく、「自ら向上」するために学び続けることが求められ、養成段階においてもそれが意識されることとなる。また、学部段階の教員養成にとどまらない教員養成の修士レベル化も提起された。すぐに法令改正には至っていないが、2013（平成25）年4月25日の中教審答申「第二期教育振興基本計画について」にその内容が盛り込まれ、内閣が決定した第二期教育振興基本計画（同年6月14日）にも修士レベル化などを含む「教員の資質能力の総合的な向上」が挙げられている。

E　免許状の種類

　教員免許状は、「普通免許状」「特別免許状」「臨時免許状」に区分されている（教育職員免許法第4条）。普通免許状は、中等教育学校を除く学校の種類ごとの教諭の免許状、養護教諭の免許状、栄養教諭の免許状に分けられる。

　特別免許状は、都道府県教育委員会の教育職員検定によって特定の領域に限定して与えられるものであり、授与される者が大学の教職課程教育を受けている必要はない。このため、大学での教職課程による専門的養成を経ていないことへ疑義の声もある。特別免許状は中等教育学校と幼稚園を除く学校の種類ごとの教諭の免許状に区分されるという点では普通免許状と類似する。1988年の教育職員免許法の改正により制度化され、優秀な社

会人が登用できる制度として導入され、学校の活性化が期待されたが、その授与数は少数にとどまる。免許状の効力は10年であるが、免許状更新講習により更新することができる。

　臨時免許状は、中等教育学校を除く学校の種類ごとの「助教諭」の免許状と養護助教諭の免許状に区分される。免許状を持つ者を採用できない場合に、短期大学士の学位などを持つ者に都道府県教育委員会が行う教育職員検定を経て、同地域限定として臨時免許状を与える制度である。臨時免許状の効力は3年である。

　最後に、特別支援学校（盲学校、聾学校、養護学校）教諭の免許状について説明しておきたい。その取得のためには、「小学校、中学校、高等学校又は幼稚園の教諭の普通免許状を有すること」（同別表1）が基礎資格とされ、そのうえに「特別支援教育に関する科目」の単位取得が必要とされる。その特別支援教育領域ごと（視覚障害者、聴覚障害者、知的障害者、肢体不自由者又は病弱者〔身体虚弱者を含む。〕）に免許状が授与される。

2　教員に必要な教養

　本書において、その求められる資質や能力については何度か叙述されることになるが、大学時代に、教職への関心を育て、必要な資質・能力と専門的知識や実践力を磨き、各教科に関する専門的知識と社会的常識、一般的教養を身につけた教員候補者を、これにほぼ対応した試験（選考）によって採用するというのが任用のしくみである。

　「教科の指導」（授業）だけが教師の仕事ではない。生徒理解をもとに行われる「生活指導、生徒指導」や就労のみならず自立や生き方指導としての「進路指導・キャリア教育」。また「道徳指導」「学級経営」「部活動」などさまざまな集団指導を行い、「教育相談」など個別指導や生徒の内面に向き合う機会もある。その指導の範囲はとても広い。これらは「教職に関する科目」を中心に学び、修得することが期待されている。もちろん授業実践力や科目に関する専門的知識も重要である。そのために「教科に関する科

目」修得が義務づけられているし、基礎資格として学士＝学部を卒業すること（専門の学部教育を修了すること）が設定されている。

　この大学を卒業すること（学士）が基礎資格となっている意味について考えていただきたい。戦前までの師範学校は「専門教育」ではあるが高等教育（大学での教育）ではない。戦後の新教育発足時においては、大学で広く教養を学び、専門知識も深め、その知識と体験をもとに教職の課程を経ることで「戦前の教員養成」を超えることが構想されていた。大学の学部教育では、教養科目（総合科目・一般教養科目）で人文・社会・自然科学、芸術、スポーツ、語学など、幅広い科目が開講されている。他に外国語、選択科目などもあり、自分の専門分野を深めることはもちろん、さらに多方面にわたる総合的・多面的な学習により視野を広めることが期待されている。大学では教職専門や教科専門のみならず教養の幅を広くする学びが大切である。

　また一方で、現職教員から「現場に出て、初めて心理学・教育学の授業で学んだ知識の意味がわかった」という旨の発言をきくことも多い。テキスト類を中心とする学び（アカデミックな知識）が机上の空論と批判されることもあるが、これも教壇に立つと「もう一度学びなおしたい」という思いを持つのだと考えれば、それは逆に"忙しくて学ぶ時間が十分にはとれない"ことの裏返しの発言かもしれない。教職を志す者は養成段階において、"広い教養"はもちろん、教育関係書籍、心理学、哲学、社会学などの本に触れ、知識を深めていくことが望ましい。

　さらに、教員免許状を取得するためには、教育職員免許法施行規則第66条の6の規定により、「教職」「教科」に関する科目のみならず、その他に「日本国憲法」「体育」「外国語コミュニケーション」「情報機器の操作」の4教科（各2単位）の履修が必要とされている（「外国語コミュニケーション」「情報機器の操作」は2000年度入学生からのカリキュラム）。「憲法」は公務員任用の基礎的条件となっているが教員養成でも必須とされている。健康への理解や維持向上への態度、コミュニケーション力の向上、新しい情報社会への理解等が基礎的な知識・能力として求められているといえよう。

3 教職に関する科目

　教員になるためには、教科内容についての幅広い知識と深い理解を有することが前提条件となる。しかし、知識をもっているだけでは授業はできない。"自分はできる"（わかる）だけではなく、"できない"ことも理解できて、他者をその状態から"わかった"（できるようになる）状態へ変えていく指導が重要である。教育とは、対象（生徒）の個別差も大きく不確実性の高い困難な営みである。それ故に幾通りもの示し方、導き方、パラフレーズ（置き換え）を含む方法や技術が必要である。

　また、教師の仕事は授業だけではなく、生徒指導、進路指導・キャリア教育、教育相談、学級経営など多岐にわたる。教科指導のための実践的な知識と技術に加えて、教育の本質や指導の方法についての理論、生徒指導や教育相談などの知識や指導力が必要となる。こうした教育実践の基盤となる原理や、実践に直結した知識や技術を学ぶことが「教職に関する科目」の目的であることは前項にも記しておいた。

　教育職員免許法施行規則に定めている「教職に関する科目」は**表2-2**の通りである。

　表2-2の右欄には筆者の勤務校での授業科目名を記してある。この「授業科目名」は各大学により異なることもある。たとえば「現代教職論」は他大学では教職入門、教師論、教職論、教職概論、教育職員論、現代教師論などの科目名となっている。このことが示すのは、日本中の課程認可を受けた大学の教職課程において、科目名は違ってもこの「教職に関する科目」を中心とする同じ内容が必須とされているという事実である。

　言い換えれば、この「教職に関する科目」に列記された学習内容こそが「教員に求められる資質・能力・技術」であるということである。前述のように1998年に「教職の意義等に関する科目」が導入されたのは、それが"必須である、不足している"と考えられたからであるし、これは"最近の若者に道徳心・公共心が欠けている"という議論から道徳教育の必修化が提起されるのと同様である。

　以上のように教員の必須の能力として設計されたものではあるが、本章

3 教職に関する科目 41

表2-2 教職に関する科目（教育職員免許法施行規則第6条の表）[2015年現在]

科目	各科目に含める必要事項	中学校教諭			高等学校教諭			日本大学における科目名
		専修	一種	二種	専修	一種		
教職の意義等に関する科目	●教職の意義及び教員の役割、教員の職務内容、進路選択に資する各種の機会の提供等	2	2	2	2	2	→	現代教職論
教育の基礎理論に関する科目	●教育の理念並びに教育に関する歴史及び思想	6	6	4	6	6	→	教育の歴史 教育の思想
	●幼児、児童及び生徒の心身の発達及び学習の過程						→	発達と学習
	●教育に関する社会的、制度的又は経営的事項						→	教育制度論 教育社会学
教育課程及び指導法に関する科目	●教育課程の意義及び編成の方法、各教科の指導法	12	12	4	6	6	→	（各）教科教育法
	●特別活動の指導法						→	特別活動論
	●道徳の指導法（中学校のみ必修）						→	道徳教育の理論と方法
	●教育の方法及び技術						→	教育の方法・技術論
生徒指導、教育相談及び進路指導等に関する科目	●生徒指導の理論及び方法、進路指導の理論及び方法	4	4	4	4	4	→	生徒指導・進路指導論
	●教育相談の理論及び方法（カウンセリングの基礎知識含む）						→	教育カウンセリング論
教育実習	※	5	5	5	3	3	→	教育実習
教職実践演習		2	2	2	2	2	→	教職実践演習

※教育実習は、教育実習事前・事後指導（1単位）、高等学校のみ（2単位）、中学校のみ又は中学校・高等学校の取得（4単位）となる

では"学校現場でどのような場面に対応するためにあるのか"という点から記しておきたい。

　自分が教員として任用され、学校に加配され、教壇に立ったことを想像してほしい。そこで次のようないくつかの困難な場面にぶつかることがある。生徒たちがなかなか落ち着かず、「先生の授業はわからない」と率直な意見をもらう。または「なんでこの教科を勉強する必要があるんですか」と問われる（問A）。あなたは何と答えるだろうか。

あるいは「こんな行事には参加したくない」「なぜ参加しなければいけないのか」や、部活動の指導について「先生はこの競技を経験されているのですか、指導する資格はあるのですか」との意見をもらう（問B）。休みがちで悩んでいる生徒の相談にのったところ「なぜ学校に行かなくてはいけないのでしょうか」と言われ（問C）、自身が欠席した経験もなく、考えたこともない問いに閉口する。

また、保護者との会合の帰りに「先生はどういった教育論をお持ちですか」と問われたとき、自分ならどのように答えるのだろうか（問D）。

もちろん正解として決められた文言がある問いではないが、実は「教職に関する科目」をよく学ぶことが、そういう場面への対応につながっていくことになる。問Aについては、「教職課程および指導法に関する科目」の各科目があるし、そういう疑問をなるべく少なくするためにも授業構造を理解し、教材解釈や研究を重ねていくことになる。もちろん各教科の学びや自身の得意科目を学び深めていくことも重要である。問Bも同じく指導法や特別活動への理解や学びがそういう問いへの答えと結びつく。問Cは「生徒指導、教育相談および進路指導に関する科目」領域での学びがこれに対応することになる。問Dは「教育の基礎理論に関する科目」がこれに当たる。

たとえば、問Dで保護者に答えるときの自身の教育論は、教育の思想（哲学）や歴史的に学んだ内容で答えることができる（例：「ペスタロッチーの"教育愛"こそが教育の原点だと私は考えています」等）。もちろん心理学から発達の概念を使って説明してもいいし、社会学で数値的にシステムを示して論じても説得力ある説明にはなるだろう。そのためには前提として学んだ成果を自身の教育観として語れるレベルでの修得が求められる。

「教職に関する科目」を含む教職課程で学ぶ知識は、教員採用試験で出題されるから学ぶのではなく、むしろ実践の場で起こり得るケースとその対応を考えることを意識しながら履修し、修得していただきたい。なお、カリキュラム的には上から下へと順序性があり（教育実習や最終科目としての教職実践演習は最下層にある）、この「現代教職論」（教職の意義等に関する科目）が最初期に学ぶべきものと位置づけられている。「教職とは何か」をまず意識することから始めるということは、そのための教職課程の学び全体を俯

瞰しておくということも含んでいる。本章で「教職課程での学び方」について説くことは、後の他の科目での学びへの意識づけをも担っている。

4 教科に関する科目

　授業は教師の仕事の中心として位置づけられる。教員は、教える教科について深い知識を持っていなければならない。その教科の内容となる知識や技術を学ぶことを目的とするのが「教科に関する科目」である。

　これらの科目について、教員養成課程ではそれぞれの教科を教えるための知識をカテゴリー分けしている。例としていくつかあげておく（表2-3）。

　表2-1 に記したように、2000 年以降においては大学の教員養成課程において「教科に関する科目」が従来の単位数からほぼ半減とされている。このことは、教師の専門性の重要な反面である「教科に関する専門知識・技能」を軽視するものとも考えられ、結果的に教員の能力の重要な側面を損

表2-3　教科に関する科目（カテゴリー）

【中学校国語】	【中学校英語】
●国語学（音声言語および文章表現に関するものを含む） ●国文学（国文学史を含む） ●漢文学 ●書道（書写を中心とする）	●英語学 ●英米文学 ●英語コミュニケーション ●異文化理解
【中学校社会】	【高等学校地理歴史】
●日本史及び外国史 ●地理学（地誌を含む） ●社会学、経済学 ●哲学、倫理学、宗教学	●日本史 ●外国史 ●人文地理学及び自然地理学 ●地誌
【高等学校公民】	【商業】
●法律学（国際法を含む）、政治学（国際経済を含む） ●社会学、経済学（国際経済を含む） ●哲学、倫理学、宗教学、心理学	●商業の関係科目 ●職業指導

なうことになるとの指摘もある。

確かに「教科専門」の単位数が減ったのは事実であるが、「削減された」という事象にもさまざまな解釈があり得る。全体のバランスの問題も考えていただきたい。それでは、「教職に関する科目」を増やして「教科に関する科目」を減らさなかったらどうなるのか。教職課程全体における必修単位数が増えるということになる。かつて短期大学で取得可能な二級（後の二種）免許状を廃止する動きがあったものの、それが実現されていないことと同じ政治的な問題（利害の対立）もあり、大きな負担や削減という急変は忌避されることも多い（1998年改正では再課程認定まで経ており、その意味で大きな変革であったし、近年では「基礎免許状」「一般免許状」「専門免許状」への移行が政治課題となっている）。全体の単位数が増えるということは、これまで以上に教員資格を得るための難易度が上がるということになる。学生募集を行う大学も困るし、教職志望者が減れば、競争率も下降し、全体のレベル低下にもつながりかねないという事情もある。

教職を真剣に目指す者であれば、次のように考えることもできるのではないか。このカリキュラムに示された単位数は"最低限"のものであると。「真剣に教員を目指すのならば、必要最低限の単位ではなく、より多くを自ら率先して学んでいく姿勢こそが教師にふさわしいのでは」と考えるべきではないか。そして、おそらく、採用（任用）時においても、そのような幅の広い、かつ深い学びをしたことが評価され、さらには教壇に立ったときに役立つことにつながるのだと考えられる。

5 介護等体験

A 介護等体験とは

社会福祉施設や特別支援学校において、障害者や障害児、また高齢者の介護・介助を通じた体験や交流を、義務教育段階の教員免許状取得を目指す者に義務づけられている体験活動である。

今日の教員養成は「教育職員免許法」を軸とした法体系の元で行われて

いるが、この介護等体験は、1997（平成9）年制定の「小学校および中学校の普通免許状授与に係わる教育職員免許法の特例等に関する法律」(略称「介護等体験特例法」) にしたがって、1998（平成10）年度大学入学生から実施されている。

義務教育段階の免許状を取得しようとする者は、体験を受け入れた施設が発行する「体験証明書」を免許状取得申請時に、教育職員免許法の法体系のもとで取得した単位に加えて提出しなければならない。(幼稚園教諭、高等学校教諭を目指す者は希望制となっている)。この「体験証明書」は大学の正規の講義で取得する単位とは異なり、段階評価をしないため、この介護等体験を課外授業として位置づける考え方もある。

社会福祉施設での障害者や高齢者に対する介護・介助を連続で5日間(特別支援学校等での体験の代わりに7日間の場合もある)、特別支援学校での教育体験を2日間行うことが望ましいとされている。これらの施設や学校は免許状取得を目指す学生が自分で選べるのではなく、各都道府県の社会福祉協議会と教育委員会がコーディネートすることになっている。

文部科学省は7日間の介護等体験だけでなく、事前指導の重要性を指摘しており、事前指導を受けた者に介護等体験を認めるとしている。また、社会福祉施設や特別支援学校には介護等体験を希望する学生を受け入れる義務はなく、施設や学校の好意を前提とした制度となっていて、教員免許状の取得を目指す学生の権利とはなっておらず、学生の熱意を前提とした制度であるといえる。

この体験に必要な費用、交通費や昼食代、レクリエーション参加費用等は介護等体験を希望する学生が実費を負担することが原則である。

B　介護等体験の目的

議員立法として「介護等体験特例法」が成立した頃、少子高齢化の問題が深刻化し、介護の担い手の不足が叫ばれていた。こうした世相の中で、小学校・中学校の教員を目指す者に、障害のある子どもや高齢者の介護を通じて、社会の連帯感や認識を深めることを義務づける目的をもって考え出された制度である。

前掲「介護等体験特例法」の施行に関して、1997（平成9）年11月、文部

科学省は文部次官通達を出して、この特例法の制定趣旨を徹底しているが、その中では「義務教育に従事する教員が個人の尊厳及び社会連帯の理念に関する認識を深めることの重要性にかんがみ、教員としての資質の向上を図り、義務教育の一層の充実を期する」ことにこの制度の目的を定めている。

　また、同通達の留意事項において「受入施設の職員に必要とされる業務の補助」などを体験することも想定されていて、「受入施設の種類、業務の内容、業務の状況」など幅広い体験が行われることが期待されている。したがって、介護を必要とする障害のある児童生徒、高齢者との交流だけでなく、各施設の運営実態や施設職員の業務を体験することもこの制度の目的となっていることがわかる。

　ところで、介護等体験が行われる施設の多くは、介護を必要としている人たちが日常生活を行っている場所、いわば「家庭」であることを考えると、次節で取り上げる「教育実習」とは基本的に異なる目的があることに留意する必要がある。

　「教育実習」では、児童生徒の家庭を訪問することが実習として課せられることはまず考えられない。しかし、介護等体験を受け入れる施設の中には入所型の施設が多くあることを考えると、そこは介護を必要としている方々の「家庭」そのものであり、その「家庭」にお邪魔して体験的学習が行われていることになる。介護等体験は介護を必要としている方々の日常生活に直接接して社会的連帯感を養うことも目的の1つとして位置づけられていると考えるべきであろう。

C　介護等体験の内容

　体験内容は、おおむね次の4点にまとめることができるであろう。

(1) 移動・食事の介助体験

　歩行が困難な高齢者や障害を持つ児童生徒の車いすを押して移動の手伝いをする。聴力や視力に障害がある人たちの歩行や移動を介助する。

　また、自力での食事が困難な方々の介助をする。

(2) 話し相手・付き添いなどの交流体験

　散歩の付き添いやトイレへ行くときの付き添い、自由時間中の会話など

を通じて交流し、障害を持つ人たちや高齢者の気持ちに触れ、共感的な理解を深める。

(3) 行事の手助け

　遠足・運動会や各種レクリエーションに参加して行事の運営を助けながら、高齢者や障害を持つ人たちと交流し、どのような手助けが求められるのかを体験的に理解する。

(4) 職員の業務補助

　食事の準備・後片づけ、レクリエーション企画の準備・後片づけ、施設の掃除・洗濯など、障害を持つ人たちや高齢者とじかに接するわけではないが、施設運営を支えていくために必要な職員の業務を補助しながら、職員の作業実態や留意事項を理解する。

　このような作業を通覧すると、介護等体験の内容は、出勤から退勤まで全時間が実習時間であることがわかる。気を緩める時間がほとんどない体験である。昼休みや休憩時間を明確に定めることができないことも容易に理解できるであろう。

　また、高齢者や障害を持つ人たちの側からすれば、自分たちの生活の場へ、見知らぬ人が数日間訪れて、生活のあらゆる場面をのぞき見しては帰り、また、次のグループがやって来るわけである。体験参加者は、知らず知らずに施設で勉強や生活をしている人たちのプライバシーを犯しているという事実を自覚する必要がある。

Ｄ　介護体験等で留意したいこと

　これまで介護等体験に送り出した多くの学生から、「介助してあげるんだ」とか「支援してあげるんだ」という気持ちがどこかにあって参加してしまったが、実際には、「自分の方が多くを教えられた」という感想を聞く。

　事実、筆者はこの体験が教職課程履修学生に不要なものではないかという意見を、この体験に参加した学生から聞いたことは一度もない。「体験日誌」の提出をたいていの大学が義務づけているが、その中から多くの「感動」を読み取ることもできる。

　しかし、一方で、体験学生の不用意な発言や安易な行動が、施設の迷惑となり、施設で勉強や生活をしている人たちを傷つけるようなことが現実

に起きている。失敗体験も体験学習においては重要な学習ではあるが、このような施設では1つのミスが命に関わることもあると肝に銘じておく必要がある。

　介護等体験が行われる施設の多くは、専門的な知識や技術を持った職員によって支えられていることをよく理解し、体験参加者がものごとを安易に判断し、対処してはならない。常に、「報告」「連絡」「相談」に心がけ、施設職員との緊密な連携が重要であることを認識してもらいたい。

6　教育実習

A　教育実習とは

　教育実習は、教育職員免許法の中で定められた必修の科目である。前項で述べた介護等体験とは異なり、一般に用いられているS、A、B、C、Dという評価法が用いられ、実習校校長は実習全期間の実習生の実習状況について、指導教諭の所見を踏まえて評価する。その成績表が実習生の所属する大学へ送られてくるというしくみとなっている。

　4年次に実施されることが一般的であるが、教育実習生の受け入れを目的として設立された付属学校を持たない大学では、その前年から実習協力校に協力を求める活動をしなければならない。

　現在、実習生受け入れのお願いは実習前年の3月末から4月にかけて行われることが一般化しており、教員免許状取得を希望する学生の多くは、その時期、教育実習協力校に連絡をとり、協力をお願いし、承諾を得ることが必要である。

　ところで、実習生受け入れは、公立・私立を問わず、学校の義務ではないから、人数制限を設けている学校、面接や学力テストを実施して受け入れの諾否を決めている学校が多く見られる。

　各道府県の教育委員会は、原則として、教育実習協力校の斡旋はしていない。例外的に東京都は、公立中学校での実習希望者を大学単位で申し込ませ、都教育委員会が実習生受け入れ諾否の決定と実習校を通知するとい

う方法がとられている。しかし、すべての教育実習希望者が受け入れられているわけではないし、出身校（母校）を希望していても、その学校が斡旋されることはほとんどない。

実習期間は、高等学校教員免許状を希望する者は最低2週間、中学校教員免許状を希望する学生は最低3週間の実習が義務づけられている。しかし、実習生を受け入れる学校は、1年間、3年間の教育計画のもとに教育活動が継続的に行っているわけで、そこに実習生が2週間、3週間、「お邪魔する」ということになる。実習協力校の教育活動の妨げとならないように、その学校の教科指導の方針や生徒指導の方針を十分理解して、教育実習にのぞむことが重要である。

実習受け入れ校は、1人の実習生を受け入れるために、控え室を用意し、職員室に机を用意する他、教材研究に必要な教育機器や資材を実習生に提供するわけであり、少なからず経費がかかる。一般的に実習生は大学を通して実習費を納めることにはなっているが、その額は十分なものではない。

このように、教育実習という制度は実習受け入れ校や教員など教育界に身を置く人たちの善意によって支えられている制度である点を十分認識しておく必要がある。

なお、各大学で実施される事前の説明会や事前指導・事後指導には必ず出席して、教育実習への申し込み方法、手続き、実習態度について学ぶ必要がある。

B　教育実習の目的

教育実習は、大学の教職課程で学んだ知識を踏まえて、実際に教育現場を体験することで理論と実践の融合をはかることに最大の目的がある。

また、教育現場には、教職課程科目の学習だけでは学びきれない教育現場が抱える問題や課題がある。これらを実践的に学ぶことも重要な目的である。

さらに、学校現場を教員の一員として体験することで、教師という職業が持つ責任の重大性や自分がその責任に耐えうる適性を持っているのかどうか確認することも目的である。

これら教育実習の目的は、以下6点にまとめることができるであろう。

①教育の理論は教育現場でどのように実践されているかを学ぶ。

②教科指導や生徒指導の実践的方法を教員として現場に身を置き、指導教諭のもとで体験的に学ぶ。

③学校経営や学級経営の実際を教員として現場に身を置き、体験を通して理解する。

④教師としてのあり方、教師の服務規程や私的な生活のあり方を、現場教師との交流の中から理解する。

⑤教師という職業が持つ社会的責任や教師という職業の特殊性を理解し、自らがその職業に適しているか顧みる。

⑥中学生や高校生と接する中で、現代の青少年が抱える問題を理解する。

　これらの目的を達成するために、教育実習生は「実習日誌」を毎日書くことになっている。「実習日誌」は各大学で編集されているが、おおむね次のような構成となっている。

　⑴教育実習への心構え

　⑵実習校の教育方針の理解

　⑶学校行事や実習日程の確認

　⑷授業参観の記録

　⑸毎日の授業実習や生徒指導の記録

　⑹毎日の反省

　⑺指導教諭からのアドバイス

　⑻全実習期間を通しての反省

　⑼実習校校長に総合所見

　上記⑷⑸⑹は毎日記入し、指導教諭からアドバイスを受けるようにすることで、教育実習の目的が達成されるものと考えられる。「実習日誌」を有効に使うことが重要である。

C　教育実習の留意事項

　既に述べたように、教育実習受け入れ校には実習生を受け入れる義務はなく、指導教諭にも教育実習生を指導する義務はない。しかし、戦後ずっとこの制度が受け継がれてきたのは、教育現場が、将来ともに教育現場を支えてくれる「同僚」が実習生の中にいると考えているからである。

したがって、将来教員になる意思がなく、単位を取得して免許状を得たいだけだという学生の実習参加は、教育現場を著しく愚弄した態度であると言わざるを得ない。

現在、学校現場は多くの問題を抱えながら毎日の教育活動を行っている。1つ間違えると、生徒が自ら命を絶つという取り返しがつかないような悲しい事件も起こっている。このような事態が起こり得る現場であることをよく認識して取り組まなければならない。

また、ほとんどの学校は受験指導という重要な課題を抱えている。2週間、3週間の実習生による授業は、この受験指導にとって大きな障害となっている事実も認識しておく必要がある。実習終了後、指導教諭が教育実習生の実施した授業内容を補ったり、授業自体をやり直したりすることが多く行われている。教育実習期間中に教材研究をするようでは、現在の学校が求めている授業の質には対応できない。大学で十分な学力を養ってから教育実習に臨むよう心がけなければならない。

また、教育実習を実習期間の2週間、3週間だけと考えることには問題がある。実習の受け入れ依頼や申し込み、事前打ち合わせなど、実習受け入れ校を訪問する機会は多くある。そのとき、そこには生徒がいるわけで、実習期間以外で学校を訪問するときにも、服装や態度に十分留意する必要がある。

母校が実習協力校になっている場合、卒業生だからと思って、なれなれしい態度で実習校を訪問し、友だち感覚で、教員や生徒に接することでひんしゅくを買った例も報告されている。実習生といえども、学校内では「○○先生」と呼ばれるれっきとした教員として教員・生徒たちに迎えられることを自覚して行動すべきである。

特に重要なことは、出勤時間を守り、退勤時には、指導教諭に了解を得るなど、社会人としての常識を守ることである。実習期間中は教員の1人であって、けっして学生ではない。

さらに、厳重に守らなければならないことがある。それは「守秘義務」である。教員室には生徒の住所や家庭環境を記録した資料、出席簿、成績状況を示した書類など、生徒1人ひとりのプライバシーに関係するものが多く置かれている。それらを閲覧する場合は、指導教諭や学校管理者の許

可を得なければならないし、実習中も実習後もそれで知り得た内容を絶対に口外してはならないという義務を教育実習生も負っていることを確認しておいてもらいたい。

7 教員養成の質保証

A 教職課程科目の充実と学習意欲の向上

本章第1節で紹介したように、現在日本の教員養成課程は大別して「教職に関する科目」と「教科に関する科目」から成り立っている。これは教育職員免許法のもとで免許状取得課程（教職課程）を持っている大学ではほぼ共通している。

教員養成の質を保証するための第一の課題は、この課程の中で開講している科目の内容を充実していくことであり、同時にこれらの科目を担当する大学教員の質を高めることである。

さらに、同課程履修学生の学習環境を整えることである。現在でも教職課程の科目が大人数クラスで行われている大学があるとの話は聞く。教科教育法など、少人数で、きめ細かな指導を必要とする科目の扱いを含め、大学で個性を尊重した教育が行われることが求められる。そうでなければ、将来教育現場で個性豊かな青少年を育成できる教員を養成することは困難であろう。

これらのことは、教職課程を運営する大学に課せられる重要な課題ということができる。

一方、教員養成の質を保証するためには、上記のような大学の努力だけではなく、教職課程を履修する学生1人ひとりの意識も大変重要である。単位取得だけを目的とし、将来、履歴書に書ける資格の1つとしてしか教員免許状を考えない学生の必ずしも熱心とは言えない学習態度は、どこの大学でも見られると聞く。このような学生の学習態度こそが、日本の教育界を必ずしも良好な状況とは言えない現状にしてしまっている原因の1つになっているような気がしてならない。

この問題は、教職課程履修学生個々人の教育に対する認識に起因することであるから、教職課程履修を始める段階での、教職課程ガイダンスが重要な意味を持っていることを示している。各大学で行われているガイダンスの多くが、教員免許取得システムやそのための履修方法に中心が置かれていると言われている。しかし、教師という職業の社会的使命や教師という職業の特殊性など、教師になるということの意味を学生が真剣に考えるような機会を提供するガイダンスが行われなければならない。

ところで、筆者の経験では、介護等体験を終えてから、教職課程科目の学習に真剣に立ち向かうようになる学生や、教育実習を終えてから、教員になりたいと真剣に考えるようになる学生が多い。

教師を目指す者としての自覚を持つためには、大学での学習だけでなく、介護等体験や教育実習、さらに教育実践演習などの講義・演習との有機的な結合が重要であろうと考えられる。

近年、学校や市町村が学生ボランティアを募集して、日常の教育活動の補助を行わせる制度が広がっている。このような制度を有効に活用することで、教員養成の質を高めていくことが可能であると考えられる。

B 総合的な人間力育成の必要性

理科の教員は、音楽祭という特別活動の指導は必要ないのだろうか。体育科の教員は文化祭の日は職員室で休んでいてもいいのだろうか。もちろん、そういうものではないことは誰でも知っている。

最近、教育現場から、登山や水泳の経験のない若い教員が、遠足や林間学校、水泳教室などで協力をしてくれないという嘆きを聞く。原因は、若い教員の中に、それらの経験がほとんどなく、協力のしようがないということのようである。

また、保護者からのクレームにうまく対応できない教員が増えたとも言われる。その原因として、教員である前に、そもそも一般市民としてのコミュニケーション能力の不足があると言われる。

日本の教員免許状制度は、何らかの教科の免許状を取得した時点で道徳の時間の指導も、学級経営もできるものという前提に立っている。これは、学士資格を得て、しかも教職課程を履修して教員資格を取得した者には総

合的な人間力が備わっているはずである、ということを前提として日本の教員免許状制度が成り立っていることを示している。しかし、この総合的な人間力育成の教育が、現在の学校教育、特に高等教育において十分に行われているとは言えない。

　授業を熱心に受けるし、よく勉強もして試験の成績もいいのだが、友人と打ち解けて話すことには消極的で、サークルやボランティア活動にはあまり関心を示さない学生がいる。その態度は、教師を目指す学生としての態度とは言えない。

　高等教育を受けている期間に、大学や社会のあらゆる教育機能を利用して、スポーツ、芸術活動などに積極的に参加しておくことは教師の資質を向上させるうえで重要な要件である。

　また、長期休暇を利用して、さまざまな社会活動に参加する、旅行を通して見聞を開く、読書や音楽に親しむなど、大学生活を有効に使うことは、教員としての資質を高める重要な活動である。

　大学は、学生のこのような活動を援助すべく、教学以外の学生活動にも配慮したカリキュラムを編成する必要がある。

　大学と教職課程を履修する学生両者の日常的な教育・学習活動が、教員養成の質を保証するものであると考えられる。

▌▌コラム▐▐ イギリスの教育実習に学べ

　イギリスの教員養成制度は日本と少し異なっており、大学を卒業してから、1年制の教員養成課程を履修して教員免許状を取得する人が多い。

　かつて筆者はイングランド北部ヨーク市にあるヨーク大学教育学部において、この1年制の教員養成課程で、歴史の教員を目指している女子学生を取材したことがある。

　まず、大学から紹介されたこの女子学生に大学キャンパス内でなかなか会うことができなかった。あとからその理由を女子学生から聞くこができたが、そこにイギリスの教育実習の特徴がよくあらわれていた。

　大学を既に卒業している教職課程履修学生は、大学と実習校を行ったり来たりしながら教員免許状取得を目指しているため、彼女は日常的に大学キャンパスにいるわけではなかったのである。

　彼女の実習校は大学近くの中学校であったが、ここにヨーク大学教育学部と提携している彼女の指導教諭がいた。「提携」とは、大学の教職課程が、教員を目指す学生を指導するにふさわしい現職の教諭であると認めていること意味する。

　この女子学生は、1年間、大学の教育学部教員から教育学や教職教養に関する指導を受けながら、一方で大学と提携関係にある現職の教諭から実習指導を受けていた。すなわち、大学での講義と教育実習とを並行して学んでいたのである。

　この女子学生の履修スケジュールは、ある月は実習校で教育実習を行い、ある月は大学で講義を受ける、またある週は1日おきに、大学と実習校を行き来して学び、ある日は、午前中に実習校で実習をして、午後は大学の講義に出るという具合であった。そして、それは1年間続くのである。

　この制度からは、教育実習を教員養成の重要な要素と考え、教育学・教職教養・教科の学習と現場での実習体験とを緊密に結びつけて、教員養成を行っていこうとする考え方が見られる。

56 ■ 第 2 章 ■ 教員の養成

知識を確認しよう

. . . .

問題

(1) 戦後の教員免許法の変遷を踏まえ、現行教育職員免許法の概略を説明せよ。

(2) 教員に必要な教養とは何かを考えなさい。

(3) 介護等体験・教育実習は、教員免許状を取得するうえでいかに重要かを考えなさい。

解答への手がかり

(1) 第2章1節の記述をよく読んで、まとめてみよう。

(2) 第2章2節および7節をよく読んで、まとめてみよう。

(3) 第2章5節と6節をよく読んで、まとめてみよう。

第3章 教員の仕事と役割

本章のポイント

　教員の仕事と役割はじつに多岐にわたる。それに応じるようにして、教員の多忙化が言われて久しい。実際には、教員の仕事と役割には、職務内容としてどんなものがあるのだろうか。

　まず、読者の皆さんには、中学校や高等学校時代の学級・ホームルーム担任の仕事ぶりを思い起こしてほしい。小学校の教員と決定的に違うのは何かと言えば、それは教科担任制を採用していることであろう。つまり、1人の教員が学級を受け持つと同時にそのクラスで取得免許状の専門教科を教え、かつ他の学級でも同じ教科を教えるのである。このことは、1人の教員が普段から学校教育の2大機能である生徒指導と学習指導（教科指導）に関わっているもっともわかりやすい例である。本章では、この2つを中心に各節で詳述していく。

1 学習指導と教育課程

A 学習指導と生徒指導

学校教育では、中学校・高校の教員に課せられる日常的な仕事と言えば、大別して学習指導と生徒指導の2つである。前者の仕事は、主に当該教科・科目の領域で、後者の仕事は、主に学級・ホームルーム活動・生徒会活動・学校行事の特別活動や部活動などの領域でそれぞれ行われる。

通常の学級経営は学級・ホームルーム担任の仕事として後者の生徒指導を中心に行われ、前者の学習指導は後者の十分な指導のもとで効率よく進められるべきであろう。そして、学校の目指すべき教育の目標は、教員が2つの仕事を通して、日常的に1人ひとりの生徒に働きかけ、人格的発達を促すように機能することによって実現されるのである。

加えて、生徒指導は、特別活動や部活動などに限らず、学習指導の時間においても行われる。すなわち、学習指導の中で行われる生徒指導には、次の2つの点がある。

1つは、各教科・科目で効果的な学習活動が展開できるようにするためには、1人ひとりの生徒がそろって、特定の学級集団の中で落ち着いて教科学習に没入できるように環境を整えることである。これは、1人ひとりの生徒が学習場面になじめるように機能する生徒指導である。

もう1つは、1人ひとりの生徒が各教科・科目の持つ学習のねらいの達成に向けて、意欲的に学習に取り組めるように機能することである。これは、1人ひとりの生徒の意欲的な学習を支援し、かつ各教科・科目のねらいの実現を促進する生徒指導である。

このように、学習指導と生徒指導は専任教員の仕事として大きく二分化されているが、この両者の指導は、生徒の学業や人格のうえでの自己実現を図るために、相互に錯綜して行う必要がある。

B 教育課程

ところで、学校は、「教育の目標が達成されるよう」、「体系的な教育が組織的に行われなければならない」（教育基本法第6条2項）となっている。こ

のことにより、教育の目標を達成すべく、教育内容を体系的に組織的に編成する必要がある。それが教育課程と言われるものである。

中学校の教育課程は、学習指導要領に即し、各教科、道徳、総合的な学習の時間および特別活動の4領域（学校教育法施行規則第72条）によって編成される。高等学校の教育課程も同様に、各教科に属する科目、総合的な学習の時間および特別活動の3領域（同施行規則第83条）によって編成される。

したがって、学校における2大機能である学習指導と生徒指導は、下の図3-1のように、教育課程の各領域にわたって教育の目標の実現に向けて展開される。前項Aで述べた学習指導は、基本的には教育課程の一領域である各教科——高等学校にあっては各教科に属する科目——において機能するものである。なお、下の図3-1では生徒指導の機能が各教科・科目に向かって破線で示されているが、それはAで言及した学習指導の中で行われる生徒指導のことである。

教育課程、とりわけ各教科の指導に当たっては、一斉授業による学習指導の形態が一般的にとられる。その他の形態として、学校の実情や生徒の実態に応じて、個別指導やグループ別指導、繰り返し指導、習熟度別指導などの学習指導の形態がある。さらに、生徒の興味・関心などに応じた課題別の学習指導や、補充的な学習や発展的な学習などを取り入れた学習指導の形態もとられる。最近注目されているアクティブ・ラーニングの手法も用いられよう。

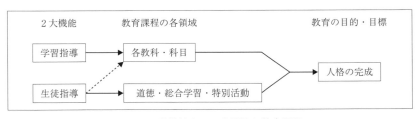

図3-1　学校教育の2大機能と教育課程

2 校務分掌

A 校務分掌とは

　学校は、当然なことながら一般企業と同様に、所期の目的を達成するためには有機的な組織体をとる必要がある。

　学校は、特に当該の教育の目的・目標を実現するためには、1つの組織体として効率的に運営することが求められる。その運営に必要な業務を校務という。校務は学校運営の全体にわたる業務であり、校長1人ですべての職務を担い得ない。そこで、学校に所属する全職員で分担・分掌されることになる。このように校務分掌とは、多岐にわたる校務を、校長が学校全体の教育活動を円滑に進める立場から、所属職員に分担し、処理させるしくみのことである。

　校長は「調和のとれた学校運営が行われるためにふさわしい校務分掌の仕組みを整えるものとする」(学校教育法施行規則第43条)とされる。校長は

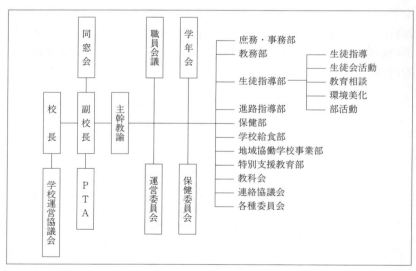

出典) 文部科学省『生徒指導提要』教育図書, 2010, p.79.

図 3-2　校務分掌組織図の例 (中学校)

学校運営を適切な理念と強力な指導力によって組織するが、円滑な運営には、副校長や教頭の管理職のみならず、すべての所属職員の参加・協力も不可欠である（図3-2参照）。

　ここでいう所属職員は、教育に従事する職員という意味である。教育職員または教員とも言われる。具体的には、校長の他に、副校長、教頭、主幹教諭、指導教諭、教諭、養護教諭、養護助教諭、栄養教諭、助教諭、講師、事務職員らを指す。

B　職員の職務

　学校の職員には、さまざまな教育活動や管理・運営などに従事する人が学校規模に応じて配置されていなければならない。必要とされる職員の職務は、学校教育法第37条に以下のように規定されている。なお、同条では教育・養護の対象として「児童」という被教育者に限定されているが、同法第49条の準用規定により「生徒」という被教育者にも拡大される。

①校長は、校務をつかさどり、所属職員を監督する。
②副校長は、校長を助け、命を受けて校務をつかさどる。
③教頭は、校長および副校長（副校長か教頭の一方でもよい）を助け、校務を整理し、必要に応じ児童生徒の教育をつかさどる。
④主幹教諭は、副校長および教頭を助け、命を受けて校務の一部を整理し、児童生徒の教育をつかさどる。
⑤指導教諭は、児童生徒の教育をつかさどり、教諭その他職員に対して教育指導の改善および充実のために必要な指導・助言を行う。
⑥教諭は、児童生徒の教育をつかさどる。
⑦養護教諭は、児童生徒の養護をつかさどる。
⑧養護助教諭は、養護教諭の職務を助ける。
⑨栄養教諭は、児童生徒の栄養の指導および管理をつかさどる。
⑩助教諭は、教諭の職務を助ける。
⑪講師は、教諭または助教諭に準ずる職務に従事する。
⑫事務職員は、事務に従事する。

上記の①～⑫の職員は、一学校における児童生徒数や学級数の規模に応じて配置される。しかし、学校規模の大小にかかわらず、校長、教頭（副校長に代えてもよい）、教諭、養護教諭、そして事務職員は、必ず配置されなければならない必置の職員である。

C　校務の内容

　校務と一口に言っても、その内容はじつに広範囲にわたる。校務の内容は、およそ（1）児童生徒に対する教育・教科活動、（2）児童生徒に対する生活指導・保健指導、（3）教職員人事や一般事務、（4）その他学校施設・設備の管理や運営・特設委員会などの分野に分かれる。そして、それぞれの分野にいろいろな業務・事務が含まれる。

　各分野の部署には、教務主任、学年主任、生徒指導主事、進路指導主事、保健主事、事務長・事務主任、その他必要に応じて校務を分担する主任などが適宜に配置される（学校教育法施行規則第44～47条；70～71条）。ここでは、（1）～（4）の各分野の主な内容を挙げておこう。

（1）児童生徒に対する教育・教科活動（教務）

　教育目標の設定、教育課程の編成、年間学習指導の作成、年間行事計画の作成、進路指導計画の作成、道徳指導計画の作成、時間割・時数の作成や管理、指導要録（学籍や諸表簿）の作成、教科書や補助教材の採用、教室の整備、視聴覚教材の管理、図書室の管理運営など。

（2）児童生徒に対する生活指導・保健指導

　登下校や校外補導や教育相談の生徒指導、家庭訪問や安全指導の生活指導、生徒会の運営指導、生徒会行事や各種委員会の指導、部活動の指導、保健行事の計画・実施、児童生徒・職員の健康管理、給食や食育の指導、校内外環境の清掃美化の計画・実施、教室の配置やカーテンの整備など。

（3）教職員人事や一般事務

　人事記録や昇給・昇格・支給の事務、職員の各種証明、出勤簿・年休の諸届、出張届と旅費の支給、共済・互助・福利厚生の扱い、諸文書の管理、備品・消耗品・教具の調達と管理、徴収金の扱いなど。

（4）その他学校施設・設備の管理や運営・特設委員会

　学校施設の保全・営繕、設備の点検・管理、運営委員会や環境委員会の

設置、ICT システム委員会や学校評価委員会の特設など。

　以上のように、校務の内容は多岐にわたっているため、校務分掌の決定と執行には、学校の実情にもよるが、当然校長の指導力と職員の責任・実行力が求められる。校長の指導のもとで、各主任・主事らの創意工夫、職員の専門性や技量などによる校務の適正な配分、校務処理手続きの予備的設定などが必要不可欠である。

3　学級経営・学校経営

A　学級経営

　中学校・高等学校の教員は、一方では前節2のようにさまざまな校務を担い、他方では学級担任を担当し、かつ教科担任制ということで当該教科も受け持つ。したがって、学級・ホームルーム経営は当該の専門教科を受け持つ学級担任によって行われるものである。

　学級は子どもにとって生活を伴う「心の居場所」であり、授業を受け学習をする場でもある。学級経営は、この子どもたちの学級生活に関わる計画や運営に関することになる。北村文夫によると、学級経営は学校教育の機能として捉えることができる。すなわち、教科経営、集団経営、環境経営、基盤経営の4つの機能として捉えられる。

　この4つの機能を詳細に見ると、各教科指導別にわたる教科経営、生徒指導や学級集団づくりの集団経営、教師と生徒の人間関係づくりや教室環境の整備などの環境経営、そして出席簿の管理・時間割の作成・席順決めなどの基盤経営となる（p. 39）。そして、学級経営の最大のねらいは、学級集団を作りながら、個々の興味・関心や学力などの伸長を目指し、「子ども1人ひとりの自己実現」を図ることにある。

　学級担任による学級経営の機能の具体的全体像を示すと、次の**図 3-3** のようになる。

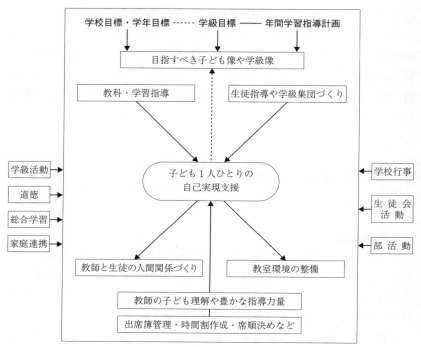

図 3-3　学級経営における教育活動

B　学校経営

　次に、学校管理については、「学校の設置者は、その設置する学校を管理」（学校教育法第 5 条）するとなっている。そもそも国が設置する学校を国立学校と、地方公共団体が設置する学校を公立学校と、そして学校法人が設置する学校を私立学校と称する。したがって、国立学校にあっては設置者の文部科学大臣が、公立の小・中学校や義務教育学校にあっては設置者の市町村教育委員会が、公立の高等学校にあっては設置者の都道府県教育委員会が、私立学校にあっては設置者の学校法人理事会が、それぞれ管理する。

　管理すべき事項内容は、教職員の人事に関する人的管理、施設や設備等に関する物的管理、そして教育活動に関する運営管理の 3 つである。併せて、学校管理者は原則的に「その学校の経費を負担する」（同法第 5 条）こと

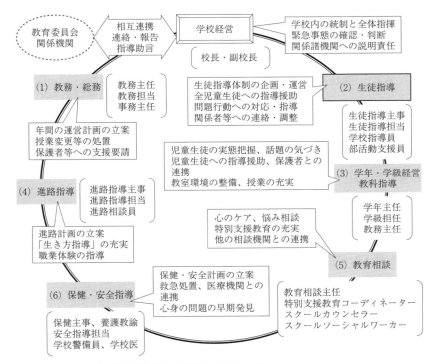

出典）文部科学省『生徒指導提要』教育図書，2010，p. 78.

図 3-4　学校経営の全体像

となる。

　こうした学校管理のもとで、校長が当該学校の日常的業務に関する経営を行うのである。校長はまず、目指すべき学校像を明確に示し、それに沿った経営方針を打ち出し、これをもとにして想定される学校の効果的な組織を提示する。上の図3-4は、校長が描く学校経営の全体像の例である。

　校長はこの全体像をもとに、いろいろな分野にわたる教育活動の特性・役割と担当部署について全教職員に明示し、その理解と協力を求める。全体組織を構成する要素としては、上の図中にある6つが以下に挙げられる。

(1) 総務・教務

　教務主任・教務担当が中心となって年間の運営計画の立案、教育課程・授業時間数などの策定を行う。

(2) 生徒指導

　生徒指導主事や生徒指導担当が中心となって生徒指導体制の企画・運営、全児童生徒への指導援助、問題行動への対応・指導などを行う。

(3) 学年・学級経営や教科指導

　学年主任や学級担任・教務主任が中心となって児童生徒の実態把握、児童生徒への指導援助、教室環境の整備や授業の充実などを行う。

(4) 進路指導

　進路指導主事や進路指導担当が中心となって進路計画の立案、「生き方指導」の充実、職業体験の指導などを行う。

(5) 教育相談

　教育相談主任やスクールカウンセラーが中心となって心のケア・悩みの相談、他の教育相談機関との連携などを行う。

(6) 保健・安全指導

　保健主事・養護教諭や安全指導担当、学校医が中心となって保健・安全計画の立案、心身の問題の早期発見、他の関係機関との連携などを行う。

　ところで、校長には職員会議の設置とその主宰(学校教育法施行規則第48条)の権限がある。これは、校長が当該学校内の職務を円滑に執行するために与えられている権限である。この職員会議において、全教職員は校長から最初に学校経営や運営に関する理念・方針を聞き取り、上記の (1) 〜 (6) の具体的事項に関する内容の趣旨説明を受けて、相互の共通理解を経て全員の合意形成を図る。そのうえで、校長は最終決定を行い、これにより日常的に学校を経営・運営していくのである。

4　生徒指導と進路指導

A　生徒指導

[1] 生徒指導とは

　生徒指導は、第1節で触れたように学校が教育目標の達成を目指す際の機能の1つで、児童生徒の大人への成長を意図して、その成長や発達への

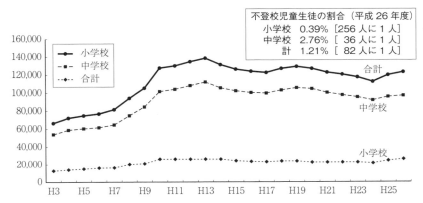

出典）文部科学省初等中等教育局児童生徒課「平成26年度　児童生徒の問題行動等生徒指導上の諸問題に関する調査」平成27年9月16日

図3-5　不登校児童生徒数の推移

促進と支援、働きかけをする教育活動である。その役割は、子どもの人格形成や規範意識の醸成、社会的資質・態度・行動力の形成、社会的自己実現などに向けた指導、援助にあり、重要である。

　児童生徒には暴力行為、いじめ、不登校（図3-5）、中途退学、自殺、喫煙、飲酒などの問題行動がみられ、懲戒や出席停止などに至る場合もある。また、最近では携帯電話やインターネットをめぐる問題、児童虐待など、子どもをめぐる環境は一層多様化している。生徒指導はこうした問題行動への対応・対策も担うと考えられるが、本来は日常時から児童生徒のよりよい発達を積極的に目指すものである。そのため、生徒指導の指導内容・方法とその実践は、各教科、道徳科、総合的な学習の時間、特別活動、校外教育活動など学校教育全体に及ぶ。

　学校や教師は常に生徒理解に努め、教師と児童生徒、生徒相互において各人は同じ人間であるという観点から信頼関係を築き、生徒が自主的に判断や行動をして積極的に自己を活かせるよう指導することが求められる。なお実際の生徒指導は、その理論研究等の不十分さもあり、学校の問題行動への対応にとどまる限定理解の状態にある場合がある。

　こうした情況から、2010（平成22）年3月に文部科学省は『生徒指導提要』を作成した。これは、小学校から高等学校段階までの生徒指導の理論と考

え方や実際の指導方法等を時代変化に即してまとめ、学校や教師が実際の生徒指導で共通理解をもって組織的で体系的な取組みが可能となることを目指した内容となっている。その構成は、生徒指導の意義と原理、教育課程と生徒指導、児童生徒の心理と児童生徒理解、学校における生徒指導体制、教育相談、生徒指導の進め方（児童生徒全体への指導、個別の課題を抱える児童生徒への指導）、生徒指導に関する法制度、学校と家庭・地域・関係機関との連携、学校全体で生徒指導を進めるための指導体制、学校による組織的対応や学校種間の連携、発達障害への対応などに及んでいる。これらから、生徒指導を行う学校や教師には、児童生徒理解、教員間における指導法等の共通理解を図ることが求められている。具体的指導は、生徒指導上の原理ともなる集団指導と個別指導になるが、その内容は「成長を促す指導」、「予防的指導」、「課題解決的指導」に分けられる（図3-6参照）。

また教師は、生徒指導と校務分掌の関わり（図3-2参照）、生徒指導の学校教育活動における位置づけ（図3-4参照）、学習指導要領等を十分に理解し指導する必要がある。

出典）文部科学省『生徒指導提要』教育図書，2010，p. 14.
図3-6　集団指導と個別指導の指導原理

B　進路指導
[1] 進路指導とは

進路指導は、教師が学校の教育活動の全体を通じて生徒に行う、進路の選択・決定への指導や援助である。なお、学習指導要領上、中学校、義務教育学校、高等学校、中等教育学校、特別支援学校中学部および高等部に主に限定された教育活動である。

戦後の高度経済成長期に中・高等学校では、卒業後にいかに進学するか就職試験に合格するかの指導や支援が行われた。そのために「出口指導」や職業指導が進路指導と考える学校や教員が増加し、今日でもみられる。

　しかし、本来の進路指導は中・高等学校の教育課程上に位置づけられたもので、生徒1人ひとりが主体的に卒業後の将来を展望し、自らの人生を切り拓き社会参画する力の育成を目指す教育活動である。

　そのため学校や教師は、進路指導を生徒の卒業時の進路選択と日常の学校生活の中で卒業後の将来像を長期的に展望させる「生き方の指導」を意識した指導や援助とする必要がある。文部科学省では、その指導の重要性から、『中学校キャリア教育の手引き』（平成23年3月）を作成している。

[2] 進路指導の諸活動

　具体的な進路指導は、文部省『進路指導の手引─中学校学級担任編（三訂版）』（平成6年）によれば、次のようになる。

①個人資料に基づいて生徒理解を深める活動と、正しい自己理解を生徒に得させる活動。

②進路に関する情報を生徒に得させる活動。

③啓発的経験を生徒に得させる活動。

④進路に関する相談の機会を生徒に与える活動。

⑤就職や進学等に関する指導・援助の活動。

⑥卒業者の追指導に関する活動。

　進路指導が「出口指導」とされる理由は、上記の⑤を指導の中心としたことによる。実際の指導は、卒業時の進路選択の指導・援助や斡旋に限らず、入学から卒業、卒業後の追指導までも対象とした計画的で組織的な教育活動の過程で、学級活動などのガイダンス機能を充実させる工夫をするなど、全学校教育活動を通じて行うべきものである。

[3] 進路指導とキャリア教育の関係

　中学校、義務教育学校、高等学校の進路指導の定義、理念、概念、ねらい、内容に差異がないがより大きな概念にキャリア教育がある。キャリア教育は、就学前段階から初等中等教育・高等教育、さらに若年無業者など、

学校から社会への移行に困難を持つ若年者を支援する諸機関で実践。進路指導とキャリア教育の関係は次の通りで（図3-7参照）、キャリア教育は人が社会的・職業的自立に向けキャリアの形成をする際に必要な能力や態度の育成をめざす教育である。そのため、教師には幼児・義務教育期から進

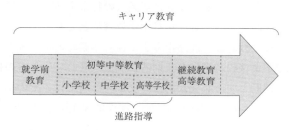

出典）文部科学省『中学校キャリア教育の手引き』2011年，教育出版，p. 38.

図3-7　キャリア教育と進路指導の関係

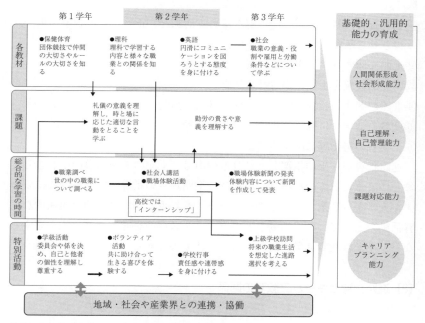

出典）文部科学省『キャリア教育×HERO』（http://www.mext.go.jp/career_hero/index.htm）

図3-8　中学校・高等学校におけるキャリア教育の実践イメージ

5　道徳教育　71

学や就職を想定した体系的取組が必要となる（図3-8参照）。

5　道徳教育

A　道徳教育とは

　道徳教育は児童生徒の道徳性を養い人格の発達を目指す教育である。児童生徒が、人間としてのあり方を自覚し、よりよく生きるために、その基盤となる道徳性すなわち、生命を大切に他人を思いやる道徳的心情を育て、善悪の判断の規範意識や実践意欲等を身につけることである。

　今日、情報化、国際化、グローバル化、価値の多様化、社会の急速な変化、格差、人間の「心」の喪失等への危機意識、いじめ問題などから、道徳教育が大きな関心をよんでいる。その結果、日本は道徳教育の充実を大きな課題とし、2015（平成27）年3月の学習指導要領を一部改正して「特別の教科　道徳」「道徳科」を設置し教科化した。その完全実施は小学校が2018（平成30）年度、中学校が2019（平成31）年度からである。

B　戦前・戦後の道徳教育

　戦前、戦時における日本の道徳教育は、修身が筆頭（首位）教科として、初等学校、中等学校、師範学校、高等学校、大学予科に設置され、学校の教育活動全体をとおして行われるべきものであった。1890（明治23）年に「教育勅語（教育に関する勅語）」が発布されると、その内容が学校教育の徳育の中心を担うものとして、それに基づく実践が求められた。

　戦後、1945（昭和20）年12月連合国軍最高司令官総司令部（GHQ）指令により、修身は軍国主義的・超国家主義的観念を注入したとして、日本歴史（国史）、地理とともに授業停止が命じられた。そして、道徳教育は社会科を中心に、各教科など学校教育全体で行われるものとされた。その後、1958（昭和33）年に文部省（当時）は学習指導要領で道徳教育を補充、深化、統合する「道徳の時間」を特設した。「修身科の復活」との反対運動もあったが、小・中学校において教科外活動（領域）の授業「道徳の時間」が設置

された。その後現在に至り教科化された。なお、道徳教育は学校教育活動全体を通じて行うが、最近、文部科学省はテレビドラマとのタイアップを通じての道徳教育の理解・普及等もすすめている。

C　道徳教育の目的と位置づけ

　日本の教育目的は改正教育基本法（2006〔平成18〕年）（資料編参照）第1条で「教育は、人格の完成を目指し、平和で民主的な国家及び社会の形成者として必要な資質を備えた心身ともに健康な国民の育成を期して行われなければならない」と示されている。この「人格の完成」と「国民の育成」の基盤となるものが道徳性である。この人格形成の根幹に関わり、民主的な国家・社会の持続的発展を根底で支える道徳性を育てることが学校教育における道徳教育の使命とされている。

　また、同法第2条（教育の目標）では「幅広い知識と教養を身に付け、真理を求める態度を養い、豊かな情操と道徳心を培うとともに、健やかな身体を養うこと」とあり、「道徳心を培う」ことを教育の目標としている。これらの点に、現在の学校教育における道徳教育の意義と位置づけがある。

D　道徳教育の目標と内容

　現行の中学校における道徳教育の目標および「特別な教科　道徳」の目標、内容については、学習指導要領（平成20年告示平成27年3月一部改正）に示されている。

　中学校の道徳教育の目標は「学校における道徳教育は、特別の教科である道徳（以下「道徳科」という）を要として学校の教育活動全体を通じて行うものであり、道徳科はもとより、各教科、総合的な学習の時間及び特別活動のそれぞれの特質に応じて、生徒の発達の段階を考慮して、適切な指導を行わなければならない」（総則）とされている。

　「特別な教科　道徳」による目標は、「道徳教育の目標に基づき、よりよく生きるための基盤となる道徳性を養うため、道徳的諸価値についての理解をもとに、自己を見つめ、物事を広い視野から多面的・多角的に考え、人間としての生き方についての考えを深める学習を通して、道徳的な判断力、心情、実践意欲と態度を育てる」（第3章）とされている。

次に中学校「道徳科」の内容は、教師と生徒が人間としてのよりよい生き方を求め、ともに考え語り合い、その実行に努めるための共通課題という捉え方である。具体的な内容項目は以下の4視点（ABCD）に分けられ、生徒の発達的特質に応じて内容構成を重点化した次のような22項目にまとめられている。

A　主として自分自身に関すること

　1自主、自律、自由と責任　2節度、節制　3向上心、個性の伸長

　4希望と勇気、克己と強い意志　5真理の探究、創造

B　主として人との関わりに関すること

　6思いやり、感謝　7礼儀　8友情、信頼　9相互理解、寛容

C　主として集団や社会との関わりに関すること

　10遵法精神、公徳心　11公正、公平、社会正義　12社会参画、公共の精神

　13勤労　14家族愛、家庭生活の充実　15よりよい学校生活、集団生活の充実　16郷土の伝統と文化の尊重、郷土を愛する態度　17我が国の伝統と文化の尊重、国を愛する態度　18国際理解、国際貢献

D　主として生命や自然、崇高なものとの関わりに関すること

　19生命の尊さ　20自然愛護　21感動、畏敬の念　22よりよく生きる喜び

E　道徳科の指導・教師・授業時数・教材・評価

　道徳科の指導は全体計画、年間指導計画に基づき、実際の生徒や学級の実態に即して、道徳科の特質に基づいた適切な指導の展開が教師に求められている。そのため、道徳科を担当する教師は、生徒の実態をより近くで知る学級担任の教師が行うことが原則である。ただその際、学級担任任せではない他の教職員との協力的な指導の工夫をとり、道徳科の特質による指導体制を充実する必要もある。

　具体的指導では、道徳科の特質の理解、信頼関係や温かい人間関係の基盤、生徒の内面的な自覚を促す指導方法の工夫、生徒の発達や個に応じた指導方法の工夫、問題解決的学習や体験的活動など多様な指導方法の工夫、道徳教育推進教師を中心とした指導体制の充実、計画や方針に基づく学習指導案の作成が必要となる。

授業時数等の現行の取扱いは、年間35週以上にわたる計画と実施で、週当たりの授業時数が生徒の負担過重にならないようにする必要がある。

　教材には、伝記、実話、論説文、物語、詩、劇など多様な形式が使用できるが、教師は教材から読み取れる価値観を一方的に教え込むことや登場人物の心情理解に偏った授業展開にならないようにしつつ、問題解決的学習の導入が求められている。

　道徳科の指導上の配慮事項として教師に求められるのは、学校の教育活動全体を通じて行う道徳教育の要としての道徳科への意識であり、生徒が自ら振り返り成長を実感して課題や目標を自ら考え理解するなど、主体的な道徳性を育むための指導である。なお、現代社会においては、インターネットや情報社会の倫理など情報モラルと道徳科や、現代的課題（食育、健康教育、消費者教育、防災教育、福祉、法教育、社会参画、伝統文化教育、国際理解教育、キャリア教育等）の取り扱いにも配慮や工夫が求められる。

　評価は、生徒の学習状況や道徳性にかかわる成長を継続的に把握し指導に生かす必要があるとしながらも、数値等による評価を適切とはしていない。そのため評価は記述式であり、他の児童生徒との比較による相対評価ではなく、児童生徒の成長過程を認識し各人が励まされる個人内評価となる。

6　教育相談

A　教育相談とは

　教育相談は、児童生徒あるいは保護者を含む学校生活や学校教育活動において、心理学や教育学の専門家や教師により行われる、いじめ相談、不登校相談、非行相談、生活相談、学習相談、進路相談、就職相談などである。相談の結果、必要に応じて学校や教師、専門家などから児童生徒、保護者、教師に指導、助言、援助する場合がある。

　今日、学校教育上の課題は一層多様化し、いじめ、いじめ自殺、不登校、事件・事故、自然災害、家庭の養育・教育力の低下、児童虐待、発達障害、少年犯罪の低年齢化、携帯電話やインターネット犯罪などにおよび、大き

な社会問題となる場合もあることから教育相談は教師にとって重要である。

　こうした情況に、中学校学習指導要領解説（特別活動編）（2008〔平成 20〕年7月告示）では、「教育相談は、一人一人の生徒の教育上の問題について、本人又はその親などに、その望ましい在り方を助言することである。その方法としては、1 対 1 の相談活動に限定することなく、すべての教師が生徒に接するあらゆる機会をとらえ、あらゆる教育活動の実践の中に生かし、教育相談的な配慮をすることが大切である」とされている。

　具体的な教育相談は、教師が中心となる学校教育相談、専門家による臨床教育相談に大別される。現在日本の施策では、教師による学校教育相談の過重や職能等から、スクールカウンセラーなど専門家の臨床教育相談を増加させ教育相談を補強する方向にあるが（「スクールカウンセラー活動事業」等）、国、教育委員会、学校、教員等には、教育相談への関わりと充実が一層求められ、期待されている。学校は必要に応じて関係機関（福祉、保健・医療・警察・矯正・更生保護、NPO 等）との連携、ネットワーク構築、サポートチームの組織化などを行う必要がある。

　なお、教育相談と生徒指導の相違点は、『生徒指導提要』に「教育相談は主に個に焦点を当て、面接や演習を通して個の内面の変容を図ろうとするのに対して、生徒指導は主に集団に焦点を当て、行事や特別活動などにおいて、集団としての成果や変容を目指し、結果として個の変容に至る」ところにあるとしている。

B　スクールソーシャルワーカー

　スクールソーシャルワーカーは、主に児童生徒自身と児童生徒の周辺環境を観点に権利擁護や環境改善などの活動をする。スクールカウンセラーは主に治療行為によって児童生徒の葛藤等の解決を図るが、スクールソーシャルワーカーは教育と社会福祉等の専門的知識・技術によって、児童生徒の環境にさまざまな観点からの働きかけや支援を行う。

　2008（平成 20）年度から文部科学省は、スクールソーシャルワーカーの配置を推進し教育相談の充実を目指しており、学校や教師はスクールソーシャルワーカーに関する理解と認識を深め、その活用を工夫する必要がある。

C　子どもの SOS の相談窓口・教育相談室

　2007（平成19）年から実施の「24時間いじめ相談ダイヤル」は、2015（平成27）年4月に「24時間子供 SOS ダイヤル」に改編され、いじめに限らず子どもの SOS 全般を受け止める窓口として明確に設置された。この電話は24時間対応で、最寄りの教育委員会の相談機関に原則接続される。全国の小・中学校・義務教育学校・特別支援学校の児童生徒にはダイヤルを記した電話相談窓口紹介カードが配布広報されている（図3-9）。また、地方自治体は青少年教育相談室や教育相談センターを設置し、子どもの健全育成、非行化防止、自立支援等の相談業務を行っている。

出典）文部科学省「いじめ問題を含む子供の SOS に対する文部科学省の取組」
　　　（http://www.mext.go.jp/ijime/detail/dial.htm）

図 3-9　24時間子供 SOS ダイヤル

D　いじめの定義

　いじめの定義は、1986（昭和61）年の文部省「児童生徒の問題行動等生徒指導上の諸問題に関する調査」からの変遷があるが、現在の定義は2013（平成25）年の「いじめ防止対策推進法」の公布施行による。その第2条には「いじめとは、児童等に対して、当該児童等が在籍する学校に在籍している等当該児童等と一定の人的関係にある他の児童等が行う心理的又は物理的な影響を与える行為（インターネットを通じて行われるものを含む。）であって、当該行為の対象となった児童等が心身の苦痛を感じているもの」とされている。

　なお、いじめの中には、その扱いが犯罪行為や児童生徒の生命や身体、財産に影響する場合もあり、学校・教師は警察への相談や通報、連携の必要性を意識する必要がある。

E　外国人教育相談

　今日、日本には多くの外国人が在住する。いくつかの地方自治体では、その外国人学習者、保護者、学校、支援者等を対象に、日本の学校制度や、日本語や学習支援教育情報、転入準備などの相談対応を行っている。

7　特別活動・部活動

　まず、特別活動の目標は、平成20年改訂の中学校学習指導要領によると、次のように規定されている。

　　望ましい集団活動を通して、心身の調和のとれた発達と個性の伸長を図り、集団や社会の一員としてよりよい生活や人間関係を築こうとする自主的、実践的な態度を育てるとともに、人間としての生き方についての自覚を深め、自己を生かす能力を養う。

　この目標を達成するための内容として、学級活動、生徒会活動、学校行事の3つが設けられている。学級担任は必ずしもこれら活動すべてに関わるわけではないが、週1時間の学級活動——高校はホームルーム活動——を担当しなければならない。

　学級活動は学級担任にとっては本章3-Aでも触れた学級経営・学級づくりを着実に行うのには不可欠である。それは、「学級を単位として、学級や学校の生活の充実と向上、生徒が直面する諸課題への対応に資する活動を行う」ものである。取り扱うべき活動内容は、次の図3-10となる。

　生徒会活動は、「全校生徒をもって組織する生徒会において、学校生活の充実と向上を図る活動を行う」ものである。活動内容は生徒会の計画や運営、異年齢集団による交流、生徒の諸活動についての連絡調整、学校行事への協力、ボランティア活動などの社会参加の5つである。

　学校行事は、「全校又は学年を単位として、学校生活に秩序と変化を与え、学校生活の充実と発展に資する体験的な活動を行う」ものである。活動内容は儀式的行事、文化的行事、健康安全・体育的行事、旅行・集団宿泊的行事、勤労生産・奉仕的行事の5つである。

（1）学級や学校の生活づくり	キ　心身ともに健康で安全な生活態度や習
ア　学級や学校における生活上の諸問題の 　　　解決 　イ　学級内の組織づくりや仕事の分担処理 　ウ　学校における多様な集団の生活の向上	慣の形成 　ク　性的な発達への適応 　ケ　食育の観点を踏まえた学校給食と望ま 　　　しい食習慣の形成
（2）適応と成長及び健康安全	（3）学業と進路
ア　思春期の不安や悩みとその解決 　イ　自己及び他者の個性の理解と尊重 　ウ　社会の一員としての自覚と責任 　エ　男女相互の理解と協力 　オ　望ましい人間関係の確立 　カ　ボランティア活動の意義の理解と参加	ア　学ぶことと働くことの意義の理解 　イ　自主的な学習態度の形成と学校図書館 　　　の利用 　ウ　進路適性の吟味と進路情報の活用 　エ　望ましい勤労観・職業観の形成 　オ　主体的な進路の選択と将来設計

図 3-10　学級活動の内容

　部活動に関しては、今回の改訂で初めて「学校教育の一環として、教育課程との関連が図られるよう留意すること」（総則第4の2（13））と明確に規定された。部活動の指導上のガイドラインも、文部科学省より「運動部活動の在り方に関する調査研究報告書」の中にきちんと示された。

　この報告書によると、生徒にとってのスポーツは、「体力を向上させるとともに、他者を尊重し他者と協同する精神、公正さと規律を尊ぶ態度や克己心を培い、実践的な思考力や判断力を育むなど、人格の形成に大きな影響を及ぼすものである」と意義づけられている。そのうえで、部活動の指導上のガイドラインとして指導者は、生徒との適切なコミュニケーション取り、生徒の主体的で自立的に取り組む力の育成、生徒の心理面を考慮した肯定的な指導、生徒間や上級生と下級生の信頼関係づくり、厳しい指導の抑制や体罰の禁止などを求められている。

　以上の4つの活動内容は互いに関連し合うものであるが、この中でも特に学級活動が特別活動の中心的役割を担う。学級活動が中心となって、生徒会や学校・学年行事などに参加・協力する活動や、生徒会の各種委員会や部活動などへの加入とその後の適応に関する活動などを行ったりするのである。

┃┃コラム┃┃┃　「教員の多忙化」──チーム学校は実現なるか

　「教員の多忙化」が言われて久しい。事実、OECD の「国際教員指導環境調査（TALIS）」（2013 年）によって、教員の1週間当たり勤務時間は、調査参

加国で日本が最長であると指摘を受けた。日本の教員は調査参加34国の平均38.3時間に比して、何と最長の53.9時間も働いている。その長時間化とされる業務内容には、教科の授業、授業の計画や準備、生徒の課題の採点や添削、同僚教員との共同作業や話し合い、一般的事務の業務、課外活動の指導、学校運営の業務、生徒との教育相談、保護者との連絡や連携などが挙げられる。

このように、教員の業務内容はじつに広範化している。同調査によると、さらに教職員総数に占める教員の割合でも、日本は米国や英国の約50%に比べて、約80%と高い。つまり、日本の学校は教員以外の専門スタッフが諸外国と比べて少ないのである。その分、教員は教科授業などの本来の教育活動に専念しづらい状況に置かれていると言える。

そこで、文部科学省は学校を、1つのチームとして見なして、さまざまな役割を担った専門スタッフで構成しようと考えている。たとえば、マネジメント機能の強化のための副校長・教頭、主幹教諭・指導教諭らの数多い登用、スキルや得意分野を持つ専科教員や社会人出身教員の活用、事務機能の強化、多様化するニーズに応えるための学校運営主事や学校司書やICT専門員の採用、その他スクールカウンセラーの必置や部活動指導員の採用などが想定される。この「チーム学校」の構想は2016（平成28）年に法制化される予定である。

8 保護者・地域社会等の関わり

A 学校・家庭・地域の相互の連携協力

現在、子どもを取り巻く環境は大きく変化し、学校、家庭、地域の連携にも影響がある。従来の三者の連携は、1つの地域内に子どもと保護者等の生活の場、就業の場、教育や学校の場が存在したために、その地域内での各連携は地域の伝統や慣習にも影響され当然のことと考えられていた。

しかし2000（平成12）年前後から、保護者の他地域への就労や地域への

こだわりが少ない不定着性、家庭のあり様の変容、産業構造や社会変化も
あり、地域の教育力は稀薄なものとなり、現在三者の連携は日本の喫緊の
課題となっている。その根底の考え方には、学校の教育力だけでは補えな
いものがあり、地域の教育力の中で成立するものがあるとする考えである。
そのため、学校、教師、保護者・家庭、地域住民、関係機関等には、未来
を担う子どもたちの豊かな学びを支え、心身の健康を守り健やかに育み、
安全・安心を確保するために、各々が役割と責任を自覚し、相互に連携・
協力をして全体で教育を支援することが一層求められている。

　具体的に学校には、特色ある開かれた学校づくり、成果ある学校教育の
展開が求められている。教師には、PTA（parent-teacher association）活動の
活性化、学校所在地域にあるマスメディアや企業の人材、情報、発信力の
活用への意識や工夫が期待されている。なお、学校保健、メンタルヘルス、
アレルギー疾患、食育、学校給食、学校安全、家庭事情、事件・事故、交
通事故や自然災害などへの学校の適切な対応の必要から、学校や教師には
学校施設の安全性や危機管理について家庭、地域と協力した対応が求めら
れる。しかし、現代社会では地域住民のつながりの弱体化や地域やコミュ
ニティそのものの存在も課題となっており、意図的計画的に教育を展開す
る学校と、家庭や地域の特性の違いから、その連携や協力は難しい面もある。

B　学校、保護者、家庭、地域に関する法令、学習指導要領

　教育基本法（2006〔平成18〕年）は今日の教育の基本的あり方を明示してい
るが、その内容は日本の教育課題を示すところでもある。その中に家庭教
育、幼児教育、社会教育、学校と家庭と地域の連携を示す条項があり、教
師は十分に参考とする必要がある。

　第10条「家庭教育」では、保護者が子どもの教育の第一義的責任を有し、
国や地方公共団体の家庭教育への支援を示している。第11条「幼児期の
教育」では、この時期が人格形成の基礎を培う時で、国や地方公共団体に
振興を求めている。第13条「学校、家庭及び地域住民等の相互の連携協力」
では、社会を構成する学校・家庭・地域住民などすべて人が自己の教育へ
の役割と責任を自覚し相互に連携し協力することを求めている。

　『中学校学習指導要領』（2008〔平成20〕年告示・2015〔平成27〕年一部改正）で

出典）文部科学省・厚生労働省放課後子供プラン連携推進室『子供たちと未来のために。地域全体で学びあい支えあう仕組みづくりの推進』(http://manabi-mirai.mext.go.jp)

図3-11　教育支援をするための行動

は、学校が目的達成のために地域や学校の実態に応じた家庭、地域との連携、道徳教育充実のための家庭、地域との共通理解や連携、部活動での地域の協力や社会教育施設との連携、「総合的な学習の時間」、「特別活動」での連携の必要性を示している。

　連携に関係する法令や提言等には児童福祉法、児童福祉法施行令、発達障害者支援法、社会福祉法、教育基本法、社会教育法、教育振興基本計画、第2期教育振興基本計画、「新しい時代を切り拓く生涯学習の振興方策について」、「子ども・子育てビジョン」、「子ども・若者ビジョン」がある。文部科学省・厚生労働省の施策と教育委員会の関わりには、「学校支援地域本部」、「放課後子どもプラン」、「学校と地域でつくる学びの未来」「土曜日の教育活動」、「家庭教育支援」「学校運営協議会制度」、学校評議員などがある。その基本的考え方は図3-11が参考となる。

　なお、教員は教育委員会で教育に携わる機会を持つことも考えられ、家庭、地域、学校、教育委員会の連携を日常的に意識する必要がある。

C　開かれた学校

　学校は社会・地域や家庭に対して「開かれた学校」である必要がある。その理由には、子どもの育成が学校・家庭・地域社会との連携と協力を基盤に成立するという観点がある。「開かれた学校」は、1987（昭和62）年に政府文書で初掲載されたが、現在の内容は、学校が先導ではなく、保護者・家庭、地域の人々や企業・施設等の参加や参画などによる連携・協力により、よりよい学校づくりや教育を目指す活動のしくみとなっている。

学校や教師には、家庭や地域社会ともに子どもを育成する意識に基づいた学校運営が求められる。教育目標・計画・現状に関する自らの考えを家庭や地域・社会に向けて学校ホームページへ記載するなどして積極的に伝え働きかける必要がある。同時に、家庭、地域、関係機関からの話を聞く努力とそのしくみづくりも求められる。特に、いじめや不登校等の場合は学校は家庭や地域との積極的な連携や協力が必要となり、閉鎖的な学校の体質改善や、学校の説明責任を求める現代社会の情況を意識する必要がある。

　「開かれた学校」の事例では通常の教育実践においても、保護者や地域の人々を非常勤講師やボランティアとして教室内外の学びの場に招き、協力を得て生かす工夫をすることも考えられる。また、学校施設を地域社会に開放し拠点とすること、学校近隣の社会教育施設との連携も考えられる。開放される学校施設には教育機能を持つ運動場や屋内運動場、特別教室、視聴覚教室などがあるが、学習や交流等に適した整備の必要がある。

　文部科学省は、コミュニティ・スクールのしくみを推進している。これは学校、保護者、地域の意見を学校運営に反映させ、子どもたちの豊かな成長を地域の協働で支え、地域とともにある学校づくりを進めるしくみである。その運営には保護者、地域住民等の構成による学校運営協議会が当たり、学校運営基本方針の承認や教育活動への提案を行う（図3-12 参照）。

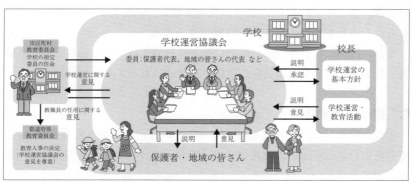

※学校運営の責任者は校長であり、学校運営協議会が校長に代わり学校運営を決定・実施するものではありません。

出典：文部科学省：『コミュニティスクール2015　地域とともにある学校づくりのために』2015（平成27）年7月, p.1.

図3-12　コミュニティ・スクール

D 学校のスリム化

　学校・家庭・地域社会の連携においては、学校の過重負担となる場合も考えられる。たとえば、本来家庭や地域が担った方が有効とされる日常生活の規律やしつけ、巡回補導指導などを学校や教師が担っているなどである。部活動においても、勝利至上主義などから長時間または休日の活動がみられる。この場合、地域の文化・スポーツ活動にゆだねるなどの工夫も考えられる。学校・教師への過重負担の軽減には、学校・家庭・地域社会との連携の際の、適切な役割分担を設ける意識が必要となる。

E 学校外活動の評価

　子どもが学校外活動として、文化活動、スポーツ活動、ボランティア活動、社会教育あるいは青少年団の教育活動に参加する場合がある。これは子どもの自主性・自発性に基づいて参加するものである。学校、教師は、この活動を学習意欲の向上や責任感、連帯感の涵養に資するものとして、子どもの積極性を励まし評価する観点を持つ必要がある。

コラム　高校における政治的教養の教育　高校生の政治的活動について

　2015（平成27）年6月の公職選挙法改正により選挙権年齢等が20歳から18歳以上に引き下げられた。これを受けて、文部科学省は1969（昭和44）年通知の「高校生の政治活動は教育上望ましくない」と制限・禁止してきたものを46年ぶりに見直し、校外での政治活動を一定条件下で容認する内容を通知した。そして、学校教育における政治や選挙の学習推進やそのための副教材『私たちが拓く日本の未来』を作成した。さて、高校での政治的教育、主権者教育、高校生の政治的活動はどうあるべきであろうか。

84 ■ 第3章 ■ 教員の仕事と役割

注)

1) 文部科学省初等中等教育局児童生徒課「児童生徒の問題行動等生徒指導上の諸問題に関する調査」1985年以降毎年.

2) 文部科学省『中学校キャリア教育の手引き』2011.

3) 文部科学省『小学校/中学校学習指導要領』平成20年告示平成27年3月一部改正.

4) 文部科学省『小学校/中学校学習指導要領解説 総則編（抄）』2015.

5) 文部科学省『小学校/中学校学習指導要領解説 特別の教科 道徳編』2015.

6) 文部科学省『私たちの道徳』小学校1・2年；文溪堂，3・4年；教育出版，5・6年；廣済堂あかつき，2014.

7) 文部科学省『私たちの道徳』中学校，廣済堂あかつき，2014.

8) 初等中等教育局長決定「スクールカウンセラー等活用事業実施要領」，「平成27年度緊急スクールカウンセラー等派遣事業委託要綱」，文部科学省，2015.
http://www.mext.go.jp/a_menu/shotou/seitoshidou/1341500.htm

9) 文部科学省・厚生労働省 放課後子ども総合プラン連携推進室「子供たちと未来のために。地域全体で学びあい支えあう仕組みづくりの推進」http://manabi-mirai.mext.go.jp/

10) 文部科学省『コミュニティスクール2015─地域とともにある学校づくりのために』文部科学省，2015.

11) 文部科学省初等中等教育局参事官付『コミュニティ・スクールって何？！（学校運営協議会設置の手引）』文部科学省，2015.

知識を確認しよう

問題

(1) 学校教育の2大機能とは何か、2つを挙げてそれぞれ整理してみよう。

(2) 学級経営と学校経営の関係を考えてみよう。

解答への手がかり

(1) 中学校・高校時代の学級担任の仕事ぶりを振り返り、学級経営や教科授業がどういう点でうまくいっていたかを思い起こしてみよう。

(2) 本章中の図3-3の学級経営は、図3-4の学校経営の中でどこに位置づけられているかを見てみよう。

第4章 教員の資質と能力

本章のポイント

　本章では教員に求められる資質や能力について検討する。

　まず、学習指導と関わって授業研究と教材研究について、その方法を中心に解説する。

　次に、教員の主な仕事として学習指導と並ぶ生徒指導について、その基盤である生徒理解とともに、理論と方法を中心に解説する。

　また、教育活動を具体的に計画、検討するための重要な指針であり、教員の専門性の１つとなる教育評価については、教育評価と教員の資質能力との関係、教育評価の基本的な考え方から解説する。

　最後に、教員養成・中央教育審議会の答申内容における教員の資質能力観を分析・把握することで、近年求められる教員の資質や能力の考え方について時代的特徴を中心に解説する。

1 教員の専門性——授業・教材研究

A 教職と授業研究・教材研究

　教員の主な仕事は、一般に、学習指導、生徒指導（生活指導）、学級運営（学級経営）の３つとされる。学習指導のすべてが授業で遂行されるわけではないが、授業は学習指導が展開される中心的で最大の領域である。授業研究は、授業実践の力量向上のため重要な役割を果たす営みである。教材研究は、授業成立のため不可欠な作業であり、その深浅は授業の質を大きく左右する。

B 授業研究

[1] さまざまな形の授業研究

　授業研究は多義的な言葉であり、さまざまな形の授業研究が存在する。教員たち自身による授業実践の力量向上のための研究、研究者による「授業の理論」や「授業の科学」の析出のための分析的研究、授業改善に資することを目的とした教員と研究者の協働的な研究、教科の専門家や実践家を中心に教科教育に重点化して行われる研究、特定の指導法に基づきその発展や普及を目的とした研究などがある[1]。

　授業研究については、そもそも研究主体ないし研究セクターからしていろいろである。教員たち自身、研究者、各種の教科教育学会、行政が設置した都道府県や政令指定都市の教育センター、非営利のあるいは利益目的の民間教育研究団体などが挙げられる。この研究主体・研究セクターの多様性が、さまざまな形の授業研究を存在させていると見られる。

[2] 授業研究の方法——校内研修を中心に

　授業研究のうち多くの平均的な教員にとって最も身近であるのは、学校をベースとして行われる授業研究、すなわち校内研修であるだろう。校内研修として行われる授業研究には代表的な方法として次のものがある[2]。

①**直接の授業参観**　直接、授業を参観したうえで授業者と参観者との検討会（反省と批評を中心とした話し合い）を行う、最もポピュラーな方法である。

授業の直接の参観により、子どもたちの様子や学級の雰囲気などをつぶさに共有することができ、話し合いを具体性に富んだものとすることが期待できる。なお、参観により授業が自習となる学級が生じる場合、そのことへの配慮も忘れてはならない。

②授業ビデオ視聴　前もって録画した授業ビデオを視聴して、検討会を行う方法である。放課後に行うことができるため他学級への影響がない、あるいは話し合いの進展に応じてビデオ再生を一時停止したり繰り返して視聴できるなどのメリットがある。一方で、撮影者の主観が入る場合があるので、映像の中立性に留保がつく、あるいはフレーミングなど映像資料の特性から学級の雰囲気がわかりにくいなどの問題点もある。なお、ビデオが複製可能なメディアであることに留意し、著作権や肖像権、プライバシーなどの侵害が生じないよう十分な注意をはらうことも怠ってはならない。

③模擬授業　子どもたちの代わりに同僚教員をはじめとする研究参加者を子どもたちに見立てて授業を実践し、検討会を行う方法である。子ども役の教員が、一般に予想される子どもの反応を積極的に演じてくれれば、授業構想に役立つ。また、教員が自身の授業で実際に生じた対応困難な出来事を子ども役で演じてくれれば、貴重な経験や深い学びが期待できる。

[3] 検討会の注意点

　校内研修をはじめ、大抵の授業研究の中心は主に反省と批評を行う検討会であるが、いくつか注意が必要である。ここでは3つ挙げておく。

　佐藤学[3]は、①先輩教員によるボス支配という問題、および②検討会が審査会と化し、よいとか悪いとかを言い合う場となってしまう問題、を指摘している。ボスの好む批評や反省しか言葉にされないのであれば生産性はなく検討会を行う必要はないし、また後者についても実は完全で完璧な授業というのは存在せず、どんな授業も欠点を指摘しようとすればいくらでもできることを認識しておく必要がある。また斎藤喜博[4]は、③一般論が多すぎるという問題、を指摘している。実際に授業が行われたにもかかわらず、その授業や子どもや教材の事実を離れて一般論を言い合っているに過ぎないのであれば、自分の授業も他人の授業もよくはならない。

　授業の検討会というのは、ボス教員から採点を受ける場でも、それぞれ

の見方や考え方の優劣を競い合う場でも、その反対に当たりさわりのないことを言い合いもっともらしく時間を消費する場でもない。検討会で重要なのは、具体的な事例を参加者で共有し、事例の事実をめぐって参加者たちの多様な見方や考え方を擦り合わせ、授業実践のための知や技法を参加者各自が自分なりに血肉化し合うことである。検討会は、授業者をはじめとする参加者がともに学び合い育ち合う、成長の場なのである[5]。

[4] 授業研究の原点

　何もフォーマルなものだけが授業研究ではない。職員室や教科準備室の教員相互の話し合いの中で授業実践のヒントが示されることもある。校内の喫煙室で——喫煙の是非はおくとして——顔なじみになった同僚教員からの批評には、顔なじみであればこその鋭さや深さがあるかもしれない。それらの示唆を活かそうとすれば、それは既に一種の授業研究なのである。

　放課後の教室で1日の授業を反省的に思い返すことや、授業実践を継続的に記録して定期的に振り返ること——そういう一見、地味で素朴な日々の活動が、実は授業研究の出発点であることも忘れられてはならない[6]。

C　教材研究

[1] 教材研究とは何か

　教材研究とは、授業者が、授業であつかう素材や資料や事物を吟味し、また学習者の実態を考慮し、授業をどのように行うかについて、授業に備えて考える作業である。授業が終わった後、授業を振り返り指導過程を考え直す作業もそこには含まれると考えてよい。

　ちなみに最も代表的な教材は、教科書(教科用図書)である。教科書は、教科書の発行に関する臨時措置法において「教科の主たる教材」と位置づけられ、また学校教育法によって特別の場合を除きその使用が義務づけられている。教材研究でいう教材は、教科書がそうであるように、教育内容とそれがあらわされた素材や資料や事物である。また授業で使用する教具、さらには(後述するが)教授行為も教材研究の対象と捉えられる。教材研究は、学習指導案に反映される。

[2] 教材研究の方法——種類と過程を中心に

普遍的な教材研究法は存在しない。各教科、あるいは道徳の時間や総合的な学習の時間など、それぞれに特性があるからである。たとえば国語や美術などでは作品が取り上げられ、ゆえに教材研究においても作品研究や作家研究という作業が欠かせないが、すべての教科がそうであるのではない、というようにである。結局、教材研究は、各教科や道徳や総合学習などの特性に応じてそのあり方が違ってくる。とはいえ、抽象化して次のような3つの種類、3つの過程に分類・整理することができる[7]。

(1) 教材研究の種類

①**教材分析**　教材それ自体を客観的に研究すること。

②**教材解釈**　学習者の立場で教材について研究すること。

③**教材開発**　教材分析や教材解釈と並行して、よりよい授業実践のため必要に応じて、授業で用いる教材を自ら発掘したり創造したりすること。授業に深みを出すのに役立つ。

(2) 教材研究の過程

①**教材分析**　まず、教材自体に対する客観的研究によって、教材が本質的に持つ価値や影響力あるいは問題点を見きわめる。「教えるべきこと」が授業者の内面に形となる。

②**教材解釈**　次に、学習者が教材をどのように理解するか、学習者の実態を踏まえて考察し、的確に把握する。

③**再教材解釈**　さらに、学習者の実態と照らし合わせつつ、教材をいつ、どのタイミングで提示し、学習者にどのような教育作用を与えるか、あらためて考えてみる。指導の形態や方法や技法が導かれてくる。

[3] 教材研究と教授行為

教材研究は指導過程を考える作業であるから、教材というモノに関してだけでなく、教授行為というコトに関してもあらかじめ考えられてよい。

教授行為とは、授業中に授業者が学習者に働きかける活動のすべて[8]であり、具体的には、机間指導、言葉かけ、ほめ方・しかり方、指示、発問、ノート指導、板書など[9]である。授業に備えて、これらをいつ、どのように行うのか、前もって考えておく作業も教材研究の一環と捉えられる[10]。

90 ■ 第4章 ■ 教員の資質と能力

コラム　教員の自己分析という教材研究

　授業の構成物は最小化すれば、授業者、学習者、教材である。とすれば、教材研究では、学習者、教材に加えて、授業者である教員についても研究がなされてよいのではないだろうか。すなわち教員自身による自己についての分析的研究——自分はどのような個性の持ち主なのか——である。

　たとえば、教壇にその人が立つだけで教室に緊張感が漂うような教員もいれば、反対に部屋中にあたたかい空気が流れ出すような教員もいる。やや戯画化して言えば、普通に話しているだけで人を眠気に誘うような教員は、より知的刺激に満ちた授業になるよう教材研究を行うべきである——というように、教材研究には、教員による自己分析的な研究も位置づけられてよいはずである。

2　教員の専門性——生徒（子ども）理解・指導

A　教職と生徒理解・生徒指導

　記したように、生徒指導は、教員の仕事の三本柱の1つである。学校教育において生徒指導は、学習指導と並んで重要な意義を持つ。その生徒指導を進めてゆくうえで、基盤となるものが生徒理解である。

B　生徒理解

[1]　生徒指導と生徒理解

　人は、自分のことをわかってくれている相手には安心して心を開くが、その逆の場合は拒否的になり、心を閉ざしたまま対応する[11]。そのような相手の言うことなど、なかなか受け入れないだろう。つまり、もし相手を指導したいのなら、人はまず相手を理解しなければならないのである。

　この一般論は、生徒指導においてもそのまま当てはまるだろう。生徒は、自分のことを理解してくれていない教員に対しては心を開かないだろうし、

そうである限り指導の効果は期待できない。つまり、生徒指導の効果は、教員と生徒の信頼関係に左右されるところが大きいが、その教員と生徒の信頼関係の成立のためには、第1に教員による生徒理解が欠かせない。その意味で生徒理解は生徒指導の基盤なのである。

[2] 生徒理解の方法

自分を理解してくれていないと生徒が思うのは、それが正しい理解ではないからである。教員は全知全能ではないが、しかし、より正しい生徒理解を目指すことはできるし、何よりその責任がある。

教員は、理解のための多様な技法を学び、生徒に対する多角的で多面的なアプローチを心がけ、計画的に継続的かつ組織的な資料の収集・整理・共有を行い、その生徒理解をより正しいもの、言い換えればより客観的で総合的なものに近づける努力を怠ってはならない。

なお資料の管理に関しては、プライバシーや個人情報保護に十分な注意がはらわれなければならない。

(1) 生徒理解の技法

生徒理解の技法については、代表的なものとして次のようなものが挙げられる[12]。

①**観察法** 教員には生徒を観察できる場面が多数ある。生徒とコミュニケーションをとりつつ関与しながら行う観察もあれば、第三者的立場から生徒が普段どうであるのか、集団の中でどのようであるのかを見る観察もある。

②**面接法** 生徒と対面のコミュニケーションをとり、主に知識、要求、考え、悩み、性格などについて把握しようとするものである。定期的な面接、呼び出しての面接の他、偶然の機会を利用した面接も大切である。

③**検査法** 標準化された検査を用いて、生徒の能力、性格、障害、適性、選好などを把握しようとするものである。ただし検査は万能ではないので、その結果はあくまでも1つの情報と位置づけ、全面化すべきではない。

④**質問紙調査法** 学校独自の生活実態調査、悩み調査、いじめ調査、学習意欲調査、進路希望調査なども含み、学級、学年、学校など集団の傾向を把握しようとするものである。妥当性や信頼性の確認された既成の質問紙を

利用することもできる。

⑤**事例研究法**　ある生徒について、複数の教員が持ち寄った資料を分析・検討して、さらに過去の事例からの知見や専門知識を参照するなどして、より適切な理解や指導を考えるものである。

（2）生徒理解のスタンス

生徒理解の技法とも関わって、主観的理解、客観的理解、さらには共感的理解という少なくとも３つの生徒理解のスタンスが挙げられる[13]。

教員は観察法による生徒理解を日常的に行い、また面接法による生徒理解の機会も多いが、そういう理解は主観的であり個人の価値観や経験則が作用しているため偏りやゆがみを伴っているかもしれない。その機会が多いため教員には自然と主観的理解のスタンスが形成されていると考えられるが、それゆえに客観的理解のスタンスを意識する必要がある。検査法や質問紙調査法の結果は、全体の一部や傾向を示すにとどまることが多いが、第三者的視点・基準を持っているので客観性は高い。事例研究法も含めそれぞれの技法を補い合うように組み合わせて、理解をより客観的で総合的なものに補正してゆくのがよいだろう。

その一方で、教員は、共感的理解のスタンスも忘れてはならない。生徒は、尋問的、審査的、評価的態度で接する教員からは遠ざかろうとする。たとえば悩みがあっても打ち明けようとはしないだろう。受容的態度であたたかく接し、共感的理解を心がけることは、実はより正しい生徒理解に欠かせないことなのである。

生徒理解のスタンスについては自覚も重要である。それがどのようなスタンスによる生徒理解なのか、別のスタンスではどう理解されるのか、今一度、自問してみることも、生徒理解を客観的で総合的なものに近づける。

（3）生徒理解の視角

より正しい生徒理解のためには、一般的理解と個別的理解という少なくとも２つの視角が必要である[14]。各発達段階に応じた傾向や特質、あるいは不登校やいじめや発達障害などのそれぞれの事象（個人ではなく）に共通する特性や特徴といったものがある。そういう知識、いわば一般論を了解しておくことが一般的理解である。

ただし生徒というのは、かけがえのない固有の存在である。１人ひとり

に眼差しを向けない限り、その生徒を理解することはできない、という意味で個別的理解は絶対的に欠かせない。

一般的理解と個別的理解は擦り合わせられる必要がある。そうでなければ、その生徒のキャラクターなり問題行動なりの本質や背景が見えてくることはなく、生徒理解もまた不十分なものにとどまり続けるしかない。

C　生徒指導

[1]　生徒指導とは何か

文部科学省は、生徒指導を次のように定義している。「生徒指導とは、一人一人の児童生徒の人格を尊重し、個性の伸長を図りながら、社会的資質や行動力を高めることを目指して行われる教育活動のことです」[15]。

また、かつて文部省であった時代には次のような定義を用いていた。「生徒指導とは、本来、一人一人の生徒の個性の伸長を図りながら、同時に社会的な資質や能力・態度を育成し、さらに将来において社会的に自己実現ができるような資質・能力を形成していくための指導・援助であり、個々の生徒の自己指導能力の育成を目指すものである」[16]。

生徒指導とは、要するに、生徒を社会的存在としてよりよく成長・発達させるため、特にその人格面を中心に育成的に働きかける教育機能のことである。

生徒指導は、すべての教員によって、すべての生徒を対象にして、学校教育の全般にわたって実施される、という大原則を持つ。

[2]　生徒指導の方法——集団指導と個別指導

第3章第4節Aでも触れたように、生徒指導の方法には、大きく分けて集団指導と個別指導がある[17]。

前者は、集団を単位として実施するものであり、集団の力を利用して指導を行う方法である。たとえば、相互作用の原理を活かし、集団内で得意と不得意を補い合う経験を重ね、心の交流や合理性を実感させることで、助け合いの精神を育成するなどの指導である。

後者は、生徒個人を対象に実施するものであり、1人ひとりの生徒が抱える事情に応じて指導を行う方法である。個に配慮した指導がふさわしい

場合——たとえば、個人の長所や逆に問題行動を焦点化するのがよいと判断されるケースや、あるいは問題の背景に病気や家庭事情がうかがわれるケースなどには、個別指導を実施する。なお、問題が教員の専門性を越えているようであれば専門家・専門機関との連携を考えるべきであり、すなわち生徒指導には限界の自覚も大切である。

集団指導と個別指導は車の両輪のようなもので、その両方が必要であり、またどちらか一方に偏ることなくバランスよく行われることが学校教育では重要である。

[3] 多様な生徒指導

生徒指導は、多領域かつ広範囲に及ぶものであり、それゆえ多様なものとして展開されることとなる。

（1） 生徒指導の性質・ベクトル

生徒指導は、その性質ないしベクトルをもとにすると、次の3種類のものに分類・整理される[18]。

①**問題解決・治療的な生徒指導**　校内暴力、いじめ、不登校、障害や家庭事情のために生じている問題など、現に存在している問題に対応する指導。

②**予防的な生徒指導**　何事も生じていないときから働きかけ、問題が生じるのを未然に防ごうとする指導。

③**成長促進・開発的な生徒指導**　生徒や集団（学級、委員会、部など）が持つ長所や潜在力を見出し、可能性が伸びるように働きかける指導。

（2） 生徒指導の部面・領域

生徒指導は、その部面ないし領域をもとに分類・整理することもできる。以下に代表的なものを挙げておく[19]。

①**学業指導**　学習態度の形成など学業遂行のための指導。

②**個人的適応指導**　生徒の抱えている困難や悩みなどに応じて行う指導。

③**社会性・公民性指導**　対人関係における社会性や社会的資質を育む指導。

④**道徳性指導**　善悪の判断力やそれに基づいた行動力を育成する指導。

⑤**進路指導**　将来の自己実現のため自己指導能力を育成する指導。

⑥**保健指導**　喫煙防止教育など心身の健康の増進に資するような指導。

⑦**安全性指導**　交通ルール教育など日々を安全安心に過ごすための指導。

⑧**余暇指導**　事件・事故回避教育など余暇をよりよく過ごすための指導。

[4]　生徒指導の校内体制

　学校教育法施行規則により、中学校、高等学校および特別支援学校には、生徒指導主事の教員が置かれることになっている。各学校は通常、校務分掌の１つとして、この生徒指導主事を中心とする生徒指導部と呼ばれることが多い校内組織を持っている（図3-2参照）。

　生徒指導部は、一般に、学校全体の生徒指導体制を整備して、生徒指導上の諸問題の研究を行い、全校に情報を提供したり、あるいは生徒指導部以外の教員からの相談に応じたりする。問題行動を持つ生徒や困難を抱えた家庭に生徒指導部として対応することもある[20]。

　生徒指導部が中心になって展開される生徒指導であるが、ただし、あくまでも学校の全教職員によって担われるというのが原則である。

[5]　生徒指導と計画

　生徒指導は、計画を作成して展開される。生徒指導の計画については、生徒指導の全体計画を作成し、学校の全体計画の一部に位置づけ、それに基づいて生徒指導の年間計画を作成するのが一般的である。

　計画は通常、生徒指導部が中心となって作成する。しかし、皆が当事者意識を持つためにも全教職員の意見に耳を傾け、特に自校の生徒指導の目標、それからこの目標を達成するための基本方針や重点目標などの重要部分については共通認識とする必要がある[21]。

　できる限り、自校、生徒、家庭、地域などの実態——学校の校風や伝統、生徒の特徴や傾向、保護者の実情や要望、地域の土地柄や歴史など——を織り込みながら作成し、つまり具体的である方がよいが、その一方で、計画は柔軟性を持ったものと捉えておくことも大切である。

D　生徒理解・生徒指導における人間観

　大抵の場合、生徒は子どもである。未熟であり不安定であり脆弱な面を持っているが、その一方で可塑性を持ち十分な変容の余地を残しさまざまな可能性に満ちている。今日風に言えば、伸びしろの大きい存在と言えよ

う。

　生徒に対する固定した見方・考え方は、この意味で、つつしまれなければならない。教員は、生徒を絶えず成長する存在、よりよく変わり得る存在として理解し、指導しなければならない。すなわち、生徒理解・生徒指導というのは、人間の善性を信じた営みに他ならないのである[22]。

3　教員の専門性——教育評価における専門性

A　学校教育における教育評価の機能

[1]　評定としての教育評価

　私たちは「評価」という言葉をきいても、あまりよいイメージは浮かばない。学校での評価といえば、真っ先に定期試験や受験などが思い浮かぶだろうが、その結果として示される評価とは一体どのような意味を持つのか。それは、一言でいえば人間の能力に対する評定であり、その評定はさらに人間としての価値づけや格づけをし、人生そのものにさえ影響を与える。だから多くの者が評価という言葉によいイメージを持たないにもかかわらず、その数字には誰もが一喜一憂する。このような評定としての評価のありようは、生徒の学習態度にも大きな影響を与える。生徒たちは純粋に学習内容そのものを習得したいという気持ちよりも、「テストがあるから」という動機づけの方が勝ることも多い。

　現代社会において人間はどうしても何らかの形で能力的な選別や格づけをされてしまう。そのような現実の中で生徒たちが人生を歩まなければならない以上、生徒たちが評定としての評価に敏感になるのは仕方のないことだろう。そして、そのような生徒たちを指導する教員も、生徒たちの評価観と向き合っていかなければいけないことは否定はできない。しかし、教育評価をそのような見方だけで捉えてよいのだろうか。

[2]　カルテと教育評価

　教育評価の機能には一般に、管理機能、指導機能、学習機能、研究機能

の４つがあるといわれる。管理機能とは前述のような選別や合否、記録管理のためであり、研究機能とは教育方法の開発などを目的としたものであるが、ここでは他の２つ、指導機能、学習機能を中心に考えてみよう。

　医療の現場では「カルテ」が一般化している。人の病気や怪我の状態をさまざまな検査方法によって明らかにし、その内容をカルテに記録する。これをもとに治療方法を決定し実行に移す。本来の教育評価とはこのカルテの機能に近い。生徒たちはこれから学習する内容について一体どのような状態にあるのか。それに関する知識はどの程度持っているのか、興味や関心、課題意識はあるのだろうか、それを学ぶに必要な基礎知識はどうかなど、さまざまな視点から生徒の状態を分析し、その分析結果に合った指導方法を検討する。また、指導をしていく過程で学習効果が得られているかを把握しながら、問題があればよりよい指導方法を模索する。そして、最終的に目標とするレベルにまで到達したかを把握する。すなわち、教育評価とは指導前から指導を終えるまでの生徒の学習状態を把握するためのものであり、これによって生徒の実態に合った教育方法や学習方法を具体的に検討することができる。

　このような教育評価における指導機能、学習機能としての視点は、教育活動を本務とする教員が強く意識しておかなくてはならないことである。

B　教育評価と教員の専門性

[1]　専門性が求められる教育評価

　教員が教育の専門家であるならば、指導のあり方に指針を与える教育評価に関わる諸能力は教員の専門性の１つと言ってよいだろう。

　教育評価は、生徒の持っている内面を知識や能力といった側面から理解することが不可欠である。その把握すべき内容は、知識・理解だけではなく、関心、意欲、態度、思考力、判断力といった情意面や高度な知的能力まで含まれている。人は他者の内面を直接のぞくことができない以上、これら内面を正確に判断することは非常に難しい行為のはずである。多くの教育心理学の入門書では教育評価について１項目を割いているが、そのことは教育評価が心理学という学問的基盤に基づきながら客観的に行うべきものであることを示している。

このように、教育評価とは決して経験則や形式的な試験だけで為しうるものではない高い専門性を必要とする教育行為なのである。

[2] 教員の専門性を高める教育評価

　教育評価とはそれ自体、高い専門性が求められる教育行為であるが、一方で教員自身の専門性を高める素材でもある。教育評価が教育活動を計画、検討するための素材であるならば、そこで実際に示される評価内容は生徒の学習状況を示すものであるとともに、教員の教育方法や指導技術がどの程度効果をもたらしたのかを示すものでもある。生徒の成績が悪ければ、それは教員の指導の仕方が悪かったと見るべきであり、そこから指導の改善点を検討することになる。このような繰り返しによって教員はその専門的資質としての指導力を高めていく。さらにこのようなフィードバックによって、教育方法の改善⇒教員の指導力の向上⇒生徒の学習効果の向上と、それぞれが密接に関連し合いながらよりよい教育活動を生みだすことになる。

[3] 指導要録

　前述の通り、教育評価には管理的な側面も持つ。教育評価はその場限りのものでなく、必ず記録、保存されなければならない。一般には教育評価の記録簿として通信簿が知られているが、これは本人や家庭に通知することを目的とするものである。そのもとになる教育評価の公式の記録簿のことを指導要録といい、学校教育法施行規則において作成が義務づけられている。その記載様式は各教育委員会ごとに決められているが、基本的な考え方はその時代における学力観や学習指導要領の改訂に合わせて変わってくる。現在の指導要録は後述するように、児童生徒の学力を「関心・意欲・態度」「思考・判断」「技能・表現」「知識・理解」の各観点から評価するものとなっている（目標に準拠した評価）。

　指導要録の記録も教員の専門性が必要とされる重要な仕事である。

C 教育評価の考え方と方法

[1] 絶対評価と相対評価

　教育評価について詳しく知らなくても「絶対評価」と「相対評価」という言葉は誰もが一度は耳にする。絶対評価とは学習内容について一定の基準を定めて生徒の学習到達度を評価する方法である。相対評価とは学級や学年などの集団の中で平均的な成績をもとに各生徒がどの辺りの位置にいるかを評定する方法で、生徒間の上下のありようを示すものでもある。

　日本は戦前では絶対評価を採用していたが、その頃は生徒の普段の操行も加味されるなど、基準が教員の主観に左右されるという問題点を持っていた。戦後はそのような問題を解消すべく客観性の高い相対評価が用いられた。しかし、相対評価はあくまで集団内の位置を示すものであって学習方法の検討や改善に役立てるものではなく、また生徒間の競争をあおり教育評価の本質から離れて勉強のできない子がいることを前提にしていた傾向があった。そのため、それは徐々に批判を受けるようになってきた。

　1970年代以降は絶対評価への回帰が進んだが、それは戦前のような教員の主観性を排除し、到達目標をしっかりと定めそこに準拠して子どもを評価する考え方に基づいていた。この評価観は到達度評価と呼ばれ、子どもの学力保証という観点から教育運動として理論的に発展を遂げ、その後の教育界に大きな影響を与えた。

　指導要録においても1991（平成3）年改訂で相対評価中心から絶対評価重視へと転換し、評価の観点も「関心・意欲・態度」「思考・判断」「知識・理解」と多様な学力の観点、すなわち「新学力観」から学習状況を把握するものとなった。2000（平成12）年に改訂された指導要録では様式や記入内容を改め、示された学習内容の到達度を評価する絶対評価、すなわち「目標に準拠した評価」となった。

　現在はこのような多様な面からの客観的評価が求められ、教員の教育評価における専門性もより高い資質が求められていると言えよう。

[2] 診断的評価、形成的評価、総括的評価

　教育評価とは、期末試験のように学習の最終段階において行われるものと捉えられがちだが、教育評価が子どもの学習に寄与するべきものである

ならば、学習の最終段階だけではなく教育プロセス全体の中で総合的に行うべきである。

教育評価は教育活動を進める段階別にみると、大きく診断的評価、形成的評価、総括的評価の3つがある。第一段階で、教育活動の実施前に行われる評価を診断的評価という。入学時や学年開始時、単元や各授業の開始時に、学習の前提になる学力、学習内容についての理解状況、生活経験の有無や興味・関心などを把握するものである。これにより具体的な教育計画を立てることが可能になる。

第二段階で、教育活動の途中段階で行われる評価を形成的評価という。学習の過程でどの程度学力が身についたかをはかり、つまずきが見つかれば授業を修正したり、個別対応をするなどしてフィードバックする。特にポイントとなる箇所やつまずきやすい場面において、小テストや授業内での取り組みの把握、ノート点検など多様な形で評価を行う。生徒の学力保証を理念とする教育評価観において特徴的な考え方と言える。

単元終了時や学期末など最終段階で行う評価を総括的評価という。この評価は生徒の評定として用いられると同時に、その後の教員の指導方法に関する改善を促すものにもなる。

[3] 学力評価の方法

通常の教育活動では、学力に関する評価が特に重要になる。学力評価は筆記による評価が一般的と思われがちだが、その方法は多様である。ここでは西岡加名恵が整理した分類（**表4-1**）をもとに概観する。

現在の評価は「知識・理解」だけではなく、「関心・意欲・態度」「技能・表現」「思考・判断」と多様な観点から行われるので、当然何を評価するかによってその方法は変わってくる。

学力評価の考え方は、大きく「筆記による評価」と「パフォーマンスに基づく評価」に分けることができる。筆記による評価は試験などで用いられる方法で、生徒の筆記内容に基づいて行われる。筆記による評価には「客観テスト式」と「自由記述式」とがある。客観テストは選択解答によるもので、数値化できる客観的評価を特徴とする。自由記述は設問に対して生徒が文章で記述するもので、自由度が増すため幅広い評価が可能であるが、

3　教員の専門性—教育評価における専門性　101

表4-1　学力評価方法の類型

筆記による評価 （筆記試験、ワークシートなど）		パフォーマンスにもとづく評価		
		パフォーマンス課題による評価		観察や対話による評価
客観テスト式 （選択解答式）	自由記述式	完成作品の評価	実演の評価 （実技試験）	プロセスに焦点を当てる評価
□ 多肢選択問題 □ 正誤問題 □ 順序問題 □ 組み合わせ問題 □ 穴埋め問題 ● 単語 ● 句	□ 短答問題 ● 文 ● 段落 ● 図表 など 作問の工夫 □ 知識を与えて推論させる方法 □ 作問法 □ 認知的葛藤法 □ 予測—観察—説明（POE）法 □ 概念地図法 □ ベン図法 □ KJ法 □ 運勢ライン法 □ 描画法	□ エッセイ、小論文 □ 研究レポート、研究論文 □ 物語、脚本、詩 □ 絵、図表 □ 芸術作品 □ 実験レポート □ 数学原理のモデル □ ソフトウェアのデザイン □ ビデオ、録音テープ （■ポートフォリオ）	□ 朗読 □ 口頭発表 □ ディベート □ 演技 □ ダンス、動作 □ 素材の使い方 □ 音楽演奏 □ 実験器具の操作 □ 運動スキルの実演 □ コンピュータの操作 □ 実習授業 □ チームワーク	□ 活動の観察 □ 発問 □ 討論 □ 検討会 □ 面接 □ 口頭試問 □ ノート・日誌・日記 Cf. カルテ、座席表
		□ プロジェクト （■ポートフォリオ）		
■ポートフォリオ評価法				

出所）田中耕治編『よくわかる教育評価』ミネルヴァ書房, 2005, p. 76 (McTighe, J., & Ferrara, S., *Assessing Learning in the Classroom*, 1998 をもとに西岡加名恵が作成)

客観的判断の難しさが生じる。

　パフォーマンスに基づく評価とは、児童生徒の学習課題に対する実践を評価する方法で、完成作品の評価、実演の評価、観察や対話によってプロセスに焦点を当てる評価がある。

　知識の定着を図るには客観テストが優れるが、一方で思考・判断、関心・意欲・態度などを評価するには客観テストだけでは難しく、自由記述やパフォーマンスに基づく評価が不可欠になるだろう。

　また、近年ではポートフォリオ評価が注目されている。これは学習者の学習過程において生成されたさまざまな資料、たとえばレポートや作文、試験の解答、学習メモなどを系統的にファイルし、それらをもとに児童生

徒の成長過程を評価する考え方である。

　このように多様な評価方法の考え方やその特徴を理解し、目標に合った評価方法を適宜検討することが教員の専門的能力として求められる。

4　中央教育審議会等の答申内容にみる資質能力

A　教員の資質能力と教育政策との関係

　近代公教育制度の誕生以来、公教育を支える教員の持つべき資質能力についてはさまざまな形で論じられてきた。特に文部科学省（旧文部省）は、教員養成を公教育を支える基盤的課題として位置づけ、それぞれの時代の中でさまざまな教員像を提示し、教育政策に反映させてきた。そこで示された教員像をみると教員の持つべき資質能力の考え方が読み取れる。これら時代ごとの教員像は文部科学省の諮問機関である中央教育審議会等の答申を分析すると理解できる。そこで本節では、特に現代の教員養成政策に影響を与えた1980年代後半以降の各審議会答申の内容を分析しながら、現代日本で求められている教員の資質能力について検討する。今回対象とした答申は以下の通りである。

① 1987（昭和62）年12月、教員養成審議会答申「教員の資質向上方策等について」（以下、1987年教養審答申）

② 1997（平成9）年7月、教員養成審議会第一次答申「新たな時代に向けた教員養成の改善方策について」（以下、1997年教養審答申）

③ 2005（平成17）年10月、中央教育審議会答申「新しい時代の義務教育を創造する」（以下、2005年中教審答申）

④ 2006（平成18）年7月、中央教育審議会答申「今後の教員養成・免許制度の在り方について」（以下、2006年中教審答申）

⑤ 2012（平成24）年8月、中央教育審議会答申「教職生活の全体を通じた教員の資質能力の総合的向上な方策について」（以下、2012年中教審答申）

B これからの社会に求められる教員の資質能力

[1] 教員に新しい資質能力が求められる社会的背景

　現代の教員の資質能力観は 1980 年代より本格化した教育改革への対応をもとにしている。

　1996（平成 8）年中央教育審議会第一次答申「21 世紀を展望した我が国の教育の在り方について」は、国際化・情報化の進展、科学技術の発達、少子・高齢化、環境問題の深刻化する変化の激しい時代においては、自分で課題を見つけ、自ら学び、自ら考え、主体的に判断し、行動し、よりよく問題を解決する資質や能力＝「生きる力」が重要であり、この生きる力を育む教育が不可欠であると論じた。また 1980 年代以降、教育現場の難問としてクローズアップされてきたいじめや不登校など、生徒指導や学級経営上の課題への対応も強く求められた。

　2006 年中教審答申では以上のような観点に加え、知識基盤社会の到来により社会構造がこれまでになく速いスピードで変化しており、生産性の高い知識集約型の産業構造に転換し、国際的競争力を維持するうえで既存知の継承だけでなく未来知を創造できる高い資質能力を有する人材を育成することがきわめて重要な課題であることを述べている。

　2012 年中教審答申ではより具体的に、知識を活用し、付加価値を生み、イノベーションや新たな社会を創造していく人材や、国際的視野を持ち、他者と共同して課題解決を行うことができる人材が求められることを指摘している。

[2] 新しい時代に求められる教員の資質能力

　以上のような社会的要求や教育的課題に対応できる教育を実現する観点から、新しい時代に求められる教員の資質能力について、1990 年代以降の各審議会答申でたびたび論じられてきた。特にここでは 2012 年中教審答申で、それまでの論点を整理する形で示された「これからの教員に求められる資質能力」を例示する。

①教職に対する責任感、探究力、教職生活全体を通じて自主的に学び続ける力（使命感や責任感、教育的愛情）

②専門職としての高度な知識・技能

- 教科や教職に関する高度な専門的知識（グローバル化、情報化、特別支援教育その他の新たな課題に対応できる知識・技能を含む）
- 新たな学びを展開できる実践的指導力（基礎的・基本的な知識・技能の習得に加えて思考力・判断力・表現力等を育成するため、知識・技能を活用する学習活動や課題探究型の学習、協働的学びなどをデザインできる指導力）
- 教科指導、生徒指導、学級経営等を的確に実践できる力

③総合的な人間力（豊かな人間性や社会性、コミュニケーション力、同僚とチームで対応する力、地域や社会の多様な組織と連携協働できる力）

　このように、教職に対する高い意識、教科や生徒指導における高度な指導能力、一般的な教養性や学校を機能させるために必要な総合的社会性の点から教員の資質能力が捉えられている。

C　新しい時代の中で具体的に求められる教員の資質能力
[1]　教職に対する高い意識

　これまでの各答申で示された教員の資質能力論は、いずれもその基盤として教職に対する高い意識を求めている。それらは、教職に対する愛着、誇り、一体感（以上、1997 年教養審答申）、強い情熱、使命感、子どもに対する愛情（以上、2005 年中教審答申）などさまざまに表現されているが、いずれの時代においても普遍的な資質といえるだろう。

　それがとりわけ近年において強調される要因として 2006 年中教審答申は、家庭や地域社会の教育力の低下に伴う学校教育への期待の高まりとともに、教員に対する信頼の揺らぎを指摘している。特に後者については、教員の教職に対する意識の低下、指導力不足教員の増加傾向、相次ぐ教員による不祥事など、保護者や国民の厳しい批判の対象となる状況が続いていることへの危機感が示されている。そしてこの答申自体が、教員自身の自信と誇りのために「国民の尊敬と信頼を得ようと努力する教員を励まし支援する視点に立ってまとめられた」とまで述べている。

　このような教員をめぐる厳しい状況の中で、教員の教職に対する高い意識は今まで以上に強く求められるものとなっている。

[2] 教科指導において求められる資質能力

　教員の中心的な仕事である教科指導においても基礎的な指導力に加え、時代的要請に基づくより質の高い資質能力が求められている。

　2012年中教審答申は、知識を活用し、付加価値を生み、イノベーションや新たな社会を創造し、国際的視野を持ち、他者と共同して課題解決を行う人材が求められる現代社会では、課題解決に必要な思考力・判断力・表現力の育成、学習意欲の向上、多様な人間関係を結ぶ力の育成等が重要であり、これらを言語活動や協同的学習を通じて育む教育が必要であると述べている。

　また1990年代以降、教育活動の向上のため基礎的コンピュータ活用力が重視されてきたが、近年のICT（Information and Communication Technology＝情報通信技術）の発達を教材開発等において活用することがより強く求められている。

　個々の教科を見ると、たとえばグローバル化の進展に伴い英語教育の質的向上が重視され、それに対応できる教員の養成も急務となっている。2012年中教審答申では、英語教員志望者に対して指導力向上のための留学の推進や海外経験が評価される教員採用の工夫も求められている。

　また、理科教育では理科に対する興味関心が低い、いわゆる理科離れの状況に対応すべく、子どもたちが興味関心を持てるような質の高い授業構成力が求められている。

　ここで示した教科に関わる資質能力の要求は一例に過ぎない。質の高い教育が不可欠である現代において、教員はそれに対応できる指導力や計画力、その前提となる教育方法・技術についての幅広い知識や実践力が強く求められている。

[3] 生徒指導において求められる資質能力

　1980年代以降、いじめや不登校など生徒指導上の諸問題が学校教育においてクローズアップされるにつれ、教師に求められる生徒指導能力も多様化してきた。

　1997年教養審答申では、生徒指導に関わる能力としてカウンセリング技術が提言された。いじめや不登校など生徒指導上の困難な諸問題に対応す

るために、カウンセリングの意義や理論、技法に関する基礎的知識を持つことで、児童生徒をより深く理解しより適切に接し、カウンセラーや専門機関と円滑に連携することで高い教育効果を期待している。

2006年中教審答申では、新しい課題としてLDやADHD、高機能自閉症など発達障害を持つ子どもたちへの適切な支援の必要性が指摘された。翌2007（平成19）年には学校教育法に特別支援教育が明記され、障害のある児童生徒の社会的自立を支援する観点から、1人ひとりの教育的ニーズを把握し、さまざまな困難を克服するため指導支援を行う教育が本格化した。特に発達障害を持つ子どもの多くは通常学級に在籍しており、あらゆる教員にその児童生徒たちへの対応が求められ、特別支援教育への理解や実践的な指導力、対応力が不可欠のものとなっている。

2012年中教審答申では、外国人児童生徒への対応という新たな課題も指摘されている。国際化、グローバル化という社会的変化が学校現場の現実的課題としてクローズアップされたことにより、国際理解教育、異文化間教育という観点からのアプローチもこれからの教員に求められる。

これら新しい諸課題に対する教員の対応力は、生徒指導だけでなく教科指導も含めた学校教育全体の質に直接影響を与える重要な資質能力と捉えられるべきである。

D　教員資質の高度化、多様化への対応

ここまで論じてきたことは、要するに教員の資質能力の高度化ということである。この課題への対応は教員養成制度のレベルでは1980年代以降本格化した。1987年教養審答申では教員の資質向上方策の1つとして専修免許状の新設が提言され実現した。これは大学院修士を資格とし、担当教科の高度な指導能力を養成することを目的としていた。

1998年10月の教養審答申（「修士課程を積極的に活用した教員養成の在り方について」）では専修免許の他、現職教員の再教育を中心課題とした新しい教員養成制度が提言され、その方策として学部と大学院による6年一貫の教員養成体制の本格的な模索が始まった。これは担当教科の指導力のみならず、教職における全般的な資質能力の向上を意図したものであり、この流れは専門職大学院制度の構想とも相まって2006年中教審答申での

教職大学院の提言および実現へと繋がっていった。このような教員養成の修士レベル化論は民主党政権から自民党政権へという政治的変動期においても変わることなく継続され、現在まで議論が繰り広げられ続けている。

　一方、教員の資質能力は多様化しており、すべての教員がすべての資質能力を高度なレベルで目指すことは現実的ではなく、多様な資質能力を持つ個性豊かな人材によって構成される教員集団が充実した教育活動を展開すべきという方向性が打ち出された。その1つの方策として、教科等に関わる専門的な分野において豊富な経験や秀でた知識を持つ社会人を積極的に採用する方策がとられてきた。また、現職教員は1人ひとりが生涯にわたり資質能力の向上を図り、各教員が得意分野作りや個性の伸長を図ることが必要であり、さらに教員間や教員以外の各種専門家、さらには親などとの連携が重要であり、協働して指導に当たれる社会性やコミュニケーション能力を持った教員が重要であることも各答申の中で提言されている。

注）

1) 稲垣忠彦「授業と授業研究を開くために」稲垣忠彦・佐藤学『授業研究入門』岩波書店, 1996, p. 184；佐藤学『教育方法学』岩波書店, 1996, pp. 41-45 を参照した。

2) 京都府総合教育センター『校内研修ハンドブック——授業研究の充実を目指して』2007, pp. 5-6 を参照した。

3) 佐藤学「授業という世界」稲垣忠彦・佐藤学『授業研究入門』岩波書店, 1996, pp. 137-139.

4) 斎藤喜博「一般論が多すぎる教師」『授業研究』斎藤喜博全集第 13 巻, 国土社, 1971, pp. 298-299.

5) 佐藤, 前掲出注 3), pp. 137-138.

6) 稲垣, 前掲出注 1), pp. 192-200 を参照した。

7) 広島市教育センター『授業研究ハンドブック』2005, pp. 5-8 を参照した。

8) 藤岡信勝「教材研究」安彦忠彦他編『新版　現代学校教育大事典』2, ぎょうせい, 2002, pp. 358-359.

9) 広島市教育センター, 前掲出注 7), p. 19.

10) 本節の執筆に当たっては主なものとして以下の文献も参照した。
佐々木昭『授業研究の課題と実践』教育開発研究所, 1997；全国大学国語教育学会編『新訂中学校・高等学校国語科教育研究』学芸図書, 2002；高橋金三郎「教材研究」細谷俊夫他編『教育学大事典』第 2 巻, 第一法規出版, 1978, pp. 316-318；宮原修「教材研究」細谷俊夫他編『新教育学大事典』第 2 巻, 第一法規出版, 1990, pp. 442-444；吉田昇他編『授業と教材研究』有斐閣, 1980.

108 ■ 第4章 ■ 教員の資質と能力

11) 文部科学省『生徒指導提要』教育図書，2010, p. 40.
12) 文部科学省，前掲出注 11)，pp. 66-72；文部省『生徒指導の手引（改訂版）』大蔵省印刷局，1981, pp. 61-71 を参照した。
13) 文部省，前掲出注 12)，pp. 67-70；文部省『学校における教育相談の考え方・進め方』生徒指導資料第 21 集／生徒指導研究資料第 15 集，大蔵省印刷局，1990, pp. 20-22 を参照した。
14) 文部省，前掲出注 13)，pp. 19-20 を参照した。
15) 文部科学省，前掲出注 11)，p. 1.
16) 文部省『生活経験や人間関係を豊かなものとする生徒指導──いきいきとした学校づくりの推進を通じて　中学校・高等学校編』生徒指導資料第 20 集／生徒指導研究資料第 14 集，大蔵省印刷局，1988, p. 1.
17) 文部科学省，前掲出注 11)，pp. 14-20；文部省，前掲出注 12)，pp. 19-22；文部省，前掲出注 13)，p. 5 を参照した。
18) 文部科学省，前掲出注 11)，p. 14；文部省，前掲出注 13)，p. 7 を参照した。
19) 文部省，前掲出注 12)，p. 6.
20) 文部省，前掲出注 12)，p. 97 を参照した。
21) 文部科学省，前掲出 11)，pp. 82-83 を参照した。
22) 本節の執筆に当たっては主なものとして以下の文献も参照した。
   吉田辰雄編『最新　生徒指導・進路指導論──ガイダンスとキャリア教育の理論と実践』図書文化社，2006；吉田辰雄・大森正編『改訂新版　教職入門──教師への道』図書文化社，2008.

知識を確認しよう

問題

(1) 生徒理解の対象が児童生徒（子ども・若者）である場合の留意点について述べよ。
(2) 教師に求められる資質能力について整理してまとめよ。

解答への手がかり

(1) 「生徒理解・生徒指導における人間観」をキーコンセプトとせよ。
(2) 本章を通して教師に求められる資質能力を概観しながら、どの時代にも必要な基礎的な資質能力と新しい時代の中で求められる資質能力という2つの視点で分析してみる。

第 5 章

教員の地位と身分

本章のポイント

　本章では、「教員として働く」とはどういうことかを、「教員の地位や身分」に焦点をあてて、関連する法令などに触れながら、教員の世界の実際について述べている。教員の身分や服務規定については、教員採用試験で問われることが多いだけでなく、「全体の奉仕者」として規定されている教員の身分保障や教員の待遇や勤務条件についても、教員になることを志す人は理解しておくべきことであり、教師として職責を全うする際には、前提となる事柄である。法令等が多く出てきて、とっつきにくく難しいと感じる領域かもしれない。しかし、関連する事柄を「芋づる式」にとらえて、どの法令でどんなことが規定されているかを学ぶようにしよう。

110 ■第5章■教員の地位と身分

1 教員の身分とその保障

「教育基本法」において、すべての学校の教員が自己の崇高な使命を深く自覚し、「その使命と職責の重要性にかんがみ、その身分は尊重され、待遇の適正が期せられる」とあり、その身分の保障が規定されている。ここでは、公立学校の教員の場合について取り扱う。

A 公務員としての教員

[1] 教員の身分

公立学校の教員は「地方公務員法」（地公法）に基づく地方公務員として、また国立大学附属学校の教員は国立大学法人の職員、私立学校の教員は学校法人の職員という身分を有する。

公立学校の教員は、その人事に関する規定も一般公務員と共通する点が多いが、これらの公立学校の教員には、教職としての職務と責任の特殊性から、「教育公務員特例法」（教特法）が制定されている点に留意してほしい。なお、教育公務員は一般公務員とは異なる特例であるため、身分としては、地方公務員である。

一般的な地方公務員の場合には、地方公共団体の長が任命権者になるが、教員の場合には「地方教育行政の組織及び運営に関する法律」（地教行）によって特例が設けられている。市町村立学校の教員の場合、その身分は学校の設置者である市町村に属するが、その任命権者は都道府県教育委員会または指定都市教育委員会になる（地教行第37条、第58条）。

本来であれば、市町村立学校の教員は、市町村の職員であるが、その給与を都道府県が負担しているため、県費負担教職員とされている（地教行第37条）。学校教育法第5条には設置者負担の原則が規定されているが、県費負担教職員制度は市町村の財政力による義務教育諸学校における教育の格差を防ぎ、教育水準の確保を図り、広域的な人事交流を図るための特例措置である。そのため、勤務条件も都道府県の条例によるものとされている。

[2] 労働基本権の制約

　公務員には、憲法第 28 条が保障する労働基本権（団結権・団体交渉権・争議権）が制限されている。これは、公務員の地位の特殊性や服務の公共性による制約であると理解される。

　教員の場合、団結権・団体交渉権については職員団体の結成と適法な交渉（労働協約の締結は含まれない）が認められているが、争議行為（ストライキ）は禁止されている（地公法第 37 条）。これに代わり、人事院や人事院委員会による給与勧告の代償措置がとられている。なお、教員の場合は、その多くが県費負担教職員であるため、都道府県との交渉が重要となる。このため、都道府県内での正規の職員団体が結成できるように特例が設けられている。

[3] 政治的中立性

　公務員は、政治的中立性を確保し、政治的行為を制限または禁止されている。「教育基本法」には、「良識ある公民として必要な政治的教養は、教育上尊重されなければならない」（第 14 条第 1 項）とされる一方で、「法律に定める学校は、特定の政党を支持し、又はこれに反対するための政治教育その他政治的活動をしてはならない」（第 14 条第 2 項）とされている。つまり、国立大学附属学校の教員や私立学校の教員に対しても政治的中立性の確保が求められている。

　また、公職選挙法においては、「学校の児童、生徒及び学生に対する教育上の地位を利用して選挙運動をすることができない」（公選法第 137 条）として、教育者の地位利用による選挙運動を禁止している。

[4] 身分保障

　公立学校の教員が全体の奉仕者としてその職務に専念できるようにするためには、制度的な身分保障が必要である。それゆえに公務員としての教員に関する分限処分や懲戒処分についても、身分保障の関連から配慮がなされているのである。つまり、法令等に規定されている事由以外にその意に反して不利益な処分を受けることがないように、公務員である教員には、身分保障のための法的な規定が定められている。この身分保障は、争議行

為の禁止の代償措置の1つと位置づけられている。

次項で述べる教員の任用における「成績主義」や「平等の取扱いの原則」だけでなく、職員団体を結成しようとしたこと、または加入しようとしたことをもって不利益な取り扱いを受けることがないように規定している（地公法第26条）。

そのため、地方公務員の場合、本人の意に反して不利益処分を受けたときは、人事委員会または公平委員会に対して、不服申し立てを行うことができるという規定が設けられている（地公法第49～51条第2項）。

なお、条件附採用期間中の教員および臨時的任用教員については、分限および不利益処分に関する不服申し立ての身分保障の適用が除外されている（地公法第29条の2）。

▌▌▌ コラム ▌▌▌　どうする主権者教育？

選挙権年齢を「18歳以上」に引き上げる改正公職選挙法の成立で、学校現場に大きな課題が向けられている。それは、どのように主権者教育を行っていくかということである。もちろん、政治や選挙に関する知識を知ることは重要であるが、同時に政治や社会のあり方についても深く問わなければならない。その場合、多様な意見に耳を傾け、各々が多角的に考えながら、判断していく力を身につける必要がある。教員が政治的中立の立場で、どのような授業を展開するのか、考えていく必要があるだろう。

B　教員の任用

[1] 教員の任用資格

小中高等学校の教員の任用資格については、教育職員免許法第3条「教育職員は、この法律により授与する各相当の免許状を有する者でなければならない」という積極的資格要件と、教員となることができない消極的資格要件（欠格条項）が規定されている。

欠格条項については、学校教育法第9条に、①成年被後見人又は被保佐人、②禁錮以上の刑に処せられた者、③教育職員免許法第10条第1項第2

号または第3号に該当することにより免許状がその効力を失い、当該失効の日から3年を経過しない者、④教育職員免許法第10条第1項から第3項までの規定により免許状取上げの処分を受け、3年を経過しない者、⑤日本国憲法施行の日以後において、日本国憲法又はその下に成立した政府を暴力で破壊することを主張する政党その他の団体を結成し、又はこれに加入した者、と規定されている。

これらの規定は、国立学校法人の教員や私立学校の教員についても適用される。なお、刑に処せられた者は、服役が終わっても教員になることはできないという点は、一般公務員よりも重い規定である。

また、公務員の任用の根本基準として能力の実証に基づくべき成績主義が法定されている（国公法第33条、地公法第15条）。また、人種、信条、性別、社会的身分もしくは門地によって、または政治的意見や政治的所属関係によって差別されてはならないという「平等の取扱いの原則」が定められている（地公法第13条）。

[2] 教員の任用

任用とは特定の職に特定の人を充てることをいう。充当の方法により採用・昇任・降任・転任の4種類に分けられる。

(1) 採用

採用とは、現に職員でない者を新たに職員の職に任命することをいう。一般公務員が競争試験によって原則的に行われるのに対して、教員の場合は、その資格制度や職務の特殊性から、その採用・昇任は「選考」によることとされている（教特法第11条）。「選考」とは、教員免許状などの資格要件を満たした特定の候補者がその職にふさわしい能力があるかどうかを実証する方法とされる。たとえば、教員の資質能力を判定するために、学力試験以外の面接、論文、模擬授業などの多様な選考方法が用いられるのである。

ただし、採用時の選考だけでは職務遂行能力の判定が困難なため、条件附採用となる。その期間は一般公務員の場合ならば6か月間だが、教員の場合は初年次研修と合わせて1年間とされている。ここでも成績主義の原則が徹底されており、実務において職務遂行能力を評価したうえでの正式

採用となる。なお、条件附採用期間中の職名は、非常勤講師ではないため、教諭等正式採用の場合と変わらない。また、給料表の適用や退職手当の基礎となる期間への通算、共済組合の組合員資格などについても正式採用の場合と同様に扱われる。

(2) 昇任

昇任とは、職員が現に充当されている職より上位の職級に就かせることである。たとえば、教諭が教頭になったり、教頭が校長になったりする場合が昇任である。

この昇任も選考に基づいて行われる。なお、選考には年齢や教職経験年数等の資格要件を満たす必要がある。

(3) 降任

降任とは、昇任とは逆の場合であり、下位の職級に就かせることである。校長が教頭に、教頭が教諭になる場合である。

本来は分限処分に該当するものであるが、近年、多くの教育委員会等が希望降任制度を導入している。

(4) 転任

転任とは、同等または別職種の職に就かせることである。転任の一種として、任命権者を同じくする職で、同等の職へ任用する場合を、配置換えという。これは、学校間や地域間の教育格差の解消や教員構成の偏りを是正するために行われている。

なお、勤務する市町村学校から別の市町村学校に転任する場合など、校長が市町村教育委員会に「意見具申」を行い、市町村教育委員会の「内申」を経て、都道府県教育委員会がこれを参考にしながら最終的な任免行為を行うしくみがとられている（地教行第38条）。

2　関係法令による教員の服務規定

A　学校の教員の服務

[1]「教職員」の職務

　教員の身分が、教育基本法、そして地方公務員法および教育公務員法で規定されているのは先の節でみてきたが、学校にはさまざまな教職員が配置されている。学校には「校長及び相当数の教員を置かねばならない」（学校教育法第7条）ことが規定され、各学校に置かれる教職員の種類は、学校教育法においてそれぞれ規定されている（幼稚園：第27条、小学校・中学校・義務教育学校：第37条、高等学校：第60条、中等教育学校：第69条）。

　大学などで、教職や教科に関する科目の修得、教育実習を経て教員免許状を取得して初めて教職に就く場合、「教諭」になり、「児童生徒の教育をつかさどる」ことがその職務となる。

[2] 教員の「服務」とは

　「職務」ということばは知っていても、「服務」ということばは初めて聞く人もいるかもしれない。服務とは、辞書的意味では、「仕事に従事する」ということであるが、教員の服務とは、「教職に従事する者が守らなければならない職務の在り方」、すなわち、「職務の内外を通じて課される、公務員としての規律に服する義務」を指している。教員は、「教育公務員」であるため、地方公務員としての服務が規定されている。公務員として、日本国憲法（第15条第2項）において、「全体の奉仕者であって、一部の奉仕者ではない」ことと、地方公務員法（第30条）において、「全体の奉仕者として公共の利益のために勤務し、かつ職務の遂行にあたっては、全力を挙げてこれに専念しなければならない」ことが規定されている。

　公務員としての教師の服務は、大きく分けて、職務上の服務と身分上の服務に分けられている。

B　職務上の服務

　職務上の服務は、職務遂行内に適用される義務であり、「服務の宣誓」「法

令等および上司の職務上の命令に従う義務」「職務専念義務」の3つである。

[1] 服務の宣誓（地公法第31条）

　公立学校の教員は公務員であるため、「全体の奉仕者として公共の利益のために勤務し、且つ、職務の遂行に当っては、全力を挙げてこれに専念しなければならない」と地方公務員法第30条で定められている。このことをしっかりと自覚し、条例の定めるところにより、「服務の宣誓」をしなければならない。具体的には、各都道府県や政令指定都市の条例に基づいて、所定のものが準備されており、宣誓ではそれに署名する。図5-1は、東京都の教育公務員の宣誓書である。

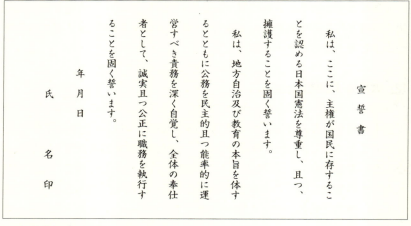

出典）東京都教育委員会より

図5-1　服務の宣誓書の様式（東京都）

[2] 法令等および上司の職務上の命令に従う義務（地公法第32条）

　教員は、その職務を遂行する際には、日本国憲法や教育基本法などの国家レベルで制定される法令、都道府県や地方公共団体で制定される条例、地方公共団体の規則および地方公共団体の機関によって定められる規定に従い、加えて、上司である、服務監督権を有する教育委員会や、校長、副

校長、教頭などの、職務上の命令に忠実に従わなければならない。

　たとえば、校長の発する職務命令として、校務分掌（担任や学校を円滑に運営するための職員の割り当てなど：第3章2を参照）、研修や出張命令などがある。これらは、口頭によるものでもかまわないが、正確性を期すべき場合は文書によることもある。

[3] 職務に専念する義務（地公法第35条）

　教員は、法律または条例に特別の定がある場合を除く外、その勤務時間および職務上の注意力のすべてをその職責遂行のために用い、当該地方公共団体がなすべき責を有する職務にのみ従事しなければならない。ただし、その義務が免除される場合がある。免除の事由として、休職、停職、育児休業、休日、休暇、そして研修などがある。研修については、職務命令によるもの以外に、夏休みなどの休業中に勤務場所を離れて行うものも含まれる。

C　身分上の服務

　身分上の服務は、職務遂行の有無にかかわらず、教員の身分を有する限り守らなければならない義務である。勤務時間以外の私生活の場面にも及ぶことは自覚しておく必要がある。地方教育公務員としての教員の身分上の義務は、「信用失墜行為の禁止」「秘密を守る義務」「争議行為等の禁止」「政治的行為の制限」「営利企業等の従事制限」の5つである。

[1] 信用失墜行為の禁止（地公法第33条）

　教員は、その職の信用を傷つけ、または職員の職全体の不名誉となるような行為をしてはならないことが規定されている。

　「職の信用を傷つける行為」とは、教職の信用を直接的に損なう行為であり、たとえば、教員が学校教育法で禁止されている体罰を行って、児童生徒に怪我や心的障害を負わせてしまうことが挙げられる。

　また、「職全体の不名誉となる行為」は、職務との関係性は必ずしも必要とされず、公務を離れて私的領域で犯した非法行為が該当する。たとえば、傷害、窃盗、わいせつ行為などの刑罰法規に触れる行為はもちろんのこと、

飲酒運転や児童買春など、勤務時間以外の行動においても、公務員制度全体に対する信頼を失う可能性が高く、信用失墜行為に該当する。特に、教師は、児童生徒に人格的影響を直接的に及ぼし得るため、一般公務員よりも厳しい判断を下されることが多い。

[2] 秘密を守る義務（地公法第 34 条第 1 項）

　教員は、「職務上知り得た秘密を漏らしてはならない」として、守秘義務が課されている。この守秘義務は、在職中のみならず退職後にも課されている。秘密とは、プライバシーに関する情報、行政目的を喪失させるような事項、公開前の非公開情報などである。具体的には、児童生徒の成績・評価、個人的・家庭的事情、教職員の人事記録、試験問題などが守秘義務の対象となっている。

　みなさんの中にも、学校ボランティアや教育実習などで学校の仕事に携わる人がいるだろう。当然のことながら、職務の遂行に関連して知り得た学校や児童生徒の情報（秘密）は、決して漏らしてはならないことを肝に銘じておいてほしい。

[3] 争議行為などの禁止（地公法第 37 条第 1 項）

　公立学校の教員は、同盟罷業、怠業その他の争議行為をし、地方公共団体の機関の活動能率を低下させる怠業的行為をしてはいけないと厳しく規定されている。

　「争議行為」とは、労働条件の改善などを要求する団体交渉、すなわち「ストライキ」や、仕事の能率を落として雇用者に損害を与える「サボタージュ」のことを指す。日本の公務員は、これらの争議行為を禁止されており、教員も同様である。その代わりに、法律などによる身分保障と勤務条件が定められ、人事に関する事柄に対して、人事委員会が設けられている。

┃┃コラム┃┃　教師のストライキ（争議行動）

　海外では、教員も争議行為を行うことが禁じられていない国がある。たとえば、アメリカ合衆国では、クラスの人数の上限や教員の勤務条件など

が、各州や学区の教育当局と教員組合の契約によって年度ごとに決定されている。それゆえ、契約が紛糾した場合、教員が要求を通すためにストライキを起こす。日本では考えられないことだが、ストライキが起きると学校は完全に休校になる。学校がないため、教会やさまざまな団体が、子どものための活動を提供することが多い。身分の保障と勤務条件を団体交渉によって確保する必要性はあるとしても、子どもと保護者への影響は考えなければならない。これは、日本のような、法令によって教員の身分と勤務条件の保障がなされている国との違いである。

[4] 政治的行為の制限（地公法第36条・教育公務員特例法第18条第1項）

　教員は、政治的中立性の点から、特定の政党やその他の政治的団体の結成に関与したり、その団体の役員になってはならず、また、勧誘活動などを支持したりすることはできない。これには、ある特定の政党や政治的団体の支持あるいは不支持の運動、署名活動、寄付金募集などの行為も含まれる（地公法第36条）。

　政治的行為の制限については、地方公務員法と、地方公務員法の特別法としての教育公務員特例法の両方において規定されている。同じ項目について両方に規定がある場合は、教員には教育公務員特例法が優先的に適用される。よって、地方公務員法第36条において規定されているが、教育公務員特例法（第18条第1項等）において、特に厳しく制限されており、国家公務員と同様に扱われる。

　小中学校の義務教育段階の教員に対しては、義務教育の政治的中立性を確保するため、特定の政党を支持させる、または反対させるなどの教育への教唆または扇動が禁止されている（義務教育諸学校における教育の政治的中立性の確保に関する臨時措置法第3条）。

[5] 営利企業等の従事制限（地公法第38条第1項）

　教員は、勤務時間の内外を問わず、任命権者の許可を受けなければ、営利企業等の事業に従事できない。つまり、営利・利益を目的とする私企業や団体などの役員を兼ねることや、自らが営利を目的とする私企業をいと

120 ■ 第5章 ■ 教員の地位と身分

なむこと、報酬を得て事業や事務に従事することが制限されている（地公法第38条）。教員には職務専念の義務があることは述べたが、営利活動によって、職務に悪影響を与える恐れがあるからである。

　ただし、教員は、その能力や専門性を広く社会で活用できるようにするため、任命権者が本務に支障がないと認める場合には、教育に関する他の職を兼ね、または教育に関する他の事業もしくは事務に従事できると規定されている（教特法第17条第1項）。たとえば、公立学校の教員が、私立大学の非常勤講師を兼ねることができるが、学習塾や予備校の講師を兼ねることとは認められない。

3　懲戒・分限処分

　公立学校の教員が、服務に違反したり、職務を遂行できなかったりするなどの場合の法的な処分として、懲戒処分と分限処分がある。

A　懲戒
[1]　教職員に対する「懲戒処分」
　公立学校の教員が、飲酒運転、わいせつ行為、体罰などの非法行為を行った場合、懲戒処分を受けることになる。私立学校の教員の場合は、通常、学校法人の定める就業規則によって、懲戒に関する規定が整備されているが、ここでは、公立学校の教員の懲戒処分を扱う。

　懲戒処分とは、教員の勤務関係の秩序を維持するため、教員の個別の行為に対してその責任を追及し、制裁を科すことである。教員を含む地方公務員の懲戒処分は、地方公務員法に規定された事由以外で行うことが認められていない。その事由は、次の3つが該当する。すなわち、①地方公務員法もしくは教育公務員特例法等の法律や地方公共団体の条例・規則・規定に違反した場合（法令違反）、②職務上の義務に違反し、または職務を怠った場合（職務上の義務違反・職務怠慢）、③全体の奉仕者たるにふさわしくない非行のあった場合（信用失墜行為）である。この、全体の奉仕者たるにふさ

わしくない非行が、具体的にどのような行為を指すかについては、個別事例に基づいて社会通念によって判断されることになっている。なお、1つの非行行為につき、上記の複数の事由が該当する場合もある。たとえば、学校教育法において禁止されている体罰を行った場合には、職務上の義務違反、職務懈怠（けだい）に該当する可能性があり、もう一方で、地方公務員法が規定する「法令遵守義務」に違反することになる点も注意したい。

[2] 懲戒の種類

　懲戒処分の種類として、重い順に「免職」「停職」「減給」「戒告」の4種類の処分がある（地公法第29条第1項）。

　「免職」とは、公務員関係を解除して、教員としての身分を剥奪する処分である。教員が懲戒免職処分を受けた場合は、退職手当および退職年金の一部あるいは全部が支給されない。そして、懲戒免職となった教員の有する教員免許状は失効するものとされている（教育職員免許法第10条第1項第2号）。国立学校または私立学校の教員が、公立学校の教員の懲戒免職にあたる事由によって解雇された場合は、当該教員の免許状は、免許管理者である都道府県の教育委員会によって取り上げられることになっている（教育職員免許法第11条第1項）。

　「停職」とは、一定期間職務に従事させない処分である。停職の手続きやその期間などについては、法律に特別の定めがある場合を除いて、地方自治体の条例で定められることになっている。東京都や神奈川県の条例によると、教員に対してできる停職処分の期間は、1日以上6か月以下と定められている。また、停職期間中は給与が支給されず、その期間は退職手当の基礎となる期間にも参入されない。

　「減給」とは、一定期間、教員の給与をある割合で減額して支給する処分である。1日以上6か月以下の期間の範囲内で、給料の月額の10分の1以下を減額すること等が規定されている。

　「戒告」とは、教員の規律違反の責任を確認するとともに、将来を戒める処分である。戒告は、最も多く行われている処分である。

　教職員の主な非行に対する処分の基準については、全国的な基準は、地方公務員法や教育公務員特例法などで決定されているわけではなく、教員

の任命権者である教育委員会によって、処分の基準や懲戒処分のあり方が
それぞれ規定されている。2013（平成25）年の時点で、67の都道府県・政令
指定都市教育委員会のすべてが、懲戒処分に関してなんらかの基準を作成
している[1]。このような基準をあらかじめ作成して公表することによって、
懲戒処分が恣意的に行われることを防ぎ、任命権者と被処分者の両者から
処分の妥当性をチェックすることができるだけでなく、非行行為に対する
警告となり不祥事への抑制効果を伴うものとなり得ると考えられている。

[3] 懲戒処分の実態

　それでは、懲戒処分はどのくらい生じているのだろうか。
　文部科学省は、「人事行政の状況調査」において、教職員の懲戒処分など
の状況を公表している。

表5-1　懲戒処分の内訳（過去5年分）

	免職	停職	減給	戒告	合計
平成25年度	196（0）	212（0）	340（25）	414（66）	1,162（91）
平成24年度	208（0）	148（2）	247（27）	366（46）	969（75）
平成23年度	180（0）	157（1）	188（5）	335（38）	860（44）
平成22年度	187（0）	163（0）	220（43）	335（51）	905（94）
平成21年度	166（0）	148（0）	246（23）	383（114）	943（137）

（注）（　）内は、監督責任により懲戒処分等を受けた者の数で外数。
出典）文部科学省「公立学校教職員の人事行政状況調査」より作成

　2013（平成25）年度の調査によると、懲戒処分の上位を占めているのは、
体罰（36％）、交通事故（25％）、わいせつ行為（16％）であり、これらが懲戒処
分事案の4分の3を占める。次に、傷害・暴行などの刑法違反、個人情報
の不適切な取扱い、児童生徒への不適切な指導、公費の不正執行・手当の
不正受給、国旗掲揚・国歌斉唱の不適切な取扱いとなっている。
　2013（平成25）年度は、体罰が増加し、訓告等を加えると、2012（平成24）
年度と比べるとほぼ倍増となっている。体罰の問題は、2012（平成24）年
12月に大阪市立桜宮高校2年の男子生徒が、バスケットボール部顧問の教
諭から受けた体罰を苦に自殺するという事件が発生したことを受けて、

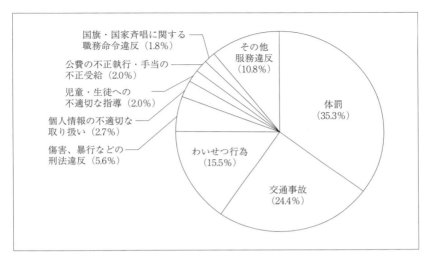

出典）文部科学省「平成 25 年度公立学校教職員の人事行政状況調査」より作成

図 5-2　懲戒処分の事由の内訳

2012（平成 24）年度から行われた体罰調査の結果、判明した体罰事案の処分が 2013（平成 25）年度に行われたことも影響していると考えられる。

　わいせつ行為等[2]に係る懲戒処分については、昭和 30 年代から一定数存在していたが、1994（平成 6）年あたりから増加し続け、現在は高止まりしている。わいせつ行為の被害者の 4 割以上が、自校の児童生徒・卒業生であることにかんがみるなら、身近な大人である教師から被った行為の身体的・精神的ダメージが大きい点できわめて悪質な行為であり、社会からの信用失墜の度合いが大きいことは言うまでもない。

B　分限
[1] 教職員に対する「分限処分」

　「分限処分」とは、道義的な責任が問われるものではなく、職務の能率を向上させるために、本人の意思に反して教員に対して行われる、身分上の変更として行使される処分である。「分限」という言葉は聞き慣れない言葉かもしれない。しかし、教員の精神疾患を理由とする病気休職者が増加しているというニュースを聞いた人は多いことだろう。こうした「休職」

も分限処分の１つであり、休職は分限の中で最も多い処分である。

分限処分には、「降任」「免職」「休職」「降給」がある（地公法第28条）。勤務実績が良くない場合、心身の故障のために職務の遂行に支障があり、また職務を遂行するに堪えない場合、その職に必要な適格性を欠いている場合、職制の改廃や変更の場合に、「降任」あるいは「免職」をすることができる。「降任」とは、制度上の現在の地位を下げたり、給与上の等級を下げたりする処分である。また、「免職」とは、本人の意思にかかわらず、教員としての地位を失わせる処分である。「休職」とは、一定期間、公務員の職を保持させたまま、職務に従事させない処分である。「降給」とは、支給されている給与を引き下げる処分である。これらの分限処分の手続きや効果については、原則として条例で定められている。東京都の場合、「職員の分限に関する条例」において定められており、休職は３年を超えない範囲内において休養を要する程度に応じ、個別の場合について任命権者が定めるものとされている[3]。

[2] 分限処分の実態

過去５年分の分限処分の状況を見てみると（**表 5-2**）、分限処分のうち、精神性疾患の病気休職者の多さが目立っており、近年、教員のメンタル・ヘルスは学校経営上の課題となっている（第７章５を参照）。

表 5-2　分限処分の内訳（過去５年分）

| | 降任 | 免職 | 休職 | | | | 降給 | 合計 |
| | | | 起訴休職 | 病気休職 | | その他 | | |
				病気休職	うち精神疾患			
平成 25 年度	2	12	17	8,408	5,078	121	0	8,560
平成 24 年度	0	8	32	8,341	4,960	144	0	8,525
平成 23 年度	1	12	16	8,544	5,274	183	0	8,756
平成 22 年度	2	9	25	8,660	5,407	203	0	8,899
平成 21 年度	0	12	21	8,627	5,458	209	0	8,869

出典）文部科学省「公立学校教職員の人事行政状況調査」より作成

教員のストレスの要因として、慢性的な多忙化、児童生徒および保護者との関係等の対人的な環境の複雑化、教育に関わる価値観の変化、ICT の普及による情報管理の問題等が挙げられる[4]。OECD による『教員環境の国際比較』(2014 年) において、中学校の教員の勤務時間の長さが世界一であることが示された。日本の教員は、労働時間、休憩時間、休日、休暇、時間外勤務に関しては、「労働基準法」や「一般職の職員の勤務時間、休暇等に関する法律」によって一定程度、勤務条件が整備されている。しかしながら、法に規定された基準と現実が乖離している現状にかんがみると、対策が講じられる必要があろう。

[3] 指導力不足教員

児童生徒に対する指導が不適切な教員に対する取り組みも行われている。まず、指導力不足の教員に対して、能力、適性等に応じて、指導の改善を図るために必要な研修の実施を義務づけている (教特法第 25 条の 2)。そして、適格性を欠いているなどの「分限処分」とは関係のないものとして扱われるが、児童生徒に対する指導が不適切であり、研修等の必要な措置がとられても、なお児童生徒に対する指導を適切に行うことができないと認められる教諭等に対して、免職その他の必要な措置を講ずることができると規定されている (同第 25 条の 3、地教行第 47 条の 2 第 1 項)。

2013 (平成 25) 年度には、指導が不適切な教員が 137 名認定されており、43 県市において、「指導に課題のある教員」に対して、研修を実施している。

4　待遇と勤務条件

A　勤務条件

勤務条件とは、労働関係法規における「労働条件」に相当するものである。以下では、公立学校教員の勤務時間や給与等について述べていく。

[1] 勤務時間

(1) 勤務時間

　勤務時間とは、労働基準法でいうところの労働時間のことであり、職員が上司の監督の下にその職務に専念することを義務づけられた時間である。この勤務時間は、職員の給与支給の根拠となるものでもある。地方公務員である公立学校の教員の勤務時間については、労働基準法と地方公務員法の規定が適用される。この勤務時間は、当該の地方公共団体の条例で定められているが、県費負担教職員の場合は、市町村の条例ではなく都道府県の条例で定められている。

　労働基準法では、労働者に、休憩時間を除き、1週間について40時間、1日について8時間を超えて労働させてはならないとしている（労基法第32条）。ただし、1か月以内の一定期間を平均して、1週間の労働時間を超えなければ、特定の日において40時間を超えて労働させることができることも例外的に認められる。たとえば、土曜日や日曜日に学校行事等を行う場合は、これに該当する。

　2008（平成20）年の人事院勧告では、民間企業が1日7時間45分、週38時間45分勤務が定着していることを理由に、公務員についても同等の時間に改めるよう勧告した。2009（平成21）年4月より施行された「一般職の職員の勤務時間、休暇等に関する法律」の改正により、国家公務員の勤務時間が短縮されたため、地方自治体でも関係条例を整備し、公立学校の教員にもその短縮が適用されるようになっている。

　また、地方公務員の場合、労働基準法の範囲内で、各地方公共団体の条例で定められている。条例に定められた勤務時間をそれぞれの教員に対して具体的に定めるのが勤務時間の割振りである。割振りとは、何曜日に何時間勤務するというように時間を割り当てることをいい、その権限は教育委員会（公立小・中学校の場合は服務監督権者である市町村教育委員会）にある。ただし実際には、各学校の実情等を考慮する必要があるため、校長に割振りを委任あるいは専決させている場合が多い。勤務時間の割振り内容としては、①勤務日（勤務時間が割り振られた日）と週休日（勤務時間を割り振らない日）の特定、②勤務日における勤務時間数の特定、③勤務日における勤務終了時刻の決定、④勤務日における休憩時間の配置がある。

(2) 休憩時間

　休憩時間とは、職員の心身の疲労回復を目的として、勤務時間の途中に、一切の勤務から解放される時間である。職員は、休憩時間を自由に利用することができる。なお、正規の勤務時間には含まれず、給与支払い対象外の時間である。

　労働基準法では、勤務時間が6時間を超える場合においては少なくとも45分、8時間を超える場合においては少なくとも1時間の休憩時間を勤務労働時間の途中に与えなければならないとされている（労基法第34条）。そのため、1日7時間45分の勤務時間が割り振られた場合、休憩時間を少なくとも45分置かなければならない。しかし、教員の場合、給食指導もあり、休憩時間を昼食時にとれないこともある。その場合、放課後に付与することもできる。

　これに対してこれまでは、条例や規則によって、軽い疲労回復ための手休め時間として、休息時間が設けられていたが、民間企業で休息時間が与えられていないことなどを考慮して、2006（平成18）年7月から休息時間は廃止された。

(3) 休業日・週休日・休日

①休業日

　休業日は、授業を行わない日である。休業日には、開校記念日、夏季・冬季・春季の長期休業期間等がある。これらは勤務を要する日であり、服務専念義務が発生する。長期休業期間が教員の休日であると誤解してはならない。なお、休業日が週休日や休日の場合は勤務を要さない。

②週休日

　週休日は、勤務時間の割振りを行わない日であり、地方公務員の場合、日曜日と土曜日の場合が多い。週休日については、給与支払いの対象から除外され、服務専念義務が免除されている。週休日に授業や運動会等の行事を実施する特別な場合は、勤務日を週休日に振り替えることができる。

③休日

　休日については、「国民の祝日に関する法律」に規定されている休日や年末年始（12月29日から1月3日）とされる。本来、給与支払いの対象となる勤務を要する日であるのだが、職務専念義務が免除され、勤務も要さない

日とされている。なお、勤務を命じられた場合は、代休日を取得することができる。

(4) 完全学校週5日制と土曜授業

2002（平成14）年度より完全学校週5日制が実施され、公立小中学校では、土曜日が休業日となった。その一方で、私立小中学校の場合、当該学校の学則で定めることとされる（学校教育法施行規則第62条）。それゆえに、従来どおり、土曜日を授業日とする学校が存在した。

しかし、2013（平成25）年に、学校教育法施行規則が改正され、これまで、「特別な必要のある場合」とされていた規定が、「当該学校を設置する地方公共団体の教育委員会が必要と認める場合」となった。これにより、土曜日における充実した学習機会を提供する方策の1つとして土曜授業を捉え、設置者の判断により、土曜授業を行うことが可能であることが明確化された[5]。

[2] 時間外勤務

一般公務員の場合、勤務時間を超えて勤務した場合、超過勤務として時間外勤務手当が支払われることになる。しかし、教員については、1972（昭和47）年に制定された「公立の義務教育諸学校等の教育職員の給与等に関する特別措置法」によって、勤務の実態に応じた手当は支給されない。代わりに、給料月額4％相当を基準とし、教職調整額として支給されることになっている。教員の場合、自宅における教材研究や修学旅行、遠足などがあるため、時間外勤務手当の制度が馴染まないと判断されるからである。時間外勤務を命じることは、原則として禁止となっている。しかし、その例外として、①校外実習その他生徒の実習に関する業務、②修学旅行その他学校行事に関する業務、③職員会議に関する業務、④非常災害の場合、児童または生徒の指導に関し緊急の措置を必要とする場合その他やむを得ない場合に必要な業務が、「超勤4項目（歯止め4項目）」として明示されている。

現実問題として、教員の残業時間が増加している（第7章を参照）。その点を踏まえて、「学校の組織運営の在り方を踏まえた教職調整額の見直し等に関する検討会議」を設置した。2008（平成20）年9月の「審議のまとめ」

では、教職調整額制度が残業時間を増加させているとし、教員の勤務時間管理、部活指導のあり方の見直し、時間外勤務の実態に応じて処遇できるような給与制度の必要性、教職調整額制度に代えて時間外勤務手当制度を導入することなどが示された。なお、時間外勤務に歯止めをかけるため超勤禁止規定と教職調整額はそのまま残し、そのうえで調整額を超える時間外労働を行った場合には事後的に精算し超過分の賃金を支払うという意見もある[6]。いずれにせよ、教員の時間外勤務は、早急に具体的な対応をすべき問題である。

[3] 有給休暇と無給休暇

休暇には、有給休暇と無給休暇があるが、休暇期間中の給与等の支払いの有無で区別されている。通常、公務員の場合、年次有給休暇、病気休暇、特別休暇、育児休暇、介護休暇がある。年次有給休暇以外は、休暇取得に際して、特定の理由があることが必須条件となる。また、介護休暇を除いてはすべて有給休暇となる。

(1) 年次有給休暇

労働者には、8割以上勤務した場合、年次有給休暇が与えられていることになっている（労基法第39条第1項）。地方公務員の場合、条例・規定等の定めるところに従い、原則的に20日間の有給休暇が保障されているのが一般的である。年次休暇の残日数は20日を限度として、次年度に繰り越すことが認められている。年次休暇は原則として使用者の干渉を許さない自由に属するものである。ただし、校務に支障がある場合、使用者には、他の時季に変更させることができるという時季変更権が認められている（労基法第39条第5項）。

(2) その他の休暇

病気休暇とは、負傷または疾病のため必要となる療養を行うための必要最小限の休暇のことである。必要に応じて1日、1時間または1分単位で取得できる。

特別休暇とは、選挙権の行使、結婚、出産、交通機関の事故その他の特別の事由による休暇のことである。それぞれ定められた日数内で取得ができる。

介護休暇とは、配偶者、父母、子、配偶者の父母などの負傷、疾病または日常生活をいとなむのに支障がある者の介護のための休暇のことである。ただし、介護休暇については、勤務しない1時間につき1時間当たりの給与額を減額することになっている。

[4] 共済組合制度

教員の生活の安定と福祉の向上のための組織として、共済組合制度がある。公立学校の教員を対象とした公立学校共済組合が組織されている。また、国立大学付属学校の教員を対象とした文部科学省共済組合があり、私立学校の教員を対象とした私立学校共済組合がある。

これは、社会保険制度の一種であり、組合員とその家族の病気・けが・出産・死亡または災害等に関して適切な給付を行うことを目的として設けられた相互扶助制度である。また、組合員の退職・障害または死亡に対して年金などの支給も行っている。なお、地方公務員の年金制度は、公務員としての特殊な身分から厚生年金保険とは異なる特徴がある。

B　給与

[1] 給与と手当

給与とは、給料と各種手当を合わせたものである。国立大学附属学校の場合は国立大学法人が、公立学校の場合は地方公共団体が、私立学校の場合は学校法人が、それぞれ給与を負担する。

公立学校の教員の給与は、人材確保法により、給与水準が優遇されており、一般公務員より高くなっている。また、「教職調整額」として給料月額の4パーセントが支給される。なお、県費負担教職員制度により、市町村立学校職員の給与は都道府県の条例に基づいて都道府県が負担している。また、義務教育費国庫負担法により、義務教育の妥当な規模と内容を保証して、その水準の維持向上を図るため、国がその1／3を負担することとされている。

(1) 給与の基本原則

公立学校の教員の給与は、条例に基づいて支給されるという給与法定の主義がとられている（地公法第25条第1項）。そのため、「給与条例主義」と

もいわれている。また、給与や勤務時間その他の勤務条件が社会一般の情勢に適応するという情勢適応の原則（地公法第14条第1項）や、前提としての勤務がなければ支給されないノーワーク・ノーペイの原則に基づいている。

（2）給与決定の原則

公立学校の教員の給与決定においては、職務給の原則、均衡の原則、自主決定の原則などが地方公務員法に規定されている。

①職務給の原則

給与は、職員の勤務に対する対価であり、「職員の給与は、その職務と責任に応ずるものでなければならない」（地公法第24条第1項）とされ、その職務と責任に応じた職務給が原則となっており、給料表における職務の「級」の区別で示されている。

②均衡の原則

地方公務員法において、「職員の給与は、生計費並びに国及び他の地方公共団体の職員並びに民間事業の従事者の給与その他の事情を考慮して定められなければならない」（地公法第24条第3項）とされている。

③自主決定の原則

職員の給与の決定については、地方公務員法に「職員の給与、勤務時間その他の勤務条件は、条例で定める」（地公法第24条第6項）とあり、地方公務員法はその基準についてのみ規定し、具体的な内容については、地方公共団体が条例で自主的に決定することになっている。

（3）給料

民間の場合は基本給と呼ばれるものである。正規の勤務時間における報酬で、「給与」の中から「諸手当」を除いたものをいう。これは、職務に応じた「級」と年齢や勤務年数に応じた「号給」で構成された給与表に基づいて支給される。

たとえば、東京都の場合（2015〔平成27〕年度4月1日適用）、大学卒業教員の初任給は、小中高等学校で約247,000円、特別支援学校で約263,100円である。初任給は、給料月額、教職調整額、地域手当、義務教育等教員特別手当および給料の調整額（該当者のみ）を合わせた金額である。

132 ■ 第5章 ■ 教員の地位と身分

[2] 諸手当

　主な手当としては、扶養手当、住居手当、地域手当、通勤手当、期末・勤勉手当がある。期末・勤勉手当とはいわゆるボーナスであり、勤務日数によって支給率が異なる。また、職能給的な手当として、管理職手当、義務教育等特別手当、定時制通信制手当がある。さらに、地域給的な手当として、へき地手当がある。

5 ● 私立学校の教員

　ここでは、私立学校の教員の身分や労働条件について述べていく。

　私立学校は、建学の精神や独自の校風を重んじ、私人の寄附財産等によって設立・運営されることを原則とするところにその特徴があるとされる。また、表5-3で示されているように、私立学校に在学する学生・生徒な

表5-3　私立学校の学校数・在学者数

区分	学校数			
	国公立	私立	合計	私立の割合
小学校	20,630 校	222 校	20,852 校	1.1%
中学校	9,780 校	777 校	10,557 校	7.4%
高等学校	3,643 校	1,320 校	4,963 校	26.6%
中等教育学校	34 校	17 校	51 校	33.3%
特別支援学校	1,082 校	14 校	1,096 校	1.3%

区分	在学者数			
	国公立	私立	合計	私立の割合
小学校	6,522,463 人	77,543 人	6,600,006 人	1.2%
中学校	3,258,534 人	245,800 人	3,504,334 人	7.0%
高等学校	2,294,998 人	1,039,021 人	3,334,019 人	31.2%
中等教育学校	23,584 人	7,915 人	31,499 人	25.1%
特別支援学校	134,814 人	803 人	135,617 人	0.6%

出典）平成 26 年度学校基本調査より作成

どの割合は、高等学校で約3割を占めており、学校教育における重要な役割を担っている。

[1] 私立学校教員の身分

　私立学校の教員は、公務員としての身分を有しないが、学校法人職員の身分を有しており、その任用権者は、学校法人となる。そのため、公立学校の教員のように、「地方公務員法」や「教育公務員特例法」などは適用されない。しかし、教育基本法の「私立学校の有する公の性質及び学校教育において果たす重要な役割にかんがみ、国及び地方公共団体は、その自主性を尊重しつつ、助成その他の適当な方法によって私立学校教育の振興に努めなければならない」（第8条）などに規定されているように、私立学校も「公の性質」を有する公教育の担い手であるから、その教員はその処遇や身分において公立学校に準ずる場合が少なくない[7]。当然のことながら、私立学校教員の任用資格についても、教員免許状の取得という積極的資格要件と消極的資格要件つまり欠格条項が適用される。

[2] 私立学校教員の労働条件

　私立学校の教員の労働条件は、公立学校の教員の「勤務条件」が、教育公務員特例法、地方公務員法、教職給与特別法や関係条例・規則などによって定められるものとは異なり、各私立学校が労働基準法をはじめとして労働関係法に基づく労働協約や就業規則、労働契約によって定められている。

　そのため、私立学校の教員は、学校法人と労働契約を締結することになる。公務員とは異なり、労働基準法を中心とする各労働法が全面的に適用され、就業規則に基づいて労働条件が定められる。

　労働条件とは、労働者がその使用者に対して労務を提供する場合の賃金、労働時間、休日、休暇、労働安全衛生等に関する諸条件であり、雇用条件ともいう。公務員でいう「勤務条件」に該当するが、学校法人によって、その規定事項は異なるため、あらためて確認する必要がある。

　教員の給与に関しても、教育公務員とは異なる場合が多く、その支給等は学校法人の規定による。たとえば、時間外勤務に関しては、教育公務員と同様に、教職調整額として支給しているところもあるが、時間外勤務手

当という形で支給しているところもあり、私立学校によってその形態は異なっている。

注）

1) 文部科学省「懲戒処分に関する処分基準の作成及び懲戒処分の公表に関する取組状況一覧（教育職員）」2014.
2) わいせつ行為等とは、わいせつ行為およびセクシュアル・ハラスメントを指す。
3) 東京都の場合は、病気休職が90日まで認められ、翌日付けで休職が発令される。
4) 露口健司「第6章 教師の身分・服務と教育法」，篠原清昭編著『教育のための法学──子ども・親の権利を守る教育法』法学シリーズ職場最前線⑤，ミネルヴァ書房，2013.
5) 文部科学省「土曜日の教育活動推進プロジェクト」を参照。
6) 日本教育法学会編『教育法の現代的争点＝Contemporary Issues of the Education Law』法律文化社，2014, p. 211.
7) 牧昌見『要説 教職の基礎・基本──教育入門 "過去を確かめ現状を直視しプロ精神に徹するために"』樹村房，2009, p. 15.

知識を確認しよう

問題
(1) 教員の身分とその特徴について、簡潔に説明しなさい。
(2) 教員の懲戒処分と分限処分の違いを簡潔に説明し、最近の処分をめぐる課題について述べよ。

解答への手がかり
(1) 地方公務員と教育公務員に関係する法令を示しながら、教員の身分の特質を挙げてみよう。
(2) 本章で説明した懲戒処分と分限処分について、それぞれの処分の特徴や種類を簡潔にまとめ、文部科学省の資料やみなさんが教員になることを希望している都道府県のホームページなどを参考に、増加している処分を取り上げて、その理由や問題を考えてみよう。

第 6 章

教員の研修

本章のポイント

　教員の資質能力の形成を期して多くの種類の研修が実施されている。教員研修は、国、都道府県教育委員会、市町村教育委員会等が実施しており、たとえば初任者研修、10 年経験者研修などがある。また、2009（平成 21）年度からは教員免許更新講習が導入され、教員免許状の有効期間が 10 年間となった。

　教員自身の問題意識からさらに専門的知識・技能の修得を目指し、あらゆる機会を活かした研修活動を自己研修という。その過程で「気づき」が体現され、研修力である「気づき力」が育成される。自己申告に基づく絶対評価、勤務評定を可能にする相対評価の併用による教員評価は、教師の資質・能力の向上に役立つとされる。

1 教員の資質能力の形成と研修

A 教員研修の定義

　教員にとって研修は、教育政策・制度や児童生徒、社会状況などの目まぐるしい変化に対応した学習指導や生徒指導などを行うための資質向上に必要不可欠なものである。

　教育公務員特例法（教特法）では、「教育公務員は、その職責を遂行するために、絶えず研究と修養に努めなければならない」（第21条）と規定され、絶え間のない研修（研究と修養）が義務づけられる内容となっている。また、「教育公務員には、研修を受ける機会が与えられなければならない」（第22条）と規定され、権利を付与した内容も明記されている。さらに、「教員は、授業に支障のない限り、本属長の承認を受けて、勤務場所を離れて研修を行うことができる」（第22条第2項）。そして、「教育公務員は、任命権者の定めるところにより、現職のままで、長期にわたる研修を受けることができる」（第22条第3項）とされている。このように、研修の義務と権利を同時に規定する一方で、研修機会の確保を保障する内容となっている。

　こうした規定からは、教員の資質能力の形成・向上のためには、絶えず研究と修養に努める必要があり、そのために研修の機会が保障されていると読み取れる。

　その教員研修は、国、都道府県教育委員会、市町村教育委員会がそれぞれ実施している。また、各ライフステージに応じた資質能力が求められることから、初任者の段階、中堅教員の段階、管理職の段階に分けられている（文部科学省「教員の各ライフステージに応じて求められる資質能力」）。

　以下、研修の形態、実施体系についてみていこう。

B 教員研修の服務上の形態

　教員研修を服務上の形態別に見ると、①職務研修（職務命令による研修）、②職専免研修（職務専念義務の免除による研修）、③自主研修（勤務時間外の自主的な研修）の3つに分けることができる。

　①職務研修は、参加者が職務命令によって職務の一環として参加する研

修であり、命令研修や行政研修ともいわれる。この場合、出張費等の必要経費は行政側が負担する。自己都合や正当な理由なく参加を拒否することはできず、違反した場合は職務命令違反とみなされる場合もある。なお、後述する初任者研修や10年経験者研修は、職務研修の1つとして位置づけられている。

②職専免研修は、前述したように教育公務員特例法で「教員は、授業に支障のない限り、本属長の承認を受けて、勤務場所を離れて研修を行うことができる」（第22条第2項）との規定を根拠とした研修であり、勤務場所を離れて行う研修である。たとえば、夏季休業中の自宅研修や民間教育団体などの研修に参加することが該当する。

③自主研修は、勤務時間外に自主的・自発的に行う研修である。たとえば英会話スクール、映画鑑賞、読書、旅行など、個人によって求めるものが異なるため内容も多様である。

以上の3形態以外にも、校内研修や長期研修、国内の大学院への内地留学、都道府県教員組合が開催する研修などがある。

C 教員研修の実施体系

教員研修の実施体系について、図6-1によって確認してみよう。教員研修の実施者は、①国、②都道府県教育委員会、③市町村教育委員会等の3者となっている。

①国レベルの研修（独立行政法人教員研修センターが実施）は、「各地域で学校教育において中心的な役割を担う校長・教頭等の教職員に対する学校管理研修」として、中堅教員研修、校長・教頭等研修、海外派遣研修（3か月以内、6か月以内）がある。次に「喫緊の重要課題について、地方公共団体が行う研修等の講師や企画・立案等を担う指導者を養成するための研修」として、学校組織マネジメントや国語力向上に向けた教育の推進のための指導者養成研修等、教育課題研修指導者の海外派遣プログラム（2週間）がある。さらに、「地方公共団体の共益的事業として委託等により例外的に実施する研修」として産業教育等の指導者の養成を目的とした研修がある。このように、国レベルの研修は管理職者や指導者、例外的な研修が対象となっている。

138 ■ 第6章 ■ 教員の研修

	1年目	5年目	10年目	15年目	20年目	25年目	30年目

国レベルの研修

- 各地域で学校教育において中心的な役割を担う校長・教頭等の教職員に対する学校管理研修
  - 中堅教員研修
  - 校長・教頭等研修
  - 海外派遣研修（3か月以内、6か月以内）
- 喫緊の重要課題について、地方公共団体が行う研修等の講師や企画・立案等を担う指導者を養成するための研修
  - 学校組織マネジメントや国語力向上に向けた教育の推進のための指導者養成研修等
  - 教育課題研修指導者の海外派遣プログラム（2週間）
- 地方公共団体の共益的事業として委託等により例外的に実施する研修
  - 産業教育等の指導者の養成を目的とした研修

都道府県等教委が実施する研修

- 法定研修
  - 初任者研修
  - 10年経験者研修
- 教職経験に応じた研修
  - 5年経験者研修
  - 20年経験者研修
- 職能に応じた研修
  - 新任教務主任研修
  - 生徒指導主事研修
  - 教頭・校長研修
- 長期派遣研修
  - 民間企業等への長期派遣研修
- 専門的な知識・技術に関する研修
  - 教科指導、生徒指導等に関する専門的研修

市町村教委等

- 市町村教委、学校、教員個人の研修
  - 市町村教委が実施する研修、校内研修、教育研究団体・グループが実施する研修、教員個人の研修

出典）文部科学省「魅力ある教員を求めて」をもとに作成

図6-1　教員研修の実施体系

②都道府県教育委員会が実施する研修は、後述する初任者研修や10年経験者研修などの「法定研修」、5年経験者研修や20年経験者研修などの「教職経験に応じた研修」、生徒指導主事研修や新任教務主任研修、教頭・校長研修などの「職能に応じた研修」、民間企業等への「長期派遣研修」、教科指導、生徒指導等に関する専門的研修などの「専門的な知識・技術に関する研修」がある。このように、都道府県教育委員会が実施する研修は、法律で規定されたものや教職経験や職能に応じたもの、専門的なものとなっている。

③市町村教育委員会等が実施する研修は、「市町村教育委員会が実施する研修、校内研修、教育研究団体・グループが実施する研修、教員個人の研修」のように、「市町村教委、学校、教員個人の研修」が実施されている。

以上のように、教員研修といっても、実施者によってその内容が大きく異なっていることがわかる。

2 さまざまな研修——初任研・10年研修・免許更新講習など

A 初任者研修

初任者研修制度とは、新規採用された公立学校の教員に対して、採用の日から1年間、職務の遂行に必要な事項に関する実践的な研修を任命権者である都道府県教育委員会が実施することを義務づけているものである（教特法第23条）。文部科学省によれば、「実践的指導力と使命感を養うとともに、幅広い知見を得させるため、学級や教科・科目を担当しながらの実践的研修（初任者研修）を行うこと」とされている。任命権者である都道府県教育委員会は指導教員を任命し、指導教員は職務の遂行に必要な事項についての指導・助言を行うものとされている（同条第2項、第3項）。

初任者研修の制度化の経緯は以下の通りである。

① 1978（昭和53）年6月15日　中央教育審議会答申「教員の資質能力の向上について」で初任者研修の実施を提言。

② 1983（昭和58）年11月　教育職員養成審議会答申で次のように初任者研

修の実施を提言。「新任教員については、教員としての自覚と実際的な指導力を高めるため、初任者研修を充実し、できるだけ長期間にわたって実施できるようにするとともに、将来において、採用後1年程度の実地修練を行うという施策を実現するよう努力すること」。

③ 1986（昭和61）年4月　臨時教育審議会第2次答申で初任者研修制度の導入と具体案の検討を提言（条件附採用期間が6か月から1年に延長）。

④ 1986（昭和61）年5月　教育職員養成審議会に諮問。

⑤ 1987（昭和62）年12月　教育職員養成審議会答申「教員の資質能力の向上方策等について」で「初任者研修制度化の創設」を答申。

⑥ 1988（昭和63）年2月　「教育公務員特例法及び地方教育行政の組織及び運営に関する法律の一部を改正する法律案」を第112回国会に提出。

⑦ 1988（昭和63）年5月　可決成立（初任者研修制度創設）。

　以上のような経緯を経て成立した初任者研修は、OJT（On The Job Training；職場内研修）として実施される。その概要は、**表6-1**に見るように校内研修と校外研修とに分けられている。校内研修では、時間数が週10時間以上（年間300時間以上）、指導教員はベテラン教員が担当し、研修例として教師に必要な素養や授業観察を踏まえた指導を行うこととされている。校外研修は、時間数が年間25日以上、研修例として教育センター等での講義や演習、企業や福祉施設、青少年教育施設等での体験や研修とされている。

　次に、初任者研修の実施例を挙げる。ここでは、2015（平成27）年度に山梨県教育委員会が実施した事例を紹介しよう。

表6-1　初任者研修の概要

	時間数	指導教員	研修例
校内研修	週10時間以上 年間300時間以上	ベテラン教員	● 教員に必要な素養等に関する指導 ● 初任者の授業を観察しての指導 ● 授業を初任者に見せての指導
校外研修	年間25日以上		● 教育センター等での講義・演習 ● 企業・福祉施設等での体験 ● 社会奉仕体験や自然体験に関わる研修 ● 青少年教育施設等での宿泊研修

出典）文部科学省ウェブサイトをもとに作成

2 さまざまな研修——初任研・10年研修・免許更新講習など　141

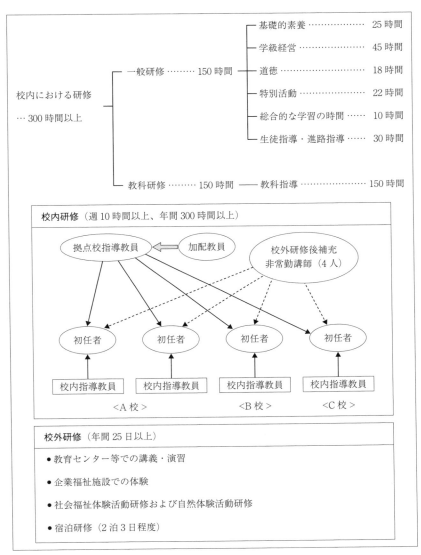

出典）山梨県教育委員会「平成27年度山梨県公立小・中学校教員　初任者研究の手引」をもとに作成

図6-2　初任者研修の実施例

142 ■ 第6章 ■ 教員の研修

　図6-2 に見るように、山梨県教育委員会では「所属校における年間指導計画」作成上の注意点として、表6-1 の文部科学省の「初任者研修の概要」に沿った時間数と内容で校内・校外の研修を実施していることが確認できる。校内研修の 300 時間を一般研修で基礎的素養や学級経営などの指導項目で 150 時間、教科研修で 150 時間というように、指導項目ごとに詳細に時間を設定している。

　研修形態についても、表6-1 の文部科学省の「概要」に沿って作成しており、とりわけ校内研修の指導教員についての詳細な指導体制を構築していることがわかる。

B　10年経験者研修

　10 年経験者研修は、公立学校教諭等のうち在職期間が 10 年に達した者を対象として都道府県等教育委員会が行うものである。その内容は、「個々の能力、適性等に応じて、教諭等としての資質の向上を図るために必要な事項に関する研修を実施しなければならない」（教特法第 24 条）と規定され、2003（平成 15）年度から実施されている。任命権者は 10 年経験者研修の実施に当たり、受講者の能力や適性等についての評価を行い、その結果にもとづいて当該者ごとに計画書を作成する必要がある。

　この研修の制度化の経緯は、まず 2002（平成 14）年 2 月の中央教育審議会答申「今後の教員免許制度の在り方について」であった。この答申では、「教員免許更新制の可能性の検討」の中で「なお慎重にならざるを得ないと考える」として教員免許更新制を見送った。その代わりに提言されたのが「教員の資質向上に向けての提案」の中で示された「新たな教職 10 年を経過した教員に対する研修の構築」としての 10 年経験者研修であった。

　この答申では、10 年経験者研修の内容について、「従来型の研修とは内容を異にする」としている。具体的な研修の内容は、「教員のニーズに応じて決められるもの」や「時代の変化に対応したもの」、研修のプログラムは、期間・内容が「相当多様なものになり得ること」、研修センターで開設されるものだけでなく、「大学・大学院等の授業や民間組織等の研修コースも活用し、多彩であり、かつ選択の幅も考慮できるもの」との提言がなされている。

2　さまざまな研修——初任研・10年研修・免許更新講習など　■ 143

```
┌─────────────────────────────────────────────────────────────┐
│            能力・適性等の評価・研修計画書の作成                  │
├─────────────────────────────────────────────────────────────┤
│                                                               │
│ ○教育委員会は、評価基準を作成する                              │
│ ○校長は、研修対象者の教科指導・生徒指導の状況等をもとに評価を行う（教頭、教務主任、 │
│ 　ベテラン教員を活用して、また、指導主事の協力を得つつ実施）      │
│ ○校長は、評価案および個々の能力や適性等に応じた研修計画書案を作成し、教育委員会 │
│ 　に提出する（研修対象者の自己評価や研修への意見・希望を活用）     │
│ ○教育委員会は、評価案および研修計画書案を調整し、決定する         │
│                                                               │
└─────────────────────────────────────────────────────────────┘
```

```
┌─────────────────────────────────────────────────────────────┐
│                        研修の実施                              │
├─────────────────────────────────────────────────────────────┤
│ ┌───────────────────────┐  ┌───────────────────────┐         │
│ │ 長期休業期間中の研修    │  │ 課業期間中の研修        │         │
│ │   日数：年間 20 日程度  │  │   日数：年間 20 日程度  │         │
│ │   場所：教育センター等  │  │   場所：主として学校内  │         │
│ │   講師：ベテラン教師、  │  │     指導・助言：校長、教頭、│      │
│ │       指導主事等        │  │         教務主任等      │         │
│ │   内容：教科指導、生徒指導、適性に応 │ │   内容：研究授業、教材研究等 │    │
│ │       じた得意分野づくり等 │  │                       │         │
│ └───────────────────────┘  └───────────────────────┘         │
└─────────────────────────────────────────────────────────────┘
```

```
┌─────────────────────────────────────────────────────────────┐
│                        研修結果の評価                          │
├─────────────────────────────────────────────────────────────┤
│                                                               │
│ ○校長は、研修対象者の教科指導・生徒指導等の状況等をもとに評価を行い、その結果等 │
│ 　を教育委員会に報告する                                        │
│ ○教育委員会は、評価結果を、研修対象者の今後の指導や研修に活用していく │
│                                                               │
└─────────────────────────────────────────────────────────────┘
```

出典）文部科学省ウェブサイトをもとに作成

図 6-3　10 年経験者研修の流れ

　10 年経験者研修の流れとしては、図 6-3 に見るように、まず教育委員会と校長による「能力・適性等の評価・研修計画書の作成」がある。次に「研修の実施」、具体的には年間 20 日程度の「長期休業期間中の研修」（教科指導、生徒指導、適性に応じた得意分野づくり等）と同じく年間 20 日程度の「課業期間中の研修」（研究授業、教材研究等）を行う。最後に「研修成果の評価」と

144 ■ 第6章 ■ 教員の研修

して、校長が研修対象者の評価を行い、その結果等を教育委員会に報告する。教育委員会では校長からの評価結果を受けて、研修対象者に対する今後の指導・研修に活用する。

C 教員免許更新制

　教員免許更新制は、2007（平成19）年6月の教育職員免許法改正、2008（平成20）年度の試行期間を経て、2009（平成21）年4月1日から導入された。簡単にいえば、教員免許状に10年間の有効期限が規定されたということである。文部科学省によれば、その目的は「その時々で教員として必要な資質能力が保持されるよう、定期的に最新の知識技能を身につけることで、教員が自信と誇りを持って教壇に立ち、社会の尊敬と信頼を得ることを目指すもの」とされている。

　基本的な制度設計は、原則として教員免許状の有効期限満了日（修了確認期限）の2年2か月から2か月前までの2年間に、大学等が開設する30時間以上の免許状更新講習を受講・修了した後、その旨を免許管理者である都道府県教育委員会に申請しなければならないとされている。

　内容は、導入当初は「必修領域」12時間以上と「選択領域」18時間以上であったが、2014（平成26）年10月の「免許状更新講習における選択必修領域の導入について（通知）」によって、2016（平成28）年度から一部変更され、新たに「選択必修領域」が加えられた。その理由を同通知によって確認すると、改正前の必修領域は、内容が広範にわたる、受講者の希望やニーズに合致しづらい、受講者の学校種や免許種等に応じた講習が適時に提供される必要がある、などの指摘がなされたことによるという。「見直し前」と「見直し後」の内容は、表6-2のとおりである。

　なお、更新講習の開設に当たっては、受講しやすいように長期休業期間中や土日の開講を基本としつつ、「通信・インターネットや放送による形態」なども認められている。

表6-2 教員免許更新講習の内容（見直し前と見直し後）

2015年度までの内容（見直し前）

〈必修領域〉 教職についての省察並びに子どもの変化、教育政策の動向及び学校の内外における連携協力についての理解に関する事項（12時間）
- ◆学校を巡る近年の状況の変化
- ◎教員としての子ども観、教育観等についての省察
- ◎子どもの発達に関する脳科学、心理学等における最新の知見
  （特別支援教育に関するものを含む。）
- ◎子どもの生活の変化を踏まえた課題
- ◆学習指導要領の改定の動向等
- ◆法令改正及び国の審議会の状況等
- ■様々な問題に対する組織的対応の必要性
- ■学校における危機管理上の課題

〈選択領域〉 教科指導、生徒指導その他教育の充実に関する事項（18時間）

2016年度からの内容（見直し後）

〈必修領域〉 全ての受講者が受講する領域 【6時間】	☆国の教育政策や世界の教育の動向 　（◆の内容から抽出して構成） ◎教員としての子ども観、教育観等についての省察 ◎子どもの発達に関する脳科学、心理学等における最新の知見 　（特別支援教育に関するものを含む。） ◎子どもの生活の変化を踏まえた課題	
〈選択必修領域〉 受講者が所有する免許状の種類、勤務する学校の種類又は教育職員としての経験に応じ、選択して受講する領域 【6時間】	◆学校を巡る近年の状況の変化 ◆学習指導要領の改訂の動向等 ◆法令改正及び国の審議会の状況等 ■様々な問題に対する組織的対応の必要性 ■学校における危機管理上の課題	2015年度までの必修領域から位置付け変更
	○教育相談（いじめ・不登校への対応を含む。） ○進路指導及びキャリア教育 ○学校、家庭並びに地域の連携及び協働 ○道徳教育 ○英語教育 ○国際理解及び異文化理解教育 ○教育の情報化（情報通信技術を利用した指導及び情報教育（情報モラルを含む。）等）	現代的な教育課題として、選択必修領域に位置付け
〈選択領域〉 受講者が任意に選択して受講する領域 【18時間】	幼児、児童又は生徒に対する教科指導及び生徒指導上の課題 ※事項の定めなし。ただし、旧免許状所持者においては、その者の職（教諭、養護教諭又は栄養教諭の職）に応じた講習を受講する必要がある。また、新免許状所持者においては、その免許状の種類（教諭、養護教諭、又は栄養教諭免許状）に応じた講習を受講する必要があることは従前のとおり。	

出典）文部科学省ウェブサイトをもとに作成

コラム　教員免許更新制の存廃をめぐる迷走

　教員免許更新制の導入に際しては、10 年経験者講習との重複を理由とする反対意見も根強かった。加えて、具体的導入検討時には「不適格教員」や「指導力不足教員」の排除を目的とする議論がみられたことも反対意見の根拠となっていた（文部科学省は現在、教員免許更新制の目的を「最新の知識技能を身に付ける」こととしたうえで、「※不適格教員の排除を目的としたものではありません」とわざわざ補足している）。

　こうした経緯を経て 2009（平成 21）年 4 月から教員免許更新制が導入されたわけだが、同年 9 月、第 45 回衆議院議員総選挙で自民党が大敗し民主党が社会民主党と国民新党との連立政権を樹立した。民主党は、マニフェストで明記していたように、教員免許更新制の抜本的見直しを行って廃止の方向に進めるはずであった。ところが、抜本的見直しが進展しないまま迎えた 2012（平成 24）年 12 月の第 46 回衆議院議員総選挙で民主党が大敗し、自民党と公明党の連立政権が誕生したことにより、この制度は継続することとなって現在に至っている。

　明治以降、この国の教育改革は政治的影響を色濃く反映してきたし、それは現在でも同様である。しかし、「国家百年の計」といわれる教育が、政治的な都合でコロコロ変わったり、偏ったものになってしまうことで一番被害を受けるのは子どもたちであり、その先「百年」の社会である。

　教育を何とかよりよいものにしようという「正義感」が、教育改革の根本にはある。しかし、こうした「正義感」は、主導する人々や時代状況によっては非常に危険な「凶器」になり得ることを私たちは先の大戦で学んだはずである。私たちはこうした歴史的経験を決して忘れてはいけないし、2 度と繰り返してはいけない。

3　自己研修

A　自己研修の経緯

　1999（平成11）12月の第3次答申で教育職員養成審議会は、「個々の教員の自発的・主体的な研修意欲に基づいた研修を奨励し、そのための支援体制の整備を図ること」を示唆し、それまでの「受ける研修」から自主的研修への転換が期待された。これを受け各教育委員会による研修内容、校内研修、国が企画する研修、民間教育研究所での研修など、その内容が多様化し機会も拡大した。

　しかし一方で、夏季休暇期間中の勤務時間内校外研修の取得が一段と困難になり、10年研修、初任者研修が法制化され、さらに免許更新が制度化されていった。この流れは、教育職員養成審議会が強調した自発的・主体的な研修意欲に基づいた研修の促進というよりは、逆に「研修は受けるもの」という考え方を定着させてしまった[1]。

　そのため、2012（平成24）年、中央教育審議会は答申『教職生活の全体を通じた教員の資質能力の総合的な向上方策について』の中で、教育現状を把握・分析し、高度な実践知を創造する研究能力と自己の成長を促す修養を再度謳い、そのための環境整備の充実を示唆することになった。

B　2012年中央教育審議会に見る自己研修のあり方

　2012（平成24）年答申は、教育現状の問題把握・分析・解決には、教員が自主的に問題解決に取り組むこととチームとしての力を発揮することが重要であるとし、自己研修のあり方を説明している。答申は、日本の教員の伝統的な自己研鑽の意欲の高さを指摘し、校外・校内の自主的活動の一層の活性化を促した。また、従来から実践知を蓄積してきた協働性による「授業研究」などの教員の努力を認め、「学び続ける教師像」を強調した。自己研修は、学校内の活性化を促す自主的、自発的に参加する研修という意味合いが強いことから、「職務専念義務免除を受けての校外での研修や勤務時間外の研修の主要な場面」であると捉えられた[2]。

　しかし、自己研修を学校活性化の起爆剤と捉えるなら、むしろ、第1節

で述べた上司の命令によって職務として参加する「職務研修」、勤務時間外に自主的に行う「自主研修」、校長の承認を得て、勤務校を離れ参加する「職専免研修」など従来から実施されている研修の見方を、自己啓発の機会として積極的に捉え直すことも必要ではないだろうか。すなわち、研修形態が命令研修であっても、その内容が自己啓発に寄与すると自身が認識できるのであれば「自主研修」の場面にもなる。研修の実施場所や誰が実施するかというよりはむしろ、研修に参加する、あるいは研修する主体である教員自身が問題意識を持ち実践知の改善を欲する強い意志で研修に臨むならば、それは自己研修になり得るのではないかと考えられる。

　つまり、「自己研修」は、自己の専門性を向上させるために、必要な知識の獲得、技能の洗練・改善を行う一連の知的活動であり、自発的、任意的動機に基づく活動であるといえる。ある意味では、研修を、研修を実施する側の目線ではなく、研修する主体（教員）の目線から、定義し直したものが自己研修である。この考え方は、各教員のライフコースのステージに照らしても、教員個々のニーズに従って研修する可能性を高めるとともに、自己の内面や価値観、資質・能力の精査・改善・向上を可能にすると考えられる。

C　自己研修の機会

　研修実施体が、文部科学省、教育委員会や学校であっても、教員自身の資質・能力向上に有益であると思われる内容を持つ研修は、自己研修の一端を担うと考えられるが、その他にも、教員個人で自己の課題を研修したり、共通の課題をグループで研修する場合も重要な自己研修の場であるといえる。たとえば、2012（平成24）年の中央教育審議会答申は、自己研修に役立つ研修として、校内研修、教育委員会や教育センターによる研修、教育委員会・学校・大学連携の合同研修、教職大学院や教育関連の大学院での研修、教材研究や授業研究など教員が自主的に行う研修、NPOや民間企業による研修を挙げている。教職員、父母・保護者、教育学およびその他の専門分野の研究者によって構成されている民間教育研究団体も自己研修の機会を提供している。これらの団体の中には「行政からも、一定の協力関係をもちながらもやはり教職員組合からも独立して、自主的に組織され

た研究サークル」もある[3]。

D　自己研修を可能にする能力

　自己研修を可能にする能力とはどのようなものだろうか。自己啓発を継続的に行うことができ、反省的考察（省察）能力を継続的に発展させる教師の姿から、その一側面を考察してみよう。坂本らは、「自己研修型教師」の省察の過程での「気づき」と「崩れ」の重要性を指摘する。ある教師の対話的援助の場面の例からこの過程を考察してみよう。

　「書いていて思うんですけど、どんなに考えて書いても、僕が（リフレクション〔省察〕を）書いている時は、僕は僕のカラーの中でしか書けないんですよね。で、似たようなフレーズが何回も出てくるし、言い方を変えているけど、言っていることは似ていて、そこをぐるぐるまわっているところから抜け出せないところがある。それをこうやってせっかくみんなが集まれた時に、違う人に全然違う視点からいってもらったりね。全く別のものの見方とか〔が提示されて〕はっとなるのはいいことだと思う。いい意味で自分が考えていることを、「がしゃーん！」と崩されるような発言もきっとあるかもしれないですね。でも、そこが「あ、ほんまや（＝ほんとうだ）」というのにつながっていくと思うし、研修力と言うか「気づき力」と言うか、成長するかもしれない」[4]。

[1] 省察の入口としての「気づき」

　上記の引用を「気づき」の側面から考察すると、まず、当該教師は、省察を綴ろうとするけれど、書いたものを読むと似た言い回しを何回も繰り返していることに気づく。言い方を変えてはみるものの、自身の同じような思考に気づき、省察の難しさに気づく。筆者の経験でも、学生に省察の練習としてジャーナルを適時書くことを求めるが、実際1人で省察を記述することは、引用に見るように容易ではない。直面した問題が本人にとってはっきりしていても、文脈を踏まえ文字に置き換えることは訓練を要する。そのとき、異なる視点で自身の行動・思考について言ってくれる人がいれば、これから抜け出すことができ、自身で見えなかったものが見える可能性が出てくると当該教師は考えている。

[2] 「崩れ」の克服

　当該教師は、ただ、1つ心配なことがあるようである。仲間と集まった時、自身の省察目的で、仲間に意見を求めたら、自分の行動や考えに対して否定的な意見が出るかもしれない。ひょっとして、それまで確固としていたものが内側から「崩される」かもしれないと考えている。どう受け止めてよいのか不安である思いが脳裏をよぎったのかもしれない。当該教師は、気持ちを取り戻し、「そこが『あ、ほんまや（＝ほんとうだ）』というのにつながっていく」と建設的に捉え、それが「研修力」あるいは「気づき力」であり、この能力によって成長すると考えている。

　つまり、「気づき」が生じ、今まで確固としてきたものが不安定になる。この状態は、他者との対話の中で、不安定な状態がより具体化され、それまで本人を支えていた価値観、心情、信念などが挑戦を受けることになる。この心的状態を「壊される」と表現している。

　実は、この「壊される」かもしれないという不安定な状態を適切に乗り越えることが、「気づき」を単なる現象に終わらせるのか、「気づき力」という能力に成長させるのかの境目である。この不安定な状態のときに、建設的な意見を媒介として対話がなされるなら、敵対的な感情のやり取りは解消され、対話者の間に信頼の心が生まれ、「気づき力」の育成に繋がるのではないかと考えられる。つまり、気づき力とは、「新しい視点を持って教室の出来事を見ることで、これまで見えなかった現象が可視化され、その出来事と向き合う姿勢へとつながる力量」であるといえる[5]。

[3] 「気づき力」の育成

　筆者が実施した省察ラーニングの研修の経験を踏まえ、気づきの過程をもう少し具体的に考察してみよう。まず、授業中に心に強く残った出来事を可能な限り詳細に綴る。自身の行動、考え、気持ちの動き、生徒の行動、発言、態度などを綴る。これは、自身の行動や発言、感情の変化に気を留め、何が自身に起きたのか、起きているのかを振り返るためである。その過程で自己の価値観や行動形態を認識することができる。その際に授業観察に参加してくれた実習生仲間、大学指導教員、学校の指導担任教員に対話への参加を求める。対話では、失敗や欠点を否定的材料としてでなく、

改善のための肯定的材料と捉え、建設的意見を交換し合い自己の成長に役立てる。最後に、はっと思いつく、あるいは、瞬時に頭を過る「気づき」の瞬間を体現する。

気づきの過程は、気づきの重要性を理解し、「気づき力」は訓練によって開眼する能力であることを経験する過程であるといえる。

また、「気づき力」の育成プロセスは、互いの意見を建設的に見直していくプロセスであるという共通認識に根ざした信頼関係の構築が不可欠である。少なくとも、この方向で対話が行われるなら、個々の「気づき力」を訓練しているという認識を対話者と共有することができると考えられる。

F 「気づき力」を高める教育実習

教師自身をさらに向上させる原動力である「気づき力」、「自己開発能力」を育成する場としての教育実習の可能性が指摘されている。つまり、模擬授業の準備・実施を繰り返し、他者の授業を観察・分析し、自身の授業後に自主的に自由に省察する過程を通して「気づき力」、「自己開発能力」を向上させることができる。

この過程では、授業後の「振り返りの活動」が最も重要であるとされる。たとえば、教育実習生の1人は、授業終了後「実習を終えて自分の授業を振り返ることがなかったらわからなかったと思う」と前置きし、「既習事項を確認することの重要性が理解できた」と自己の「気づき」に言及している。この点について「学習者からの反応を得て初めて、どんな事項を確認しなければならないのかが具体的に理解できたことがわかる」[6]。

4 教員評価

A 背景

教員の勤務評定は1950年代半ばには制度化されたが、強い反対運動があったことから、勤務評定を人事に反映しない慣行が一般化し、勤務評定が形骸化しているところも少なくなかった[7]。2000（平成12）年12月、教育

152 ■ 第6章 ■ 教員の研修

改革国民会議は「教育を変える17の提案」を示したが、その1つが教師の意欲や努力が報われる評価体制についての提案であった。既に進行中の公務員改革について、翌年12月に、「公務員制度改革大綱」が閣議決定され、成果主義に基づく賃金体系の導入、能力評価と業績評価に基づく勤務評価制度の導入が現実化していった。

また、2002（平成14）年中央教育審議会は、信頼される学校づくりを目的とした学校評価、教員評価を「今後の教員免許状の在り方について」の答申の中で謳った。新しい教員評価は、「教員がその資質能力を向上させながら、それを最大限に発揮するためには、教員一人一人の能力や実績等が適正に評価され、それが配慮や処遇、研修等に適切に結び付けられることが必要である」とした。答申は「能力評価」、「業績評価」と「意欲・努力」からなる勤務評定制度の導入を示唆したのである。

これを受けて、文部科学省は2006（平成18）年に本格的導入を目指すこととなった。現在、優秀教員の表彰制度、公募制やFA制の導入なども行われている。しかし、評価結果の本人への開示、被評価者からの不服申し立てへの迅速な対応、評価者の訓練など課題も残る[8]。

B　現在の教員評価の特徴

2012（平成24）年の中央教育審議会答申は、教員評価による教員の専門的力量が改善され、その総体が学校づくりに役立ち、生徒の発展向上に結びつくという考え方を前提とする。また、教員評価制度改革が公務員改革の一部であることを考慮すれば、教員評価は、基本的に2つの目的があると言える。第1に、信頼される学校づくり、学校改善のための学校評価の基礎となる教員の評価であり、教員の資質能力の向上を目的する（図6-4参照）。第2に、教員評価の結果を公務員制度の勤務評定と結びつけ処遇や人事考課に活用することである。

旧来の勤務評定との比較において、新しい教員評価の特徴として次の4点を挙げることができる。すなわち、①業績評価を中心にした旧勤務評定に対し、「能力開発」と「業績評価」を目的としている。②被評価者の主体性を重視し自己申告による自己評価を重視している。③自己評価の評価項目は「能力」、「実績」、「意欲」に基づくとし絶対評価を導入した。④自己

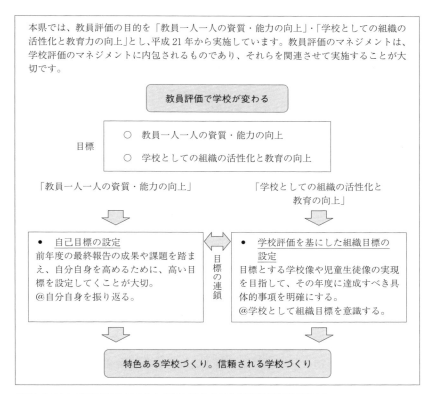

出典）「新しい教員評価の手引き」（平成 27 年 2 月改定茨城県教育委員会）

図 6-4　教員評価と学校づくりとの関係

申告による絶対評価の結果を、処遇・待遇と連動させるために相対評価を導入した[9]。

　絶対評価方式は、学校現場で優劣を競うような同僚関係を回避し協働性の改善に役立つとも考えられる。しかし一方で、絶対評価をそのまま処遇に反映させることは組織全体のバランスの面から困難である。その結果、部局間〔学校間：筆者注〕で絶対評価の相対化を行うことが望ましいことになる。つまり、処遇に反映させるために、被評価者全体の評価結果を相対的に判断できる評価の導入が求められたのである[10]。

154 ■ 第6章 ■ 教員の研修

能力評価	業績評価	その他の評価
	岩手県、山形県、佐賀県、沖縄県 （4）	
北海道、福島県、茨城県、栃木県、群馬県、長野県、三重県、兵庫県、和歌山県、島根県、岡山県、徳島県、香川県、福岡県、長崎県、熊本県、宮崎県、鹿児島県、札幌市、横浜市、浜松市、神戸市、岡山市、北九州市、福岡市 （計25）		秋田県、埼玉県、さいたま市、東京都、愛媛県、千葉市、大分県（計7）
能力評価、業績評価、その他の評価		
【意欲】青森県、神奈川県、新潟県、富山県、石川県、福井県、山梨県、静岡県、　　　　滋賀県、京都府、奈良県、鳥取県、山口県、仙台市、川崎市、相模原市、　　　　新潟市、名古屋市、京都市、静岡市。 【勤務実績を給与へ反映させるため、勤務評定に準じて、勤務成績の証明（管理職）】　　　　広島県、広島市。 【業績評価、能力評価に基づく総合評価】大阪府、大阪市、堺市、千葉県。 【昇給に係る勤務状況報告】宮城県。【職務の状況評価】愛知県。 【意欲や態度の評価】高知県。【意欲、態度の評価、総合評価】岐阜県。 ＊【　】は[その他の評価]の中身である（計30）		

出典）頼羿廷「日本における新教員評価システムの取組に関する考察」『東北大学大学院教育学研
　　　究科研究年報』第61集第1号，2012，p. 212.

図6-5　能力評価・業績評価・その他の評価

C　教員評価の実施状況

　文部科学省は2010（平成22）年4月1日時点の教員評価システムの取組
み状況を、47都道府県と19指令都市の公立小中高教諭を対象に「能力評
価」、「業績評価」、「その他の評価」の3つの実施方法について調査を行っ
た。図6-5が示すように、能力評価、業績評価、その他の評価を併用して
いる都道府県、指定都市は最多の30団体にのぼる。「その他の評価」の表
現は各々異なって見えるが、全体的に教員を評価していくと職務遂行の取
組み姿勢は必ず入ってくる。それは「意欲」と見なすことができる。した
がって、「その他の評価」の内容は、実質的には「意欲」と同質のものであ
ると考えられる。

　2番目に多い組合せは、25団体が回答している「能力評価」と「業績評
価」の組合せである。これは、評価対象を限定した自己目標を達成する過
程での具体的行動に集約し、能力と業績のみを客観的に評価する方法であ
る。この実施方法は、「その他の評価」領域で捉えられる能力・業績を評価
の対象としないということではなく、むしろ教員の目標の遂行状況と課題

の把握に焦点化することで教員の資質向上と学校の活性化を果たすと考えられ、教員の行動に着目して評価を行うしくみであるといえる[11]。

さらに、文部科学省が2011（平成23）年に公表した『教員評価システムの取組状況：その2』をもとにした評価結果の活用領域に関する分析も報告されている。教員の資質向上領域では、人材育成・能力開発・資質向上に活用した県・指定都市が最多で56、研修は23、表彰は19であった。また、学校の活性化領域では、配置転換は19、昇任は23、降任・免職は6であった。メリハリのある教員給与の領域では、昇給・降給は25の教育委員会で、勤務手当は20の自治体が評価を利用していた[12]。

D　教員評価の年間プロセス

全国的に実施される教員評価は一般的に次のような流れである。①校長により年度当初に学校の組織目標が設定される。②教員はこの組織目標を踏まえて自己目標の設定を行い、それに対して管理職との面接・フィードバックを行う。③その後も適時、定期的な自己点検・複数の管理職との面談・フィードバックを行う。④年度末に近い時期に管理職が最終評価を教育委員会に報告する。⑤最終的には、教育委員会のもと、人員配置、昇格、給与といった人事考課へ反映する[13]。評価結果をどの程度人事考課に反映させるかは、前述したように各自治体の直面している状況による。

E　教員評価の意義

実際に教員評価を実行している評価者である校長、被評価者である教員に、一連の評価活動はどのような意味をもたらしているのだろうか。2009（平成21）年に宮崎県で実施された校長への聞き取り調査結果の一部からこの点を考えてみる。

対話は、面接者が他者からの聞き取りでも、評価する側（校長・教頭）と評価される側（教員）とのギャップがあり、気分を害したら悪いと思ったり、言いづらいところが出てきて、校長の考えを思ったように言えなかった場合があったとD校長に話すところから次のように始まる。

D校長　だから、だからこそ日ごろが大事ですよ。日頃から少しずつ言っ

ておけば、その時いきなり言い渡せば誰でも気分を害しますね。やっぱり日頃から、もうそういうことは見えているわけですから。そこが大事だなと今回つくづく思いました。突然、「いや、あなたはCです」なんて言われたら、それはやる気をなくしますから。「前から申し上げているように、ここのところはこうですよね」というような感じですよね。

——そういう場合はどうなさるのですか。

D校長　これはその人のキャリアアップを図るための職能の行動評価なんだから、先生が一生懸命やっておられることはもう百も承知だと。それは非常に評価していると。ただ、職能についてはまだこういうところが足りませんねというこですよね。そこのところはかんで含めるように言わないと、何かこう、非常にこう、「私をそういうふうに見ているのか」というふうに誤解するふしはあったですね、今年経験してみてね。

——誤解というと、たとえばどういう、具体的には。

D校長　だからCとかつけられると、やっぱりいい気持ちはしませんでしょう。

——ええ。

D校長　だから、何かまじめにやっていないようなぐらいに思われているようなふしもあったから、そこを「一生懸命やっていただいています」と。ただ、ここのところを。そこを……。だから説明したら納得されるんですね。納得されるけれども、やっぱりそこのところが難しいなと。日ごろの人間関係を作っておかないと、かえってこれはやる気をなくさせたりするなということは感じたね。

——逆にフィードバックがあるから、前もって日ごろのやり取りをきちんとしておこうという、そういう意識もあったんでしょうか。

D校長　ああ、もちろんそうです。それを一層思いました。こんなのはもう日ごろやっておくべきことで、こういうときにぽんとやることじゃないと」[14]。

　この対話から、教員評価には、評価者と被評価者が日頃からコミュニケーションをとり、評価者は被評価者の活動を把握しておくことが不可欠であることがわかる。評価はあくまでも専門的職能の向上が目的であり、総体としての個人を評価対象にしないという意識を日頃から両者が共有する

4 教員評価 157

資質と能力	内容	外からの観察・評価	個別的・普遍的状況的
能力 ↕ 資質	A 勤務校での問題解決と、課題達成の技術 B 教科指導・生徒指導の知識・技術 C 学級・学校マネジメントの知識・技術 D 子ども・保護者・同僚との対人関係力 E 授業観・子ども観・教育観の錬磨 F 教職自己成長に向けた研究心	易 ↕ 難	個別的 ↕ 普遍的

出典) 今津孝次郎『教師が育つ条件』岩波新書, 岩波書店, 2012 年, p. 64.

図 6-6　資質・能力の層構成

必要がある。ある意味で、教員評価は、職能発達の観点から、評価者と被評価者が互いを見直し、相互理解を深めるプロセスであるともいえる。

F　教員評価への準備

　学校現場では、自己評価に基づく教員評価への参加は、教師の専門性向上の観点からも必要条件となっている。したがって、教師志望の学生は、教職課程履修中に、教員評価に向き合う積極的姿勢を身につけておくことが重要である。

　まず評価に対する正しい理解が必要である。評価は、査定に見るように、査定者が一方的に判断するようなものではなく、自身による評価と他者による評価から判断されるものであり、その判断基準の多くは自己申告による。したがって、評価の正しい認識と他者による評価を受け止める姿勢の育成が重要である[15]。

　そのためにも、自身が伸ばそうとしている資質・能力を適切に理解しておくことも教員評価を正しく理解するうえで欠かせない。この点を、「資質・能力の層構成」（図 6-6）を手がかりに考えてみたい。

　A から F に向かうほど「資質」的側面が強くなり、逆に F から A に向かうほど「能力」的側面が強くなるという。A から F への順序は外から観察・評価しやすい層から観察しにくい層へという配列でもある。

　教員養成や現職研修では B と C に力点が置かれている。しかし、D から F が不十分だと、B と C が一定の水準に達していたとしても、これらの

能力は十分に活かされない。その結果、Aの問題解決能力が発揮できない可能性もある。さらに、「教育への情熱」はAからFすべてに関わり、とりわけF（探究心）と一体になる性質である。

　教師志望者は教職課程履修中にクラブやサークルに積極的に取組むことで、対人関係力、子ども観や教育観、研究心がどのようなものであるか、客観視できる能力を身につけることも将来の教員評価の理解を深めることに繋がると考えられる。

注)

1) 久保富三夫『「学び続ける教員像」への期待と危惧』日本教師教育学会年報編集委員会編『日本教師教育学会年報』特集 教師教育の自律性—中教審答申（2012/8/28）を視野にいれながら，第22号，日本教師教育学会，2013，p. 45.
2) 三村和則「第7章　教師の採用と研修」大庭茂美・赤星晋作編『学校教師の探究』学文社，2001，pp. 131-132.
3) 三村・前掲出注2）p. 131.
4) 坂本南美・棟安都代子・神原克典・安川佳子・吉田達弘『「自己研修型英語教師」を育てる研修会のあり方に関する研究』兵庫教育大学言語表現学会編『言語表現研究』第31，兵庫教育大学言語表現学会，2015，p. 19.
5) 坂本ら・前掲出注4）.
6) 松崎千香子「自己研修型教師の養成を目指した実習指導」『甲南女子大学研究紀要』40号，2004，p. 16, p. 19.
7) 北神正行「第7章　学校教師の勤務と職能成長（1）——組織のなかの教師」岩田康之・高野和子編『教職論』教師教育テキストシリーズ2，学文社，2012，p. 140.
8) 住岡敏弘「第9章　教員評価」赤星普作編『新教職概論』学文社，改訂版；2014，p. 156-158.
9) 苅谷剛彦・諸田裕子・妹尾渉・金子真理子『教員評価——検証地方分権化時代の教育改革』岩波ブックレット No. 752，岩波書店，2009，p. 8.
10) 西尾明子「公務員の人事評価の活用について——民間企業との比較をもとに」『Best Value』価値総合研究所，Vol. 21；2009，p. 3.
　　http://www.vmi.co.jp/info/bestvalue/pdf/bv21/bv21_05. pdf
11) 頼羿廷「日本における新教員評価システムの取組に関する考察」『東北大学大学院教育学研究科研究年報』第61集第1号，2012，p. 212.
12) 頼・前掲出注11），p. 222.
13) 苅谷ら前掲出注9），p. 7-8
14) 同上，p. 35-36.
15) 今津幸次郎『教師が育つ条件』岩波新書，岩波書店，2012，p. 174.

知識を確認しよう ■ 159

知識を確認しよう
・・・・・・・・・・・・・・・・・・・・・・・・・・・・・・

問題
(1) 教員研修の定義について、簡潔に説明しなさい。
(2) 初任者研修の内容について、簡潔に説明しなさい。
(3) 10年経験者研修と教員免許更新講習の関係性について、簡潔に説明しなさい。
(4) 教員の職能発展にとって不可欠な自己開発能力の向上は自己研修を可能にする。この能力を伸ばすには、どのように教育実習やその準備に取り組めばよいだろうか。
(5) 教員評価は、教員の職能発展にどのような役割を果たすのだろうか。教員の立場から評価の意味を考えてみよう。

解答への手がかり
(1) 教育公務員特例法第21条・同第22条を参照すること。
(2) 「表6-1 初任者研修の概要」を参照すること。
(3) 10年経験者研修の現状と教員免許更新講習の導入過程に関する記述を理解すること。
(4) 「気づき力」に注目し考えてみよう。
(5) なぜ、自己申告、絶対評価、相対評価が導入されているのか考えてみよう。

第 7 章

教職への進路

本章のポイント

　教職への進路について具体的イメージを持てるよう、教員の勤務実態や、教員としての力量形成の課題、教員採用試験合格への道など、進路選択に資する各種の情報を提示した。

　現在、日本の教員は、授業以外に生徒指導や事務的業務など多様な仕事を担いながら、国際的にみても特異な長時間勤務を行っている。こうした中、仕事か家族かといったワーク・ライフ・バランスの問題や、精神疾患による休職者の増加などメンタルヘルスの問題が生じている。

　一方、教員が専門職として力量を形成するうえで学校という場が重要であることを諸研究が指摘している。教職生活全体を通じて成長していけるような資質・能力を学生時代から培っていくことが課題となる。

1 教師という仕事とそのやりがいの追求

A やりがいの源泉

[1] 教員にとってのやりがい

　教員を目指す皆さんは、教職にどのようなやりがいを思い描いているだろうか。教職は、子どもの成長に寄り添い、さまざまな子どもたちがそれぞれに幸福な人生を送っていく手助けをする仕事である。また、それは健全な社会の形成と発展に寄与することにもなる。このうちのどこに力点を置くかは別として、おおむねこうした仕事のやりがいをイメージしているのではないだろうか。

　教員の「やりがい感」は一般に、①労働待遇への満足感、②子どもとの関わりと職場環境への満足感、③対外的な評価への満足感、④働く内容への満足感の4つに分類できる。これらは、それぞれの教員の価値観によって重視する部分が異なり、さらにそれぞれの領域が重なり合いながら、個々の教員の「やりがい感」が形成されている。

　教職は、生徒にとってもその家族にとっても、また社会にとっても重要で責任のある仕事であることから、社会から寄せられる期待も高い。それだけに、戦前に広く伝播していた教師聖職者論は、現代社会にも個々の教員の思考にも、いまだに色濃く残っている。

[2] 子どもの視線から教員のやりがいを読み解く

　ベネッセ教育総合研究所（2015）は、小・中・高校の各最高学年の子どもを対象に「教員のイメージに関する子どもの意識調査」を行った。「『学校の先生』の仕事はどんな仕事だと思いますか」という質問について、「忙しい」、「子どものためになる」、「苦労が多い」、「責任が重い」、「世の中のためになる」という回答が80パーセントを超えている。「尊敬している先生がいますか」という問いには、小学校で66.3パーセント、中学校で58.5パーセント、高校で70.2パーセントが「いる」と回答している。また、「尊敬している先生はどのような先生ですか」という質問には、「授業（教え方）がわかりやすい」を筆頭に、「わかるまで教えてくれる」、「どの子どもにも公

平に接する」、「失敗した時に励ましてくれる」、「困った時に相談できる」といった項目に比較的、肯定的な回答が多かった[1]。これらの結果から、教員に対する子どもの評価は、一般に教員が持っている仕事のやりがいや理想の教師像と、ほぼ合致していると見ることができよう。

B　教員の職務の実態とやりがい

[1] 教員という仕事の職業的特徴

　久冨善之 (2008) は、一斉に集められた必ずしも学習意欲があるわけではない子どもを相手に、「教育」という、ある種、押しつけがましい行為を行わなければならないことは、近代の学校教員の「宿命」である、と指摘している。そのような状況で教育という行為が成立するためには、教員と生徒との間に一定の「権威」と「信頼」がなければならない。しかし、医師や弁護士といった専門職と違い、教員の仕事はすぐに成果が見えるものではないので、その力量を明示すること自体が困難である[2]。そのため、どの教員も「自分がどれだけ教員としてやれているか」ということについては、常に不安を抱えながら仕事をしている。

　前述した子どもたちによる教員への評価からすれば、生徒からの信頼は得られていると受け取れるが、学校の地域性や個々の生徒と教員というミクロの視点で見れば、その様相はまた変わってくる。

[2] 教員の勤務実態

　OECD（経済協力開発機構）は、国際教員指導環境調査（TALIS：Teaching and Learning International Survey）を実施している。2013（平成25）年に実施した調査結果から、日本の教員の勤務時間は他国に比べて長時間で（特に、部活動指導など課外活動の時間が長い）、かつ担当する職務の種類も多岐にわたっていることが判明した。また、教員は研修への参加意欲が高いにもかかわらず、職務が多忙であるために研修への参加が困難であることや、自己の教職への適性などに関して自己効力感が低いことなども明らかになった[3]。

　これに先立って、2006（平成18）年度に文部科学省が委託した調査「教職員の勤務実態に関する調査研究」が実施され、全国小中学校教員の勤務状況と職務時間が40年ぶりに明らかになった。図7-1でわかるように、1か

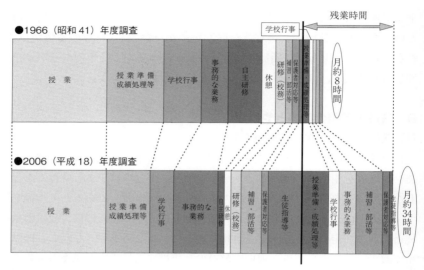

出典）中央教育審議会 初等中等教育分科会（第55回）・教育課程部会（第66回）合同会議配布資料 5-2「教職員をめぐる状況」，2007年10月24日，p.11. より作成．

図 7-1　教員の勤務状況・実態の変化

　月当たりの残業時間（年間ベース）は、1966（昭和41）年度の約8時間から2006（平成18）年度には約34時間と4倍以上に増加した。特に生徒指導や事務的な作業が大幅に増え、それらの作業時間が勤務時間内に収まりきらずに残業時間が増加した一方で、研修の時間が削られている[4]。

　これらの調査によって明らかになった日本の教員の勤務実態は、多忙な勤務によって教員の成長を促す機会が失われつつあることを示している。また、それは教員全体の資質低下を引き起こしかねないという大きな問題をもはらんでいる。

2　教師のワーク・ライフ

A　ワーク・ライフ・バランス

　人は、仕事に就けば、人生の約1／3の時間を仕事にかけることになる。単に生活を維持するためだけに仕事をするよりも、やりがいや生きがいがあり、「天職」だと思えるような仕事に就くことができれば、人生はより豊かになる。

　近年、ワーク・ライフ・バランスという概念が取りざたされている。内閣府が策定したワーク・ライフ・バランス憲章（2007）によれば、これを仕事と生活の調和と訳しており、「誰もがやりがいや充実感を感じながら働き、仕事上の責任を果たす一方で、子育て・介護の時間や、家庭、地域、自己啓発等にかかる個人の時間を持てる健康で豊かな生活ができるよう、今こそ、社会全体で仕事と生活の双方の調和の実現を希求していかなければならない」としている。社会が複雑化する中で、人の幸福追求の方向性も多様化し、それぞれの人生で仕事をどのように位置づけるかについても、個々に選択可能な社会の実現が目指されつつある。

　しかし、日本は、他国に比べて労働時間が長く、その原因となっている時間外労働やサービス残業、有給休暇日数の少なさや消化率の低さなどは一向に解消していない。また、第7章第1節B項で解説したように、教員の勤務は長時間化しつつあり、教職はワーク・ライフ・バランスを標榜した働き方の対極にある仕事の1つになっているといっても過言ではない。

B　教員のワーク・ライフ・バランスを考える

　一般に、生徒や保護者は教員に熱心さを求める。教員の中には、その期待に応えることをやりがいとして教職を目指した者も多い。しかし、このような教員の価値観は、結婚、出産、育児、病気、介護など人生のさまざまな転機で変化することもある。日本の教員の勤務実態は過酷で、さまざまな事務的業務が増える一方で、生徒と向き合う時間が減少し、やりがいが感じられにくくなっている状況は、教員の精神疾患者数が増加していることなどからも把握することができる。献身的に仕事をするにしても、仕

事に直接的に関係しない読書や旅行などの余暇が仕事に新しいアイデアを与えてくれることもあるし、そもそも自分の仕事を省察したり、自分自身を磨く時間すらない状況では、教員としての成長もままならない。

たとえば、女性教員の出産と育児について考えてみよう。次の文章は、育児休暇を取得している現役女性教員の声である。

出産と育児を経験することによって、親の立場や考えがわかるようになった。この経験が、教員としての自分を成長させているという確信もある。

しかし、復帰をすれば、毎朝、自分の子どもに食事をさせ身支度を整えて保育園に送り出すのが精一杯で、出勤する頃にはひと仕事を終えたような状態になるだろう。終業後は、他の教員にいくつかの校務分掌などをお願いして子どもを迎えにいく。翌日の授業準備などが、頭にひっかかったまま子どもが寝るまで一緒に過ごす。いざ何かしようとすれば、睡眠時間を削るしかない。子どもが生まれる前は、教材研究や研修などを日常生活の大半に組み込み、存分に時間を割くことができたが、そうした生活を送ることは、もはやできない。子どもが生まれるまでは、さまざまな行事に行けないことをわが子に言い聞かせるつもりだった。しかし、今は学校行事などでのわが子の成長を直に見守りたいという気持ちが強くなってきた。

さきに育休から復帰することになったママ教師が、育児休暇の最後に「幸せな時間だった」という言葉を残していった。これから学校で待っている激務を予感させる言葉として、私の心に突き刺さっている。

たとえ教師聖職者論が社会で支配的であったとしても、その価値観に従属するだけでは教員として成長する機会が失われかねない。「No 部活デー」の設定・徹底などによって学校の職務を合理化したり、外部（地域）の人材を活用したりすることで、研修や生徒と向き合える時間を捻出するなど、学校単位や自治体単位でのさまざまな施策や取り組みが求められている。

最後に、次のコラムを読んで、教員のワーク・ライフ・バランスについて考えてもらいたい。仕事と家庭とのバランスだけではなく、管理職・雇用者と労働者としての教員、組織と個人、納税者と公務員、生徒と教員、保護者と教員など、さまざまな立場の利害が入り組んでいる。仕事のやりがいと責任、ワーク・ライフ・バランスといった問題から、「教員は憧れだ

けではなれない」ということを具体的に考えることができるよい事例であ
ろう。

┃┃┃コラム┃┃┃　優先するのは仕事か家庭の事情か

　2014（平成26）年4月、埼玉県立高校の女性教諭が担任を務める新入生の
入学式を欠席した。学校や教育委員会には多くの批判・苦情が寄せられ、
県教育庁は「生徒が安心して高校生活をスタートできる体制づくりと心配
りに努めてほしい」という異例の注意を行った。

　この女性教諭は事前に校長に相談し、自分の子どもの入学式を優先した
い旨を伝えて了承を得ていた。校長は、当日、担任が欠席した理由を説明
し、教諭も「入学式という大切な日に担任として皆さんに会うことができ
ないことをおわびします」という文章を作成して、それが生徒らに配られ
たという。　　　　（『埼玉新聞』2014（平成26）年4月11日付の記事を参考に改編）

3　教師の1日

　教員の1日は、試験や学校行事、休日などでさまざまに変化する。ここ
では、授業のある平均的な1日の動きを紹介したい。

A　登校から授業開始まで

　出勤時間は、およそ午前8時。しかし、7時頃には学校に到着し、当日の
授業内容・方法のチェックや、生徒との面談に当てる。この他に、部活動
の朝練習や行事前の各種練習などが入る日もある。職員室にいる際は、欠
席連絡などの電話対応をする。そのうち、教職員の朝の打合せが始まり、
生徒への連絡事項、欠席などについて情報の伝達と交換が行われる。それ
が終了したら出席簿を持って教室へ移動し、出欠席を確認して朝の連絡事
項を生徒に伝える。

B　授業と空き時間

　1日に担当する授業時間数は、平均3〜4時間程度である。授業の合間の10分は、教員にとっては休み時間ではない。授業の質問を受けたり、教材・教具（ICT機器やマグネットなど）の設置や片づけをしたり、教室と職員室間の移動も含まれる。時には、授業中の態度の改善を求めたり、校則違反を指導したりするなど、生活指導が必要になる場合もある。

　担当する授業がなければ、空き時間となる。この時間を利用して提出物のチェックやコメントの記入、プリントの印刷などの他、当番が割り当てられていれば校内の巡回や校務分掌（たとえば分掌部会など）の仕事を行う。あるいは、経営企画室で起案文書の承認を得るために交渉したり、文書システムや旅費システムに入力するパソコン業務などを行ったりする。

C　給食指導・休憩時間

　給食の時間があれば、担任は教室で配膳から片づけまでを指導する。アレルギー対応の生徒がいる場合もあるので、特にメニューの事前チェックや配膳には注意する。給食指導がなければ休憩時間となるが、この時間にも生徒対応や成績処理をするなど、多くの教員は休憩時間にも仕事を行っている。

D　終業時間まで

　帰りの学活では、配布物を確認したり連絡事項を伝達したりする。清掃の時間には、教員は監督をするだけではなく、その日の出来事やクラスの様子などを聞きながら生徒とともに活動する。

E　放課後

[1]　部活動指導

　部活動では、原則的に、安全の観点から教員が付きっきりで指導する。運動部の場合、競技経験の有無にかかわらず、さまざまな部活動の顧問を担当することが多く、またいくつかの部活動の顧問を兼務することもある。外部指導員をコーチとして招いている場合は、その日程調整なども行う。

　また、平日の練習時間を補ったり、他校と練習試合をしたり、大会があ

れば引率をしたりするなど、休日出勤になることも少なくない。

[2] 職員会議や各種会議

職員会議では、週に1回程度、校長、副校長、各分掌の順に、資料をもとに1～2時間程度で決定事項や周知事項が伝えられる。

その他は地域や学校によって異なるが、各分掌の代表者などが集められる企画調整会議、主幹教諭が集められる主幹会議、教科の代表者が集められる教科主任会議、学年会議、教科会議、分掌部会や生徒の事例を持ち寄って行われるケース会議などがある。放課後の会議は終業時刻までに終わるとは限らず、案件が多い時は長時間の拘束を余儀なくされる。

F　下校時刻以降

欠席した生徒や保護者への電話連絡は、先方が働いている場合を考えて夕方から夜になることが多い。相談の内容によっては、管理職に報告し、指示を仰ぐこともある。また、本来は勤務時間内に行うべき仕事であるプリントの作成や印刷などの事務的作業、教員同士の意見交換などがこの時間帯に行われることもある。教材研究やテストの作成を学校にいる時間ではできない場合があるので、これらの仕事を自宅に持ち帰ることも多い。

4　さまざまな教師の生き方

A　「教師のライフコース」研究から
[1] ライフコースへの着目

学校の教員の生き方は実際には多様である。一般に人の生き方が、その人の生きる時代の社会的条件（国家・社会的な情勢、歴史的事件、法制度など）や、個人史的な出来事（結婚、出産、子育て、家族の死など）、そして本人の個性（感受性、興味・関心、能力など）などの影響を受けて多様であるように、教員としての生き方も1人ひとり多様であり、それ自体が個性的であるといえる。

しかし、個人により多様である教員の生き方に社会的なパターンが見出

せるのも事実である。ここで 1980 年代に稲垣忠彦らによって行われた「教師のライフコース」研究 (1988) に注目したい。ライフコースとは、「年齢によって区分された生涯期間を通じてのいくつかの軌跡、すなわち人生上の出来事 (events) についての時機 (timing)、移行期間 (duration)、間隔 (spacing) および順序 (order) にみられる社会的なパターン」（グレン・エルダー〔Elder, G. H. Jr.〕）とされるものである[5]。

[2] 研究の概要

　稲垣らによる研究は、1931（昭和6）年に長野県師範学校を卒業し、主として長野県で教職につき、戦前から戦後にかけての約 40 年間を教員として生きた同年齢集団（コーホート cohort）を対象とするライフコースの研究である。この研究はアンケートとインタビューにより教員としての専門的力量の形成などについて調査し考察したものである。対象となるコーホートは、明治末年あるいは大正初年に誕生し、昭和初年に師範学校で教育を受け、卒業して教職につき、農村不況、戦時下の教育、1945（昭和20）年の敗戦を経て、戦後教育改革と新教育、高度経済成長などを現職教員として体験した人々である。いわば激動の昭和史に教員としての歩みを重ねて生きた世代といえる。

　したがって、このコーホートとこれから教職を目指す皆さんとは、生きた時代も社会的条件も異なることは言うまでもない。また、長野県師範学校が男子のみの学校であったため性別による限定もある。しかし、それにもかかわらず、教員の生き方やその力量の形成について考えるうえで含蓄に富む研究である。

[3] 教員の力量形成の契機

　たとえば、対象者へのアンケートから、教員としての力量を高めるうえでの重要な契機として、次のような項目が浮かび上がってくる。すなわち、「学校内での研究活動（読書会、研究会、研修、書物など）」や「学校内でのすぐれた先輩や指導者との出会い」、これらに次いで「教育実践上の経験（低学年指導、障害児指導、生活指導、僻地学校への赴任、特定の子どもとの出会いなど）」、「自分にとって意味のある学校への赴任」、「学校外でのすぐれた人物との

出会い」といった項目が続いている。こうした結果から注目すべき点として、①赴任した学校が個々の教員の力量形成に及ぼす影響度や重要度の大きさと、②教員の日常の教育実践の遂行そのものが教員の力量を豊かにするための経験になっている、という点が指摘されている。また①に関しては、当時の長野県教育界では教員の力量形成を課題として転任が自覚的に行われていたこと、②に関しては、低学年の子どもや障害を持った子どもなど“ひとかたまりの集団”として見るだけでは対応しきれない背景を持つ子どもたちを担当する経験は、教員としての力量成長のための重要な契機となっていることが指摘されている。

　これらのことから、赴任校での先輩や同僚教員との関わり（とりわけ研究活動）や、自身の教育実践の中での具体的な子どもとの関わりが、教員としての力量形成のうえで大きな意義を持つ可能性を読み取ることができる[6]。

┃コラム┃　若い女性教員が体験した信州の教育風土

　戦後日本の国語教師として著名になる大村はま（1906-2005）は、若き日の1928（昭和3）年、東京女子大学を卒業後、長野県の諏訪高等女学校に赴任し、10年間を信州で過ごした。ちょうど、1931（昭和6）年長野県師範学校卒業のコーホートの人々が教職生活をスタートさせた新任期に、少し年上の女性教員として信州の教育界で仕事をしていたことになる。

　のちに大村は、この時期をふり返って次のように述べている。

　「先輩であります同僚のかたがたは、いわゆる『信州人』でありまして、実にすぐれたかたが多かったのです。しょっちゅう、『勉強したか』とか、『今何をやっているか』とか、いろいろなことを聞いてくださいました。校長先生は、［中略］私が、放課後など少しぐずぐずしていますと、『用が済んだんだろ、早く帰って勉強しろ』と言われて、帰されてしまうといった状態でした。今から思えば、夢のような話だと、みなさんはお思いになるでしょう。遅くまでいるのが手柄になるかもしれないような、今日の学校とは比較になりません」。

　　　　　（大村はま『新編 教えるということ』ちくま学芸文庫，1996，p. 17. ）

B　教師像の諸類型

佐藤学（1997）は、わが国で模索されてきた教師像の類型とその文化を4つの規範型（標準的・典型的な型）として示している。それらは、図7-2のように「官僚化」対「民主化」と「脱専門職化」対「専門職化」という2つの軸が交差する平面上に表されるものである。

まず、「公僕としての教師」は、公衆の僕(しもべ)としての教師であり、大衆に対する献身性と遵法の精神が求められる。「教員」という呼称もこの教師像に対応しており、現在まで続く教師の制度的支配的な文化となっている。

次に、「労働者としての教師」は、主として1960年代に教員組合運動を基盤に普及した教師像であり、「公僕としての教師」の対抗文化として、教師自らの社会意識と政治意識の覚醒を志向し、労働者との連帯を謳っていた。

さらに、「技術的熟達者としての教師」は、教育の科学的研究の発展を背景とし、教師教育と教職研修の制度化により普及した教師像であり、教育の技術と経営の科学化・合理化を志向するものである。現在では、授業の

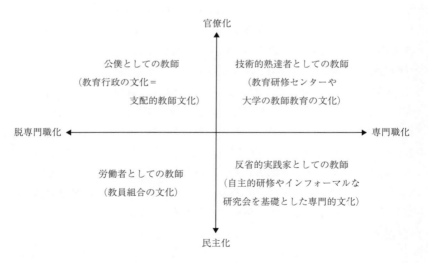

出典）佐藤学『教師というアポリア』世織書房，1997, p. 91.

図7-2　教師像の規範型とその文化

研究と教師の研修における支配的な文化として機能し、官僚的文化と調和的である。

最後に、「反省的実践家としての教師」は、「技術的熟達者としての教師」の対抗文化として形成された教師像であり、教職を高度な専門職として規定するが、その根拠を科学的知識・技術に求めるのではなく、実践場面における省察と反省を通して形成される実践的な知見と見識に求めるものである。官僚的な制度化に対抗して民主的な自律性を主張する教師像である[7]。

これら4つの教師像は個々の教員の実践を意味づけ、個々の教員の文化として具体化されてきたが、佐藤はこれら4類型のうち「反省的実践家としての教師」を新たな専門家としての教師像として提唱している。

C　個々の教員の言葉に学ぶ

これまでに紹介した「教師のライフコース」研究や、教師像の諸類型は、さまざまな教員の生き方に共通性を見出したり、理想とする教師像を意識化したりするうえで有効である。だが、個々の教員の生き方はあくまでも個別的であり、共通性や類型化によって還元されるものではない。

そこで、さまざまな教員の生き方に学ぶには、個々の教員の具体的な言葉に学ぶことを大切にしたい。

たとえば、汐見稔幸編『子どもにかかわる仕事』（2011）では、助産師、小児科医、保育士など、子どもを相手に仕事をしている人の、それぞれの仕事にかける思いややりがいが綴られている。そこには、小学校や中学校の教員を務めてきた人々の文章も収められている。1つだけ紹介しよう。中学校の養護教諭を30数年間務めてきた金子由美子は、思春期のただ中にいる子どもたちと一緒にいる喜びを生き生きと語っている。

「学校生活のさまざまな場面で、泣いたり、笑ったり、怒ったり、すねたりしながら、心もからだも確実におとなに近づいていく子どもたちの変化＝成長は、幼虫が蛹になり、そして蝶に変わるほどのドラマチックな展開です。日々、そんな場面に立ち会っていると、私が子どもたちから『生きる』ことの素晴らしさを学んでいるように思えるのです」[8]。

5　教師のメンタルヘルス

A　職務の多様性と多忙性

　既に本章の第1節で示されたように、日本の学校教員は現在、授業をはじめ子どもと直接関わる部分の他に多様な仕事をこなしており、長時間の勤務を強いられる多忙な状況に置かれている。

　文部科学省が2006（平成18）年に実施した教員の勤務実態調査の結果、公立小中学校教員の1日の勤務時間は10時間45分（夏休みを除いた5か月の平均）であることが明らかになり、その多忙さが報道されている[9]。

　また、全日本教職員組合が2012（平成24）年に行った「勤務実態調査2012」によれば、「教諭等」（フルタイム再任用を含む）というカテゴリーで、1か月の平均時間外勤務時間は72時間56分、持ち帰り仕事時間は22時間36分という結果が明らかになった[10]。

　さらに、OECD（経済協力開発機構）が2013（平成25）年に中学校等の教員を対象に実施した国際教員指導環境調査では、日本の教員の1週間当たりの勤務時間が53.9時間と参加国で最長（参加国平均38.3時間）であり、課外活動の指導や一般的事務業務の時間の長さが浮き彫りとなった[11]。

　このように、日本の教員の勤務実態は職務の多様性と多忙性として特徴づけられる。

B　休職に追い込まれる教員たち

　近年、多忙でストレスを生みやすい勤務実態の中で、バーンアウト（burnout；燃え尽き症候群）に追い込まれる教員も少なくない。バーンアウトとは、1970年代に看護などの対人援助職に従事する人々に現れる症状として注目されるようになったものであるが、現在では、「仕事などに打ち込みすぎて極度に疲労し、無気力な状態に陥ること」（『広辞苑』第6版、岩波書店、2008年）として国語辞典にも記載されている症状である。

　表7-1は、文部科学省が毎年行っている教職員人事に関する調査の結果より、1998（平成10）年度から2013（平成25）年度までの休職者数の推移をまとめたものである。

5 教師のメンタルヘルス ■ 175

表 7-1　病気休職者数等の推移（平成 10 年度～平成 25 年度）(単位：人、比率は%)

	10 年度	11 年度	12 年度	13 年度	14 年度	15 年度	16 年度	17 年度	18 年度	19 年度	20 年度	21 年度	22 年度	23 年度	24 年度	25 年度
在職者数 (A)	948,350	939,369	930,220	927,035	925,938	925,007	921,600	919,154	917,011	916,441	915,945	916,929	919,093	921,032	921,673	919,717
病気休職者数 (B)	4,376	4,470	4,922	5,200	5,303	6,017	6,308	7,017	7,655	8,069	8,578	8,627	8,660	8,544	8,341	8,408
うち精神疾患による休職者数 (C)	1,715	1,924	2,262	2,503	2,687	3,194	3,559	4,178	4,675	4,995	5,400	5,458	5,407	5,274	4,960	5,078
在職者比 (%)　(B)/(A)	0.46	0.48	0.53	0.56	0.57	0.65	0.68	0.76	0.83	0.88	0.94	0.94	0.94	0.93	0.90	0.91
(C)/(A)	0.18	0.20	0.24	0.27	0.29	0.35	0.39	0.45	0.51	0.51	0.59	0.60	0.59	0.57	0.54	0.55
(C)/(B)	39.2	43.0	46.0	48.1	50.7	53.1	56.4	59.5	61.1	61.9	63.0	63.3	62.4	61.7	59.5	60.4

注）「在職者数」は、公立の小学校、中学校、高等学校、中等教育学校および特別支援学校の校長、
　　副校長、教頭、主幹教諭、指導教諭、教諭、助教諭、養護教諭、養護助教諭、栄養教諭、講
　　師、実習助手および寄宿舎指導員（本務者）の合計。
出典）「教育職員に係る懲戒処分等の状況について」（平成 19～22 年度版）および「公立学校教職
　　員の人事行政状況調査」（平成 23～25 年度版）より作成

　この表から読み取れるように、在職者数(A)は漸減傾向にあるにもかかわ
らず、病気休職者数(B)とそのうちの精神疾患による休職者数(C)は急増して
おり、2009～10（平成21～22）年度をピークに若干の減少を見せたものの、
近年では病気休職者数は 8,400 人前後、精神疾患による休職者数は 5,000
人前後という水準で高止まりした状態にある。

　教員のバーンアウトという観点から注目すべき精神疾患による休職者数
は、1998（平成10）年度の 1,715 人から 2013（平成25）年度の 5,078 人へと、
15 年間で約 3 倍にまで増加している。

　この表ではまた、病気休職者数と精神疾患による休職者数の割合を百分
率で示している。これによると、2013（平成25）年度の在職者数に対する精
神疾患による休職者数の割合(C)／(A)は 0.55 パーセントとなっている。だ
が、より注目したいのは病気休職者数に対する精神疾患による休職者数の
割合(C)／(B)であり、これは 1998（平成10）年度の 39.2 パーセントから 2013
（平成25）年度の 60.4 パーセントへと約 1.5 倍に増加しており、同年度には
病気による休職者の実に 6 割が精神疾患による休職者であることが読み取
れるのである。

　なお、表に示した情報から、病気休職者数(B)と精神疾患による休職者数
(C)、および(C)／(B)の比率を抽出してグラフ化したものが図 7-3 である。こ
のグラフからは、この間の推移を視覚的に読み取ることができるだろう。

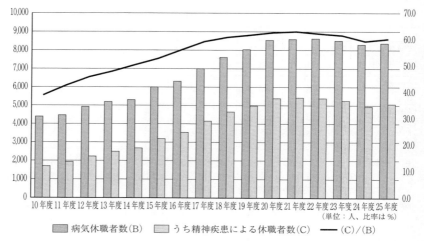

出典)「教育職員に係る懲戒処分等の状況について」(平成19〜22年度版)および「公立学校教職員の人事行政状況調査」(平成23〜25年度版)より作成

図 7-3　病気休職者数の推移

　こうした統計的な調査結果からも、日本の学校教員の過酷な勤務実態を推し量ることができる。もっとも、精神疾患に襲われて休職を余儀なくされるケースは深刻な場合であることを考えれば、過労やストレスにより精神的なダメージを受けながらも、休職にまでは至らないケースが、調査結果には表れない暗数の形で広く存在していることも想像できるだろう。

C　教員の負担感

　2015(平成27)年7月、文部科学省は前年に実施した「教職員の業務実態調査」の結果の概要を公表した。この調査では、教職員がどのような業務に負担を感じているかを調べ、公立小学校・中学校の「副校長・教頭」および「教諭」という職種ごとに、71種類の業務について従事率と負担感率をまとめている。従事率とは「主担当として従事している」あるいは「一部従事している」と回答した数の割合であり、負担感率とは「負担である」あるいは「どちらかと言えば負担である」と回答した数の割合である。
　調査結果より、教諭の従事率が50パーセント以上で負担感率が60パー

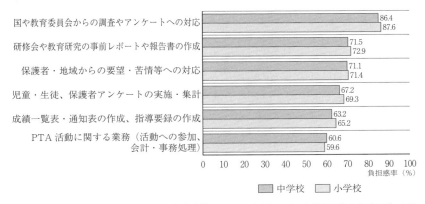

出典）文部科学省「学校現場における業務改善のためのガイドライン」（2015年7月27日）より作成

図7-4　教諭の業務ごとの負担感率

セント以上の業務を抽出したものが図7-4である。調査・アンケートへの対応、レポート・報告書の作成など、子どもと直接関わる仕事ではない業務が多いことが見て取れる。

　他に、従事率は高くないものの負担感率が高い業務として「免許更新のための免許法更新講習の受講」（小学校85.5パーセント、中学校84.4パーセント）がある。一方、「特別な支援が必要となる児童生徒への対応」「児童・生徒、保護者との教育相談」といった子どもと関わる仕事に関しては、従事率は高いにもかかわらず、負担感率はいずれも3割台となっている[12]。

6　未来を切り拓く教師――学び続ける教師

A　教員に必要な力量

　教育は、子どもの学習権を保障し、子どもの未来に関わる営みであるとともに、国家や人類社会の未来に関わる営みでもある。そのような教育を担う学校の教員には、どのような力が必要なのだろうか。

本章の第4節で紹介した「教師のライフコース」研究では、教員の力量としてどのようなものが重要であるかについて、対象者に回答してもらった結果も示されている。その一部を**表7-2**として示す。

この研究では、子どもとの直接的な関わり合いにおいて要請される力が第1分野とされ、重要度1位として選択された頻度が高い項目番号①・②・③の3項目の他、④や⑨も同一カテゴリーに入るものとして、教員に必要な力量の中心として把握されている。

第2分野は、教員自身の力を蓄え磨くための研究に関するもの（第1分野を背後から支え、教員自身の人間的成長や成熟を促す条件となるもの）であり、項目番号⑧や⑯の他、⑩や⑬もこの分野に含めて把握される。

第3分野は、教員としての仕事を進めていくうえで必要に応じて同僚たちに働きかけ教員集団の質を高めていくために発揮される力であり、項目番号⑪の他、⑦や⑮もこの分野に加えられている。

B　資質・能力の層構成

今津孝次郎（2012）によれば、教員の資質・能力はさまざまな力量が積み重なっており、全体として次の6つの層からなると捉えられる（**表7-3**）。

今津によれば、教員の資質・能力は大学の教員養成教育を通じて得られる部分は小さく、教職に就いてから実際に子どもたちに教える経験の中で形成される部分が大きいという。そして、教員を育てる仕事は、単なる「教員養成」にとどまらない生涯学習としての「教師教育」（teacher education）として捉えるべきことが提案される。教師教育は、教職に就く前から教職を終えるまでの全過程を見据えて、「教員養成」と「初任者研修」と「現職研修」の3段階を包括する捉え方である。従来「教員養成」に焦点が当てられ、資質・能力の6層のうち外から観察・評価しやすいB〔指導の知識・技術〕とC〔マネジメントの知識・技術〕ばかりが強調されてきたが、教員を育てる課題としては、BとCは言うまでもなく、A〔問題解決技能〕およびD〔対人関係力〕～F〔探究心〕に目を向けることが重要であるとされる。

では、大学での教員養成段階ではどのようなことが必要なのだろうか。今津によれば、F〔探究心〕に関しては、日常的な学校訪問による授業参観を踏まえた観察記録の作成とそれに基づく大学での共同討議など、探究心を

表7-2 教師として必要な力量[*]

選択数による順位	重みづけによる合計点[**]	重みづけによる順位	項目
1	323	2	⑧つねに研修、研究に励む能力
2	337	1	①わかりやすく授業を展開していく力 （教材のくみたて、話し方、板書）
3	292	4	③子どもに積極的に関わっていく熱意や態度
3	294	3	②子どもの学習状況、悩み、要求、生活状況などを適切に把握する力
5	200	5	⑪同僚と協力しながら教師集団の質を高めていく力
6	191	6	⑯教育の実践的問題とは直接の関連はないが、自分にとって関心のある学問や研究を深めていくこと
7	164	7	④子どもの資質、適性を見抜く力
8	132	8	⑩芸術や文学に対する豊かな感性や理解
9	121	9	⑨必要に応じて、子どもに対して毅然たる態度をとることのできる強さ
10	107	10	⑦子どもの問題や学校の問題を広い視野から見ることのできる度量の広さ
11	90	11	⑭教師自身の体育、音楽、図工などの実技能力
12	87	12	⑬教育にかんする諸問題を自分なりに筋道を立てて論理的に考えることのできる力
13	73	13	⑤子どもの思考や感情を触発し発展させる教師の表現力
13	59	14	⑮学校運営全体の中で自己を位置づけその立場から考える力
15	58	15	⑥子どもの集団を把握し、まとめていく力
16	33	16	⑫教科書の中で教材をさまざまな角度からとりあげ指導する力
17	10	17	⑰その他

(注) ＊表中の17項目中、重要と思われるものを5項目選択し、それに1〜5位で順位をつけてもらった結果を示す。

＊＊1位を10点、2位を9点、3位を8点、4位を7点、5位を6点として試算した場合の合計点。

出典）稲垣忠彦ほか編『教師のライフコース』東京大学出版会，1988, pp. 264-265.

180 ■ 第7章 ■ 教職への進路

表7-3　資質・能力の層構成

資質と能力	内容	外からの観察・評価	個別的・普遍的状況対応
能力 ↑↓ 資質	A 勤務校での問題解決と、課題達成の技能 B 教科指導・生徒指導の知識・技術 C 学級・学校マネジメントの知識・技術 D 子ども・保護者・同僚との対人関係力 E 授業観・子ども観・教育観の錬磨 F 教職自己成長に向けた探究心	易 ↕ 難	個別的 ↕ 普遍的

出典）今津孝次郎『教師が育つ条件』岩波新書，2012，p. 64.

育む実践的な学習の機会が提供されること、D〔対人関係力〕に関しては、大学の授業で集団討議のコーディネートなどの参加型学習を通じてチームワークを磨くなど、教職イメージを「個業」から「協業」へと転換するように準備しておくことが提案されている[13]。

C　同僚性の中で学ぶ

　教員の専門職としての力量形成に関わる諸研究が共通して指摘するのは、学校という場の重要性である。その意味では、学校は子どもも教員もともに学び成長していく場所であると言うことができる。

　教員が学校現場で成長していくことに関わる概念として「同僚性」（collegiality）がある。ジュディス・リトル（Little, J. W.）は、この概念により、教員の同僚間の専門家としての連帯が、学校改革において決定的役割を果たすことを示した。佐藤学（2015）はこれを「同僚性」と翻訳し、「授業の創造と研修において教師が専門家として連帯する関係」として紹介している。だが、佐藤によれば、学校改革において同僚性を構築することの必要性と優位性はもはや常識になっているが、それ以上の意味は希薄であり、近年は、「同僚性」に関する研究は教師の「専門家の学びの共同体（professional learning community）」の研究へと移行しているとされる[14]。

　教員は、管理職や先輩・後輩教員を含む教員間の同僚性の中で学び成長していく。こうした意味では、教員の力量形成という観点からも、各学校での同僚性の構築とその質の検討、あるいは教員同士が相互に学び合う共

同性を築いていくことは、教育実践に責任を持つ個々の教員、とりわけ管理職教員の課題となるであろう。

7 教員採用試験合格への道

A 教員採用に関する基本情報
[1] 教員新規採用者の平均年齢

　2010（平成22）年度の公立中学校教員新規採用者の平均年齢は28.6歳と一般企業に比べて高く、しかも、この採用時平均年齢の上昇傾向は、年々、強まっている[15]。近年、教員採用試験（教員採用候補者選考）の受験年齢制限緩和や、社会人経験者からの採用が増加していることなどがこうした傾向に影響しているとはいえ、学部新卒者で正規採用されたのが36.5パーセント程度に過ぎないのもまた事実である。多くの場合、大学を卒業して数年間、大学院に通ったり、講師を経験したり、独自にあるいは予備校などに通って採用試験の勉強をしたりしながら正規採用に至っている。

[2] 専任教員と講師（常勤講師、非常勤講師）

　専任教員は、正規に採用されたフルタイムで勤務する教員である。待遇は定期昇給や賞与があり、雇用も安定している。講師は、臨時的任用教員といわれ、大きく常勤講師と非常勤講師とに分けられる。常勤講師は、専任教員と同じようにフルタイムの勤務で担任や部活動を担当することもある。待遇は、専任教員初任者とほぼ変わりないが、定期昇給はなく、契約も1年単位となる点で雇用は不安定である。非常勤講師は割り当てられた時間の授業だけを担当する教員で、待遇はおおむね授業1時間につき2,000〜3,000円程度である。専任教員とほぼ同等の授業数（およそ週15時間）を受け持っても月に15万円程度の手当にとどまり、契約も1年単位となる。

　この他、公立学校教員については、東京都などのように教員候補者の名簿登録には至らなかったものの、選考の成績が上位であった者を期限付任用教員などの名称で講師として採用するところもある。講師としての経験

182 ■ 第7章 ■ 教職への進路

を所属校の校長が判断して、次年度の教員採用試験で1次選考が免除されるなど、大きなアドバンテージが得られる場合もある。

[3] 国公私立学校別の教員採用方法

(1) 国公立学校の教員

公立学校の場合は、都道府県または政令指定都市の教育委員会（以下、県市）が実施する教員採用試験に合格すれば、教員候補者名簿に登録される。しかし、採用期間は4月1日から翌年の3月末までなので、この間に採用されなければ、次年度に再受験が必要となる。本来、政令指定都市は都道府県と別に試験が実施されるが、県と一緒に選考を実施するところもある。

国立学校の教員は、学校が個別に試験を課して採用する他、公立学校教員から異動する場合もある。

(2) 私立学校の教員

各私立学校教員の採用は、その学校法人のホームページ、新聞、大学の就職課などを通じて公募される。この他、私学協会（私立学校協会）の私学教員志望者名簿に登録される方法がある。各都道府県にある私学協会に、履歴書、論文、推薦状などを提出すれば名簿登録されるが、適性検査（教職教養と専門教養を課す場合が多い）の受検を義務づけているところもある。これらの名簿登録の手続きは、私立学校教員になるために必須というわけではないが、皆さん自身の採用の可能性を広げるためにも、ぜひ行っておきたい。なお、専任教員、講師にかかわらず、採用に当たっては、別途、各学校で筆記試験、面接、模擬授業などを課されることが多い。各私学協会の情報や、各私学協会に寄せられた教員採用情報は、日本私学教育研究所のウェブサイトに掲載されている（http://www.shigaku.or.jp/index.html）。

B 教員採用の試験日程と準備のポイント

[1] 採用日程からみた準備

採用スケジュールは、おおむね図7-5の通りである。本項では、紙面の都合上、公立学校を中心に記述する。なお、県市によってスケジュール、出題傾向、実施方法などは異なるので、3月下旬頃から各教育委員会のウェブサイトなどで発表される募集要項・実施要項を必ず確認してほしい。

7　教員採用試験合格への道　183

　7月に実施される第1次選考では、主に学力試験（論文や面接が課される場合もある）があり、8月頃に実施される第2次選考では、論文、面接、模擬授業、実技試験、適性検査などが課される。一般に、教員志望者は、学力試験に関心が偏りがちな傾向があるが、選考はおおむね2回あるということに着目しておく必要がある。教科にもよるが、2次選考では3〜5倍前後の競争率となることが多い。その意味では、1次選考の競争率は近年の大量採用期にあって決して恐れるほど高いわけではない。2次選考では1次選考を突破した者の中で上位20〜30パーセント以内に入らなければならないことを考えると、むしろ2次選考の準備をしっかりしておかなければ採用されないという点を強く自覚しておくべきであろう。しかも、2次選考の内容も長期的に対策をしておくことが要求される。したがって、1次選考、2次選考両方の対策を同時に進めておく必要がある。

[2] 試験の流れと対策

　学力試験や面接の内容・方法について、県市ごとにある程度の傾向は見出せる。なお、近年は、学力試験のみに頼らない選考方法の多様化が進み、面接、論文、グループディスカッション、模擬授業、ボランティア活動の実績などが重視されてきている。

	4月	5月	6月	7月	8月	9月	10月	11月	12月	1月	2月	3月
公立	採用募集要項の発表		採用試験の志願票等の提出	教員採用試験（1次・2次）学科試験、論文試験、模擬試験、面接			合格者発表				赴任校決定の校長面談 配属決定は3月中旬→4月以降	
私立				私学適性検査・私学登録 教養、学科試験、履歴書、小論文 私学協会を経由しない募集は随時						常勤講師 非常勤講師 の採用		
		教育実習 実習校の都合により、秋に実施する場合もある										

図7-5　教員採用のおおまかなスケジュール

(1) 教養試験

　教養試験は、大きく一般教養と専門教養とに分かれる。両方を課す場合が多いが、東京都などは一般教養の試験を廃止している。

　一般教養は、県市によって出題の内容やレベルに大きな差がある。基本的には、中学校や高校の教科書レベルで対応できるところが一般的なので、教科書の理解と用語集の活用の他、過去問題集を何度も解いておきたい。

　専門教養は、教科教養と教職教養とに分けられる。一般に、教科教養の方が配点は高い。教科教養については、教員採用試験対策の参考書や問題集で対策する他、大学入試センター試験の問題を解くのもよい。また、県市によっては専門教科の知識と学習指導要領の内容や指導方法が同時に問われる場合もある。そこで、『学習指導要領　解説』と教科書を何度も合わせ読みしたり、単元の意味と内容を深く洞察するような教材研究を進めたりすることを推奨したい。これは、教科教養の深い理解につながる他、教育実習や2次選考対策にもなる。

　教職教養は、日本近代教育史の流れ、教育哲学・思想や教育心理学に関する人物と著作および理論・学説、学習指導要領の内容とその歴史的変遷、教科外活動、教育関係法令などが頻出事項である。この他、いじめや不登校、特別支援教育や教育改革の動向など現代の教育課題も問われる。教育系の新聞や現代の教育課題に関する参考書などにも目を通しておきたい。

(2) 論文、面接など

①**全体的な準備として**　志願票の志望動機の記述、論文、グループディスカッションを含む面接、模擬授業などで問われるのは、究極的には、その人がどのような教員になるのかという点である。これらすべてに一貫性を持たせるためには、志願票を提出する段階（4~6月）までには、自己分析を進め、県市の求める教員像を研究し、その両者を合致させるような自己PRや志望動機が明瞭に記述できるようになっていなければならない。

　一般企業への採用を目指す学生と違い、教員志望者は学力試験対策に比重を置きすぎるあまり、自己の教職観を十分に内面化できていない傾向が強い。自己の教職観を構築するためには、経験に基づいて考えることが肝要である。志願票などにはボランティア経験で得られた知見について記載する欄がある場合が多く、今やこうした経験を積むことは採用前にほぼ必

須となっている。それは、ボランティア精神に富んだ人を採用しようという意図ではなく、教員の苦労を経験的に理解し、それでも教員になることを熱望していることと、そうした経験を通した教職観が構築できている人物を採用したいということの表れだと理解するべきである。大学2〜3年生の頃までには、週に1時間でも構わないので、できる限り継続的に学校のボランティア（放課後児童健全育成事業を含む）に参加しておきたい。それができない場合は、ボランティアに代わる何らかの経験を自分の強みとしてアピールできなければ合格は覚束ない。

②論文対策　多くの場合、800〜1,500字程度の分量を、60〜90分で解答する。対策としては、まず過去に出題された論文テーマを自分で分類するとよい。その際に大事なのは、出題者が何を訊こうとしているのかについて深く洞察することである。すると、大きく分けて数種類の枠の中から出題されていることに気づくだろう。

　次に、その分類したテーマそれぞれについて、何度も書き直しをして論文の精度を高めることである。その数種類の「大枠の」テーマから出題されることになると予想されるので、数種類の論文の自信作を完成させておけば、基本的には対応できる。

　最後に、論文執筆時に陥りやすい点として、自己の思い込みによる記述、抽象的な言葉の羅列、特定の場面でしか通用しないような記述という3点を挙げておきたい。論文は、題意をよく読み取ったうえで課題に正対し、自己の経験に基づきながら具体的に記述することが求められる。しかし「具体的に」とは、ある程度どの場面にも通底する指導の軸を示すようなレベルで記述されなければならず、そのさじ加減が難しい。いずれにせよ、常に読み手（評価者）の視点を意識して記述することが重要である。

③面接対策　面接の基本も、論文と同様に、質問者の意図を正確に読み取ること、自己の経験に則して語ること、端的にまとめることである。また、自己PRを行う場面すべてに共通するが、抽象的・一般的な表現を使用しないように心掛けたい。たとえば、「コミュニケーション能力が高い」ということを主張したい場合、果たしてこの言葉を使って本当に相手に伝わるか考えてほしい。コミュニケーションにもさまざまなものがあるし、そもそも自分の個性を誰もが使う言葉で言い表せるものではない。むしろ、こ

の抽象的な言葉を使おうとしている箇所を突き詰めて、それを自分の言葉で表現できるようになれば、自分を上手に表現することができるようになる。

　また、学生同士で、何度も面接練習をやってみてほしい。面接を受ける練習になるだけでなく、面接官役として相手の意見を引き出したり、回答をさらに深める発問をしたりすることは、自己分析にも役立つだろう。

注)

1) 橋本尚美『第70回子どもたちの声から「教師」の仕事の意味と魅力を考える——HATO プロジェクト・教員の魅力プロジェクト「教員のイメージに関する子どもの意識調査」より』ベネッセ教育総合研究所ウェブサイト：初等中等教育研究室ベネッセのオピニオン，2015，pp. 1-5.

2) 久冨善之『転換期にある教師像——「献身的教師像」を越えて』ベネッセ教育総合研究所『BERD』No. 14, 2008, pp. 1-2.

3) 国立教育政策研究所編『教員環境の国際比較——OECD 国際教員指導環境調査〈TALIS〉2013 年調査結果報告書』明石書店，2014, pp.128, 173-175, 191-192.

4) 中央教育審議会　初等中等教育分科会（第55回）・教育課程部会（第66回）合同会議配布資料 5-2「教職員をめぐる状況」，2007 年 10 月 24 日，p. 11.

5) 稲垣忠彦・寺﨑昌男・松平信久編『教師のライフコース——昭和史を教師として生きて』東京大学出版会，1988, p. 2.

6) 稲垣ら・前掲出注 5)，pp. 78-82.

7) 佐藤学『教師というアポリア——反省的実践へ』世織書房，1997, pp. 89-93.

8) 汐見稔幸編『子どもにかかわる仕事』岩波ジュニア新書，岩波書店，2011，p. 117.

9) たとえば「先生ヘトヘト　どう解消——教育再生を考える　選択のとき」『朝日新聞』2007 年 6 月 3 日付，朝日新聞社，2007.

10) 全日本教職員組合『「勤務実態調査 2012」の概要について』2013 年 10 月 17 日，全日本教職員組合，2013.

11) 国立教育政策研究所・前掲出注 3)，pp. 22-24.

12) 文部科学省「学校現場における業務改善のためのガイドライン〜子供と向き合う時間の確保を目指して〜」2015 年 7 月 27 日，文部科学省，2015.

13) 今津孝次郎『教師が育つ条件』岩波新書，岩波書店，2012, pp. 81-94.

14) 佐藤学『学校改革の哲学』東京大学出版会，2012, p. 137.　佐藤学『専門家として教師を育てる——教師教育改革のグランドデザイン』岩波書店，2015, pp. 119-120.

15) 公立義務教育諸学校の学級規模及び教職員配置の適正化に関する検討会議（第15回）「参考資料 1：教員採用等の現状について」，2012 年 7 月 9 日，p. 4.

知識を確認しよう ■ 187

知識を確認しよう

問題

(1)　教員が学校現場で成長することを阻害する諸要因について、概説しなさい。

(2)　教職生活全体を通じての教員の成長という観点からみて、大学での教員養成段階で培うべき資質・能力とはどのようなものと考えられるか。

解答への手がかり

(1)　単なる事項の羅列にならないよう、日本の教員が他国に比して成長意欲が高いことや教員のやりがい、ワーク・ライフ・バランスなどを含めて考察できれば、より深みのある記述ができるようになる。

(2)　本章で紹介した「教師として必要な力量」や「資質・能力の層構成」の表などを参考にして、教職に就いてから学校現場で成長していける基礎となるような資質・能力を考えてみるとよい。

参考文献

第1章

石戸谷哲夫『日本教員史研究』講談社，1980.

海原徹『明治教員史の研究』ミネルヴァ書房，1973.

海原徹『大正教員史の研究』ミネルヴァ書房，1977.

木村元『学校の戦後史』岩波新書，岩波書店，2015.

佐藤学『専門家として教師を育てる——教師教育改革のグランドデザイン』岩波書店，
　　2015.

村井実　全訳解説『アメリカ教育使節団報告書』講談社学術文庫，講談社，1979.

第2章

岩本俊郎・大津悦夫・浪本勝年編『新教育実習を考える』北樹出版，2012.

大森正編『新・介護等体験・教育実習の研究』文化書房博文社，2011.

佐藤学『専門家として教師を育てる——教師教育改革のグランドデザイン』岩波書店，
　　2015.

高橋陽一・山田恵吾・桑田直子・谷雅泰・佐藤清親著　高橋陽一編『新しい教師論』武
　　蔵野美術大学出版局，2014.

油布佐和子編『転換期の教師　2007』放送大学教育振興会，2007.

第3章

北村文夫編『学級経営読本』玉川大学教職専門シリーズ，玉川大学出版部，2012.

坂本昇一『生徒指導の機能と方法』文教書院，1990.

関川悦雄「教育基本法・学校教育法」小野幸二・高岡信男編『法律用語辞典』法学書院，
　　第4版，2010.

関川悦雄『最新　特別活動の研究』啓明出版，2010.

総務省・文部科学省『高校生向け副教材　私たちが拓く日本の未来』総務省，2015.

日本学校教育相談学会刊行図書編集委員会編『学校教育相談学ハンドブック』ほんの森
　　出版，2006.

日本生徒指導学会編『現代生徒指導論』学事出版，2015.

林泰成『道徳教育論』放送大学教材，放送大学教育振興会，2009.

文部科学省『生徒指導提要』教育図書，2010.

中学生・高校生のスポーツ活動に関する調査研究協力者会議『運動部活動の在り方に関
　　する調査研究報告書』文部科学省，2013.

第4章

青木省三『僕のこころを病名で呼ばないで——思春期外来から見えるもの』ちくま文庫，

筑摩書房，2012（原著；2005）．

稲垣忠彦・佐藤学『授業研究入門』子どもと教育，岩波書店，1996．

応用教育研究所改訂版編集『教育評価法概説』2003年改訂版，図書文化社，2003（原著；橋本重治，金子書房）．

田中耕治編『新しい教育評価の理論と方法』第1・2巻，日本標準，2002．

田中耕治編『よくわかる教育評価』ミネルヴァ書房，2005．

文部科学省『生徒指導提要』教育図書，2010．

第5章

窪田眞二・小川友次『教育法規要覧　平成27年度版』学陽書房，2015．

坂田仰編『学校と法』放送大学教材，放送大学教育振興会，2012．

坂田仰・河内祥子・黒川雅子・山田知代『図解・表解　教育法規―“確かにわかる”法規・制度の総合テキスト』教育開発研究所，新訂第2版，2014．

佐藤徹編『教職論―教職につくための基礎・基本』東海大学出版会，2010．

佐藤晴雄『教職概論――教師を目指す人のために』学陽書房，第4次改訂，2015．

篠原清昭編『教育のための法学――子ども・親の権利を守る教育法』法学シリーズ職場最前線⑤，ミネルヴァ書房，2013．

日本教育法学会編『教育法の現代的争点＝Contemporary Issues of the Education Law』法律文化社，2014．

牧昌見『要説　教職の基礎・基本――教職入門―過去を確かめ現状を直視しプロ精神に徹するために』樹村房，2009．

第6章

有本昌弘『教員評価・人事考課のための授業観察国際指標』学文社，2006．

市川昭午『教職研修の理論と構造――養成・免許・採用・評価』教育開発研究所，2015．

佐藤学『専門家として教師を育てる――教師教育改革のグランドデザイン』岩波書店，2015．

藤澤伸介『「反省的実践家」としての教師の学習指導力の形成過程』風間書房，2004．

藤田英典編『誰のための「教育再生」か』岩波新書，岩波書店，2007．

文部科学省ウェブサイト　http://www.mext.go.jp/

第7章

稲垣忠彦・寺崎昌男・松平信久編『教師のライフコース――昭和史を教師として生きて』東京大学出版会，1988．

今津孝次郎『教師が育つ条件』岩波新書，岩波書店，2012．

国立教育政策研究所編『教員環境の国際比較――OECD国際教員指導環境調査〈TALIS〉2013年調査結果報告書』明石書店，2014．

時事通信出版局『月刊「教員養成セミナー」別冊』時事通信社．

資料編

日本国憲法	制定文（前文）、第3章（部分）
教育基本法	前文、全文
学校教育法	第1章から第11章まで
教育職員免許法	全文ただし附則を除く
教育公務員特例法	第1章、第2章（第2節のみ）、第3章（第18条のみ）、 第4章、第5章
地方教育行政の組織及び運営に関する法律	第1章、第2章、第3章
いじめ防止対策推進法	全文
子どもの貧困対策の推進に関する法律	全文
***児童の権利に関する条約**	前文
***教員の地位に関する勧告**	（ユネスコ特別政府間会議採択） 前文、1定義、2範囲、3指導的諸原理、4教職への準備

*)法令データには掲載がありませんが、『教育六法』か、インターネットで検索できます。

なお、国家公務員法、地方公務員法からはページ数を勘案し採択しておりません。

日本国憲法

（昭和21年11月3日　憲法）

　日本国民は、正当に選挙された国会における代表者を通じて行動し、われらとわれらの子孫のために、諸国民との協和による成果と、わが国全土にわたつて自由のもたらす恵沢を確保し、政府の行為によつて再び戦争の惨禍が起ることのないやうにすることを決意し、ここに主権が国民に存することを宣言し、この憲法を確定する。そもそも国政は、国民の厳粛な信託によるものであつて、その権威は国民に由来し、その権力は国民の代表者がこれを行使し、その福利は国民がこれを享受する。これは人類普遍の原理であり、この憲法は、かかる原理に基くものである。われらは、これに反する一切の憲法、法令及び詔勅を排除する。

　日本国民は、恒久の平和を念願し、人間相互の関係を支配する崇高な理想を深く自覚するのであつて、平和を愛する諸国民の公正と信義に信頼して、われらの安全と生存を保持しようと決意した。われらは、平和を維持し、専制と隷従、圧迫と偏狭を地上から永遠に除去しようと努めてゐる国際社会において、名誉ある地位を占めたいと思ふ。われらは、全世界の国民が、ひとしく恐怖と欠乏から免かれ、平和のうちに生存する権利を有することを確認する。

　われらは、いづれの国家も、自国のことのみに専念して他国を無視してはならないの

であつて、政治道徳の法則は、普遍的なものであり、この法則に従ふことは、自国の主権を維持し、他国と対等関係に立たうとする各国の責務であると信ずる。

日本国民は、国家の名誉にかけ、全力をあげてこの崇高な理想と目的を達成することを誓ふ。

第3章　国民の権利及び義務

第11条　国民は、すべての基本的人権の享有を妨げられない。この憲法が国民に保障する基本的人権は、侵すことのできない永久の権利として、現在及び将来の国民に与へられる。

第12条　この憲法が国民に保障する自由及び権利は、国民の不断の努力によつて、これを保持しなければならない。又、国民は、これを濫用してはならないのであつて、常に公共の福祉のためにこれを利用する責任を負ふ。

第13条　すべて国民は、個人として尊重される。生命、自由及び幸福追求に対する国民の権利については、公共の福祉に反しない限り、立法その他の国政の上で、最大の尊重を必要とする。

第14条　すべて国民は、法の下に平等であつて、人種、信条、性別、社会的身分又は門地により、政治的、経済的又は社会的関係において、差別されない。

第19条　思想及び良心の自由は、これを侵してはならない。

第20条　信教の自由は、何人に対してもこれを保障する。いかなる宗教団体も、国から特権を受け、又は政治上の権力を行使してはならない。

3　国及びその機関は、宗教教育その他いかなる宗教的活動もしてはならない。

第23条　学問の自由は、これを保障する。

第25条　すべて国民は、健康で文化的な最低限度の生活を営む権利を有する。

2　国は、すべての生活部面について、社会福祉、社会保障及び公衆衛生の向上及び増進に努めなければならない。

第26条　すべて国民は、法律の定めるところにより、その能力に応じて、ひとしく教育を受ける権利を有する。

2　すべて国民は、法律の定めるところにより、その保護する子女に普通教育を受けさせる義務を負ふ。義務教育は、これを無償とする。

第27条　すべて国民は、勤労の権利を有し、義務を負ふ。

3　児童は、これを酷使してはならない。

教育基本法

（平成18年12月22日　法律第120号）

前文

　我々日本国民は、たゆまぬ努力によって築いてきた民主的で文化的な国家を更に発展させるとともに、世界の平和と人類の福祉の向上に貢献することを願うものである。

我々は、この理想を実現するため、個人の尊厳を重んじ、真理と正義を希求し、公共の精神を尊び、豊かな人間性と創造性を備えた人間の育成を期するとともに、伝統を継承し、新しい文化の創造を目指す教育を推進する。

　ここに、我々は、日本国憲法の精神にのっとり、我が国の未来を切り拓く教育の基本を確立し、その振興を図るため、この法律を制定する。

第1章　教育の目的及び理念

（教育の目的）

第1条　教育は、人格の完成を目指し、平和で民主的な国家及び社会の形成者として必要な資質を備えた心身ともに健康な国民の育成を期して行われなければならない。

（教育の目標）

第2条　教育は、その目的を実現するため、学問の自由を尊重しつつ、次に掲げる目標を達成するよう行われるものとする。

　一　幅広い知識と教養を身に付け、真理を求める態度を養い、豊かな情操と道徳心を培うとともに、健やかな身体を養うこと。

　二　個人の価値を尊重して、その能力を伸ばし、創造性を培い、自主及び自律の精神を養うとともに、職業及び生活との関連を重視し、勤労を重んずる態度を養うこと。

　三　正義と責任、男女の平等、自他の敬愛と協力を重んずるとともに、公共の精神に基づき、主体的に社会の形成に参画し、その発展に寄与する態度を養うこと。

　四　生命を尊び、自然を大切にし、環境の保全に寄与する態度を養うこと。

　五　伝統と文化を尊重し、それらをはぐくんできた我が国と郷土を愛するとともに、他国を尊重し、国際社会の平和と発展に寄与する態度を養うこと。

（生涯学習の理念）

第3条　国民一人一人が、自己の人格を磨き、豊かな人生を送ることができるよう、その生涯にわたって、あらゆる機会に、あらゆる場所において学習することができ、その成果を適切に生かすことのできる社会の実現が図られなければならない。

（教育の機会均等）

第4条　すべて国民は、ひとしく、その能力に応じた教育を受ける機会を与えられなければならず、人種、信条、性別、社会的身分、経済的地位又は門地によって、教育上差別されない。

2　国及び地方公共団体は、障害のある者が、その障害の状態に応じ、十分な教育を受けられるよう、教育上必要な支援を講じなければならない。

3　国及び地方公共団体は、能力があるにもかかわらず、経済的理由によって修学が困難な者に対して、奨学の措置を講じなければならない。

第2章　教育の実施に関する基本

（義務教育）

第5条　国民は、その保護する子に、別に法律で定めるところにより、普通教育を受け

させる義務を負う。

2　義務教育として行われる普通教育は、各個人の有する能力を伸ばしつつ社会におい
て自立的に生きる基礎を培い、また、国家及び社会の形成者として必要とされる基本
的な資質を養うことを目的として行われるものとする。

3　国及び地方公共団体は、義務教育の機会を保障し、その水準を確保するため、適切な
役割分担及び相互の協力の下、その実施に責任を負う。

4　国又は地方公共団体の設置する学校における義務教育については、授業料を徴収し
ない。

（学校教育）

第6条　法律に定める学校は、公の性質を有するものであって、国、地方公共団体及び
法律に定める法人のみが、これを設置することができる。

2　前項の学校においては、教育の目標が達成されるよう、教育を受ける者の心身の発達
に応じて、体系的な教育が組織的に行われなければならない。この場合において、教
育を受ける者が、学校生活を営む上で必要な規律を重んずるとともに、自ら進んで学
習に取り組む意欲を高めることを重視して行われなければならない。

（大学）

第7条　大学は、学術の中心として、高い教養と専門的能力を培うとともに、深く真理
を探究して新たな知見を創造し、これらの成果を広く社会に提供することにより、社
会の発展に寄与するものとする。

2　大学については、自主性、自律性その他の大学における教育及び研究の特性が尊重さ
れなければならない。

（私立学校）

第8条　私立学校の有する公の性質及び学校教育において果たす重要な役割にかんがみ、
国及び地方公共団体は、その自主性を尊重しつつ、助成その他の適当な方法によって
私立学校教育の振興に努めなければならない。

（教員）

第9条　法律に定める学校の教員は、自己の崇高な使命を深く自覚し、絶えず研究と修
養に励み、その職責の遂行に努めなければならない。

2　前項の教員については、その使命と職責の重要性にかんがみ、その身分は尊重され、
待遇の適正が期せられるとともに、養成と研修の充実が図られなければならない。

（家庭教育）

第10条　父母その他の保護者は、子の教育について第一義的責任を有するものであって、
生活のために必要な習慣を身に付けさせるとともに、自立心を育成し、心身の調和の
とれた発達を図るよう努めるものとする。

2　国及び地方公共団体は、家庭教育の自主性を尊重しつつ、保護者に対する学習の機会
及び情報の提供その他の家庭教育を支援するために必要な施策を講ずるよう努めな
ければならない。

（幼児期の教育）

第11条　幼児期の教育は、生涯にわたる人格形成の基礎を培う重要なものであること

にかんがみ、国及び地方公共団体は、幼児の健やかな成長に資する良好な環境の整備その他適当な方法によって、その振興に努めなければならない。

（社会教育）

第12条 個人の要望や社会の要請にこたえ、社会において行われる教育は、国及び地方公共団体によって奨励されなければならない。

2 国及び地方公共団体は、図書館、博物館、公民館その他の社会教育施設の設置、学校の施設の利用、学習の機会及び情報の提供その他の適当な方法によって社会教育の振興に努めなければならない。

（学校、家庭及び地域住民等の相互の連携協力）

第13条 学校、家庭及び地域住民その他の関係者は、教育におけるそれぞれの役割と責任を自覚するとともに、相互の連携及び協力に努めるものとする。

（政治教育）

第14条 良識ある公民として必要な政治的教養は、教育上尊重されなければならない。

2 法律に定める学校は、特定の政党を支持し、又はこれに反対するための政治教育その他政治的活動をしてはならない。

（宗教教育）

第15条 宗教に関する寛容の態度、宗教に関する一般的な教養及び宗教の社会生活における地位は、教育上尊重されなければならない。

2 国及び地方公共団体が設置する学校は、特定の宗教のための宗教教育その他宗教的活動をしてはならない。

第3章　教育行政

（教育行政）

第16条 教育は、不当な支配に服することなく、この法律及び他の法律の定めるところにより行われるべきものであり、教育行政は、国と地方公共団体との適切な役割分担及び相互の協力の下、公正かつ適正に行われなければならない。

2 国は、全国的な教育の機会均等と教育水準の維持向上を図るため、教育に関する施策を総合的に策定し、実施しなければならない。

3 地方公共団体は、その地域における教育の振興を図るため、その実情に応じた教育に関する施策を策定し、実施しなければならない。

4 国及び地方公共団体は、教育が円滑かつ継続的に実施されるよう、必要な財政上の措置を講じなければならない。

（教育振興基本計画）

第17条 政府は、教育の振興に関する施策の総合的かつ計画的な推進を図るため、教育の振興に関する施策についての基本的な方針及び講ずべき施策その他必要な事項について、基本的な計画を定め、これを国会に報告するとともに、公表しなければならない。

2 地方公共団体は、前項の計画を参酌し、その地域の実情に応じ、当該地方公共団体における教育の振興のための施策に関する基本的な計画を定めるよう努めなければな

らない。

第4章　法令の制定
第18条　この法律に規定する諸条項を実施するため、必要な法令が制定されなければ
ならない。

学校教育法
（昭和22年3月31日　法律第26号）

第1章　総則
第1条　この法律で、学校とは、幼稚園、小学校、中学校、義務教育学校、高等学校、
中等教育学校、特別支援学校、大学及び高等専門学校とする。
第2条　学校は、国（国立大学法人法（平成15年法律第112号）第2条第1項に規定す
る国立大学法人及び独立行政法人国立高等専門学校機構を含む。以下同じ。）、地方
公共団体（地方独立行政法人法（平成15年法律第118号）第68条第1項に規定する
公立大学法人を含む。次項において同じ。）及び私立学校法第3条に規定する学校法
人（以下学校法人と称する。）のみが、これを設置することができる。
2　この法律で、国立学校とは、国の設置する学校を、公立学校とは、地方公共団体の設
置する学校を、私立学校とは、学校法人の設置する学校をいう。
第3条　学校を設置しようとする者は、学校の種類に応じ、文部科学大臣の定める設備、
編制その他に関する設置基準に従い、これを設置しなければならない。
第4条　次の各号に掲げる学校の設置廃止、設置者の変更その他政令で定める事項（次
条において「設置廃止等」という。）は、それぞれ当該各号に定める者の認可を受け
なければならない。これらの学校のうち、高等学校（中等教育学校の後期課程を含
む。）の通常の課程（以下「全日制の課程」という。）、夜間その他特別の時間又は時
期において授業を行う課程（以下「定時制の課程」という。）及び通信による教育を
行う課程（以下「通信制の課程」という。）、大学の学部、大学院及び大学院の研究科
並びに第108条第2項の大学の学科についても、同様とする。
一　公立又は私立の大学及び高等専門学校　文部科学大臣
二　市町村の設置する高等学校、中等教育学校及び特別支援学校　都道府県の教育委
員会
三　私立の幼稚園、小学校、中学校、義務教育学校、高等学校、中等教育学校及び特
別支援学校　都道府県知事
2　前項の規定にかかわらず、同項第一号に掲げる学校を設置する者は、次に掲げる事項
を行うときは、同項の認可を受けることを要しない。この場合において、当該学校を
設置する者は、文部科学大臣の定めるところにより、あらかじめ、文部科学大臣に届
け出なければならない。
一　大学の学部若しくは大学院の研究科又は第108条第2項の大学の学科の設置であ

つて、当該大学が授与する学位の種類及び分野の変更を伴わないもの

二　大学の学部若しくは大学院の研究科又は第108条第2項の大学の学科の廃止

三　前二号に掲げるもののほか、政令で定める事項

3　文部科学大臣は、前項の届出があつた場合において、その届出に係る事項が、設備、授業その他の事項に関する法令の規定に適合しないと認めるときは、その届出をした者に対し、必要な措置をとるべきことを命ずることができる。

4　地方自治法（昭和22年法律第67号）第252条の19第1項の指定都市（第54条第3項において「指定都市」という。）の設置する高等学校及び中等教育学校については、第1項の規定は、適用しない。この場合において、当該高等学校及び中等教育学校を設置する者は、同項の規定により認可を受けなければならないとされている事項を行おうとするときは、あらかじめ、都道府県の教育委員会に届け出なければならない。

5　第2項第一号の学位の種類及び分野の変更に関する基準は、文部科学大臣が、これを定める。

第4条の2　市町村は、その設置する幼稚園の設置廃止等を行おうとするときは、あらかじめ、都道府県の教育委員会に届け出なければならない。

第5条　学校の設置者は、その設置する学校を管理し、法令に特別の定のある場合を除いては、その学校の経費を負担する。

第6条　学校においては、授業料を徴収することができる。ただし、国立又は公立の小学校及び中学校、義務教育学校、中等教育学校の前期課程又は特別支援学校の小学部及び中学部における義務教育については、これを徴収することができない。

第7条　学校には、校長及び相当数の教員を置かなければならない。

第8条　校長及び教員（教育職員免許法（昭和24年法律第147号）の適用を受ける者を除く。）の資格に関する事項は、別に法律で定めるもののほか、文部科学大臣がこれを定める。

第9条　次の各号のいずれかに該当する者は、校長又は教員となることができない。

一　成年被後見人又は被保佐人

二　禁錮以上の刑に処せられた者

三　教育職員免許法第10条第1項第二号又は第三号に該当することにより免許状がその効力を失い、当該失効の日から3年を経過しない者

四　教育職員免許法第11条第1項から第3項までの規定により免許状取上げの処分を受け、3年を経過しない者

五　日本国憲法施行の日以後において、日本国憲法又はその下に成立した政府を暴力で破壊することを主張する政党その他の団体を結成し、又はこれに加入した者

第10条　私立学校は、校長を定め、大学及び高等専門学校にあつては文部科学大臣に、大学及び高等専門学校以外の学校にあつては都道府県知事に届け出なければならない。

第11条　校長及び教員は、教育上必要があると認めるときは、文部科学大臣の定めるところにより、児童、生徒及び学生に懲戒を加えることができる。ただし、体罰を加えることはできない。

第2章　義務教育

第16条　保護者（子に対して親権を行う者（親権を行う者のないときは、未成年後見人）をいう。以下同じ。）は、次条に定めるところにより、子に9年の普通教育を受けさせる義務を負う。

第17条　保護者は、子の満6歳に達した日の翌日以後における最初の学年の初めから、満12歳に達した日の属する学年の終わりまで、これを小学校、義務教育学校の前期課程又は特別支援学校の小学部に就学させる義務を負う。ただし、子が、満12歳に達した日の属する学年の終わりまでに小学校の課程、義務教育学校の前期課程又は特別支援学校の小学部の課程を修了しないときは、満15歳に達した日の属する学年の終わり（それまでの間においてこれらの課程を修了したときは、その修了した日の属する学年の終わり）までとする。

2　保護者は、子が小学校の課程、義務教育学校の前期課程又は特別支援学校の小学部の課程を修了した日の翌日以後における最初の学年の初めから、満15歳に達した日の属する学年の終わりまで、これを中学校、義務教育学校の後期課程、中等教育学校の前期課程又は特別支援学校の中学部に就学させる義務を負う。

3　前2項の義務の履行の督促その他これらの義務の履行に関し必要な事項は、政令で定める。

第18条　前条第1項又は第2項の規定によつて、保護者が就学させなければならない子（以下それぞれ「学齢児童」又は「学齢生徒」という。）で、病弱、発育不完全その他やむを得ない事由のため、就学困難と認められる者の保護者に対しては、市町村の教育委員会は、文部科学大臣の定めるところにより、同条第1項又は第2項の義務を猶予又は免除することができる。

第19条　経済的理由によつて、就学困難と認められる学齢児童又は学齢生徒の保護者に対しては、市町村は、必要な援助を与えなければならない。

第20条　学齢児童又は学齢生徒を使用する者は、その使用によつて、当該学齢児童又は学齢生徒が、義務教育を受けることを妨げてはならない。

第21条　義務教育として行われる普通教育は、教育基本法（平成18年法律第120号）第5条第2項に規定する目的を実現するため、次に掲げる目標を達成するよう行われるものとする。

　一　学校内外における社会的活動を促進し、自主、自律及び協同の精神、規範意識、公正な判断力並びに公共の精神に基づき主体的に社会の形成に参画し、その発展に寄与する態度を養うこと。

　二　学校内外における自然体験活動を促進し、生命及び自然を尊重する精神並びに環境の保全に寄与する態度を養うこと。

　三　我が国と郷土の現状と歴史について、正しい理解に導き、伝統と文化を尊重し、それらをはぐくんできた我が国と郷土を愛する態度を養うとともに、進んで外国の文化の理解を通じて、他国を尊重し、国際社会の平和と発展に寄与する態度を養うこと。

　四　家族と家庭の役割、生活に必要な衣、食、住、情報、産業その他の事項について

基礎的な理解と技能を養うこと。

五　読書に親しませ、生活に必要な国語を正しく理解し、使用する基礎的な能力を養うこと。

六　生活に必要な数量的な関係を正しく理解し、処理する基礎的な能力を養うこと。

七　生活にかかわる自然現象について、観察及び実験を通じて、科学的に理解し、処理する基礎的な能力を養うこと。

八　健康、安全で幸福な生活のために必要な習慣を養うとともに、運動を通じて体力を養い、心身の調和的発達を図ること。

九　生活を明るく豊かにする音楽、美術、文芸その他の芸術について基礎的な理解と技能を養うこと。

十　職業についての基礎的な知識と技能、勤労を重んずる態度及び個性に応じて将来の進路を選択する能力を養うこと。

第3章　幼稚園

第22条　幼稚園は、義務教育及びその後の教育の基礎を培うものとして、幼児を保育し、幼児の健やかな成長のために適当な環境を与えて、その心身の発達を助長することを目的とする。

第23条　幼稚園における教育は、前条に規定する目的を実現するため、次に掲げる目標を達成するよう行われるものとする。

一　健康、安全で幸福な生活のために必要な基本的な習慣を養い、身体諸機能の調和的発達を図ること。

二　集団生活を通じて、喜んでこれに参加する態度を養うとともに家族や身近な人への信頼感を深め、自主、自律及び協同の精神並びに規範意識の芽生えを養うこと。

三　身近な社会生活、生命及び自然に対する興味を養い、それらに対する正しい理解と態度及び思考力の芽生えを養うこと。

四　日常の会話や、絵本、童話等に親しむことを通じて、言葉の使い方を正しく導くとともに、相手の話を理解しようとする態度を養うこと。

五　音楽、身体による表現、造形等に親しむことを通じて、豊かな感性と表現力の芽生えを養うこと。

（略）

第4章　小学校

第29条　小学校は、心身の発達に応じて、義務教育として行われる普通教育のうち基礎的なものを施すことを目的とする。

第30条　小学校における教育は、前条に規定する目的を実現するために必要な程度において第21条各号に掲げる目標を達成するよう行われるものとする。

2　前項の場合においては、生涯にわたり学習する基盤が培われるよう、基礎的な知識及び技能を習得させるとともに、これらを活用して課題を解決するために必要な思考力、判断力、表現力その他の能力をはぐくみ、主体的に学習に取り組む態度を養うことに、特に意を用いなければならない。

第31条 小学校においては、前条第1項の規定による目標の達成に資するよう、教育指導を行うに当たり、児童の体験的な学習活動、特にボランティア活動など社会奉仕体験活動、自然体験活動その他の体験活動の充実に努めるものとする。この場合において、社会教育関係団体その他の関係団体及び関係機関との連携に十分配慮しなければならない。

第32条 小学校の修業年限は、6年とする。

第33条 小学校の教育課程に関する事項は、第29条及び第30条の規定に従い、文部科学大臣が定める。

第34条 小学校においては、文部科学大臣の検定を経た教科用図書又は文部科学省が著作の名義を有する教科用図書を使用しなければならない。

2 前項の教科用図書以外の図書その他の教材で、有益適切なものは、これを使用することができる。

3 第1項の検定の申請に係る教科用図書に関し調査審議させるための審議会等（国家行政組織法（昭和23年法律第120号）第8条に規定する機関をいう。以下同じ。）については、政令で定める。

第35条 市町村の教育委員会は、次に掲げる行為の一又は二以上を繰り返し行う等性行不良であつて他の児童の教育に妨げがあると認める児童があるときは、その保護者に対して、児童の出席停止を命ずることができる。

一 他の児童に傷害、心身の苦痛又は財産上の損失を与える行為

二 職員に傷害又は心身の苦痛を与える行為

三 施設又は設備を損壊する行為

四 授業その他の教育活動の実施を妨げる行為

2 市町村の教育委員会は、前項の規定により出席停止を命ずる場合には、あらかじめ保護者の意見を聴取するとともに、理由及び期間を記載した文書を交付しなければならない。

3 前項に規定するもののほか、出席停止の命令の手続に関し必要な事項は、教育委員会規則で定めるものとする。

4 市町村の教育委員会は、出席停止の命令に係る児童の出席停止の期間における学習に対する支援その他の教育上必要な措置を講ずるものとする。

第36条 学齢に達しない子は、小学校に入学させることができない。

第37条 小学校には、校長、教頭、教諭、養護教諭及び事務職員を置かなければならない。

2 小学校には、前項に規定するもののほか、副校長、主幹教諭、指導教諭、栄養教諭その他必要な職員を置くことができる。

第44条 私立の小学校は、都道府県知事の所管に属する。

第5章　中学校

第45条 中学校は、小学校における教育の基礎の上に、心身の発達に応じて、義務教育として行われる普通教育を施すことを目的とする。

第46条 中学校における教育は、前条に規定する目的を実現するため、第21条各号に掲げる目標を達成するよう行われるものとする。

第47条 中学校の修業年限は、3年とする。

第48条 中学校の教育課程に関する事項は、第45条及び第46条の規定並びに次条において読み替えて準用する第30条第2項の規定に従い、文部科学大臣が定める。

第5章の2　義務教育学校

第49条の2 義務教育学校は、心身の発達に応じて、義務教育として行われる普通教育を基礎的なものから一貫して施すことを目的とする。

第49条の3 義務教育学校における教育は、前条に規定する目的を実現するため、第21条各号に掲げる目標を達成するよう行われるものとする。

第49条の4 義務教育学校の修業年限は、9年とする。

第49条の5 義務教育学校の課程は、これを前期6年の前期課程及び後期3年の後期課程に区分する。

第49条の6 義務教育学校の前期課程における教育は、第49条の2に規定する目的のうち、心身の発達に応じて、義務教育として行われる普通教育のうち基礎的なものを施すことを実現するために必要な程度において第21条各号に掲げる目標を達成するよう行われるものとする。

　　義務教育学校の後期課程における教育は、第49条の2に規定する目的のうち、前期課程における教育の基礎の上に、心身の発達に応じて、義務教育として行われる普通教育を施すことを実現するため、第21条各号に掲げる目標を達成するよう行われるものとする。

第6章　高等学校

第50条 高等学校は、中学校における教育の基礎の上に、心身の発達及び進路に応じて、高度な普通教育及び専門教育を施すことを目的とする。

第51条 高等学校における教育は、前条に規定する目的を実現するため、次に掲げる目標を達成するよう行われるものとする。

一　義務教育として行われる普通教育の成果を更に発展拡充させて、豊かな人間性、創造性及び健やかな身体を養い、国家及び社会の形成者として必要な資質を養うこと。

二　社会において果たさなければならない使命の自覚に基づき、個性に応じて将来の進路を決定させ、一般的な教養を高め、専門的な知識、技術及び技能を習得させること。

三　個性の確立に努めるとともに、社会について、広く深い理解と健全な批判力を養い、社会の発展に寄与する態度を養うこと。

第52条 高等学校の学科及び教育課程に関する事項は、前2条の規定及び第62条において読み替えて準用する第30条第2項の規定に従い、文部科学大臣が定める。

第53条 高等学校には、全日制の課程のほか、定時制の課程を置くことができる。

2 高等学校には、定時制の課程のみを置くことができる。

第 54 条 高等学校には、全日制の課程又は定時制の課程のほか、通信制の課程を置くことができる。

2 高等学校には、通信制の課程のみを置くことができる。

4 通信制の課程に関し必要な事項は、文部科学大臣が、これを定める。

第 56 条 高等学校の修業年限は、全日制の課程については、3 年とし、定時制の課程及び通信制の課程については、3 年以上とする。

第 60 条 高等学校には、校長、教頭、教諭及び事務職員を置かなければならない。

2 高等学校には、前項に規定するもののほか、副校長、主幹教諭、指導教諭、養護教諭、栄養教諭、養護助教諭、実習助手、技術職員その他必要な職員を置くことができる。

第 7 章　中等教育学校

第 63 条 中等教育学校は、小学校における教育の基礎の上に、心身の発達及び進路に応じて、義務教育として行われる普通教育並びに高度な普通教育及び専門教育を一貫して施すことを目的とする。

第 64 条 中等教育学校における教育は、前条に規定する目的を実現するため、次に掲げる目標を達成するよう行われるものとする。

一　豊かな人間性、創造性及び健やかな身体を養い、国家及び社会の形成者として必要な資質を養うこと。

二　社会において果たさなければならない使命の自覚に基づき、個性に応じて将来の進路を決定させ、一般的な教養を高め、専門的な知識、技術及び技能を習得させること。

三　個性の確立に努めるとともに、社会について、広く深い理解と健全な批判力を養い、社会の発展に寄与する態度を養うこと。

第 65 条 中等教育学校の修業年限は、6 年とする。

第 66 条 中等教育学校の課程は、これを前期 3 年の前期課程及び後期 3 年の後期課程に区分する。

第 67 条 中等教育学校の前期課程における教育は、第 63 条に規定する目的のうち、小学校における教育の基礎の上に、心身の発達に応じて、義務教育として行われる普通教育を施すことを実現するため、第 21 条各号に掲げる目標を達成するよう行われるものとする。

2 中等教育学校の後期課程における教育は、第 63 条に規定する目的のうち、心身の発達及び進路に応じて、高度な普通教育及び専門教育を施すことを実現するため、第 64 条各号に掲げる目標を達成するよう行われるものとする。

第 69 条 中等教育学校には、校長、教頭、教諭、養護教諭及び事務職員を置かなければならない。

2 中等教育学校には、前項に規定するもののほか、副校長、主幹教諭、指導教諭、栄養教諭、実習助手、技術職員その他必要な職員を置くことができる。

第8章　特別支援教育

第72条　特別支援学校は、視覚障害者、聴覚障害者、知的障害者、肢体不自由者又は病弱者（身体虚弱者を含む。以下同じ。）に対して、幼稚園、小学校、中学校又は高等学校に準ずる教育を施すとともに、障害による学習上又は生活上の困難を克服し自立を図るために必要な知識技能を授けることを目的とする。

第73条　特別支援学校においては、文部科学大臣の定めるところにより、前条に規定する者に対する教育のうち当該学校が行うものを明らかにするものとする。

第74条　特別支援学校においては、第72条に規定する目的を実現するための教育を行うほか、幼稚園、小学校、中学校、義務教育学校、高等学校又は中等教育学校の要請に応じて、第81条第1項に規定する幼児、児童又は生徒の教育に関し必要な助言又は援助を行うよう努めるものとする。

第75条　第72条に規定する視覚障害者、聴覚障害者、知的障害者、肢体不自由者又は病弱者の障害の程度は、政令で定める。

第76条　特別支援学校には、小学部及び中学部を置かなければならない。ただし、特別の必要のある場合においては、そのいずれかのみを置くことができる。

2　特別支援学校には、小学部及び中学部のほか、幼稚部又は高等部を置くことができ、また、特別の必要のある場合においては、前項の規定にかかわらず、小学部及び中学部を置かないで幼稚部又は高等部のみを置くことができる。

第77条　特別支援学校の幼稚部の教育課程その他の保育内容、小学部及び中学部の教育課程又は高等部の学科及び教育課程に関する事項は、幼稚園、小学校、中学校又は高等学校に準じて、文部科学大臣が定める。

第81条　幼稚園、小学校、中学校、高等学校及び中等教育学校においては、次項各号のいずれかに該当する幼児、児童及び生徒その他教育上特別の支援を必要とする幼児、児童及び生徒に対し、文部科学大臣の定めるところにより、障害による学習上又は生活上の困難を克服するための教育を行うものとする。

2　小学校、中学校、義務教育学校、高等学校及び中等教育学校には、次の各号のいずれかに該当する児童及び生徒のために、特別支援学級を置くことができる。

一　知的障害者
二　肢体不自由者
三　身体虚弱者
四　弱視者
五　難聴者
六　その他障害のある者で、特別支援学級において教育を行うことが適当なもの

3　前項に規定する学校においては、疾病により療養中の児童及び生徒に対して、特別支援学級を設け、又は教員を派遣して、教育を行うことができる。

第9章　大学

第83条　大学は、学術の中心として、広く知識を授けるとともに、深く専門の学芸を教授研究し、知的、道徳的及び応用的能力を展開させることを目的とする。

2 大学は、その目的を実現するための教育研究を行い、その成果を広く社会に提供することにより、社会の発展に寄与するものとする。

第10章　高等専門学校

第115条　高等専門学校は、深く専門の学芸を教授し、職業に必要な能力を育成することを目的とする。

2 高等専門学校は、その目的を実現するための教育を行い、その成果を広く社会に提供することにより、社会の発展に寄与するものとする。

第11章　専修学校

（略）

教育職員免許法

（昭和24年5月31日　法律第147号）

第1章　総則

（この法律の目的）

第1条　この法律は、教育職員の免許に関する基準を定め、教育職員の資質の保持と向上を図ることを目的とする。

（定義）

第2条　この法律において「教育職員」とは、学校（学校教育法（昭和22年法律第26号）第1条に規定する幼稚園、小学校、中学校、高等学校、中等教育学校及び特別支援学校（第3項において「第1条学校」という。）並びに就学前の子どもに関する教育、保育等の総合的な提供の推進に関する法律（平成18年法律第77号）第2条第7項に規定する幼保連携型認定こども園（以下「幼保連携型認定こども園」という。）をいう。以下同じ。）の主幹教諭（幼保連携型認定こども園の主幹養護教諭及び主幹栄養教諭を含む。以下同じ。）、指導教諭、教諭、助教諭、養護教諭、養護助教諭、栄養教諭、主幹保育教諭、指導保育教諭、保育教諭、助保育教諭及び講師（以下「教員」という。）をいう。

2 この法律で「免許管理者」とは、免許状を有する者が教育職員及び文部科学省令で定める教育の職にある者である場合にあつてはその者の勤務地の都道府県の教育委員会、これらの者以外の者である場合にあつてはその者の住所地の都道府県の教育委員会をいう。

3 この法律において「所轄庁」とは、大学附置の国立学校（国（国立大学法人法（平成15年法律第112号）第2条第1項に規定する国立大学法人を含む。以下この項において同じ。）が設置する学校をいう。以下同じ。）又は公立学校（地方公共団体が設置する学校をいう。以下同じ。）の教員にあつてはその大学の学長、大学附置の学校以外の公立学校（第1条学校に限る。）の教員にあつてはその学校を所管する教育委員

会、大学附置の学校以外の公立学校（幼保連携型認定こども園に限る。）の教員にあつてはその学校を所管する地方公共団体の長、私立学校（国及び地方公共団体以外の者が設置する学校をいう。以下同じ。）の教員にあつては都道府県知事（地方自治法（昭和22年法律第67号）第252条の19第1項の指定都市又は同法第252条の22第1項の中核市（以下この項において「指定都市等」という。）の区域内の幼保連携型認定こども園の教員にあつては、当該指定都市等の長）をいう。

4　この法律で「自立教科等」とは、理療（あん摩、マッサージ、指圧等に関する基礎的な知識技能の修得を目標とした教科をいう。）、理学療法、理容その他の職業についての知識技能の修得に関する教科及び学習上又は生活上の困難を克服し自立を図るために必要な知識技能の修得を目的とする教育に係る活動（以下「自立活動」という。）をいう。

5　この法律で「特別支援教育領域」とは、学校教育法第72条に規定する視覚障害者、聴覚障害者、知的障害者、肢体不自由者又は病弱者（身体虚弱者を含む。）に関するいずれかの教育の領域をいう。

（免許）

第3条　教育職員は、この法律により授与する各相当の免許状を有する者でなければならない。

2　前項の規定にかかわらず、主幹教諭（養護又は栄養の指導及び管理をつかさどる主幹教諭を除く。）及び指導教諭については各相当学校の教諭の免許状を有する者を、養護をつかさどる主幹教諭については養護教諭の免許状を有する者を、栄養の指導及び管理をつかさどる主幹教諭については栄養教諭の免許状を有する者を、講師については各相当学校の教員の相当免許状を有する者を、それぞれ充てるものとする。

3　特別支援学校の教員（養護又は栄養の指導及び管理をつかさどる主幹教諭、養護教諭、養護助教諭、栄養教諭並びに特別支援学校において自立教科等の教授を担任する教員を除く。）については、第1項の規定にかかわらず、特別支援学校の教員の免許状のほか、特別支援学校の各部に相当する学校の教員の免許状を有する者でなければならない。

4　中等教育学校の教員（養護又は栄養の指導及び管理をつかさどる主幹教諭、養護教諭、養護助教諭並びに栄養教諭を除く。）については、第1項の規定にかかわらず、中学校の教員の免許状及び高等学校の教員の免許状を有する者でなければならない。

5　幼保連携型認定こども園の教員の免許については、第1項の規定にかかわらず、就学前の子どもに関する教育、保育等の総合的な提供の推進に関する法律の定めるところによる。

（免許状を要しない非常勤の講師）

（略）

第2章　免許状

（種類）

第4条　免許状は、普通免許状、特別免許状及び臨時免許状とする。

2 普通免許状は、学校（中等教育学校及び幼保連携型認定こども園を除く。）の種類ごとの教諭の免許状、養護教諭の免許状及び栄養教諭の免許状とし、それぞれ専修免許状、一種免許状及び二種免許状（高等学校教諭の免許状にあつては、専修免許状及び一種免許状）に区分する。

3 特別免許状は、学校（幼稚園、中等教育学校及び幼保連携型認定こども園を除く。）の種類ごとの教諭の免許状とする。

4 臨時免許状は、学校（中等教育学校及び幼保連携型認定こども園を除く。）の種類ごとの助教諭の免許状及び養護助教諭の免許状とする。

5 中学校及び高等学校の教員の普通免許状及び臨時免許状は、次に掲げる各教科について授与するものとする。

　一　中学校の教員にあつては、国語、社会、数学、理科、音楽、美術、保健体育、保健、技術、家庭、職業（職業指導及び職業実習（農業、工業、商業、水産及び商船のうちいずれか1以上の実習とする。以下同じ。）を含む。）、職業指導、職業実習、外国語（英語、ドイツ語、フランス語その他の外国語に分ける。）及び宗教

　二　高等学校の教員にあつては、国語、地理歴史、公民、数学、理科、音楽、美術、工芸、書道、保健体育、保健、看護、看護実習、家庭、家庭実習、情報、情報実習、農業、農業実習、工業、工業実習、商業、商業実習、水産、水産実習、福祉、福祉実習、商船、商船実習、職業指導、外国語（英語、ドイツ語、フランス語その他の外国語に分ける。）及び宗教

6 小学校教諭、中学校教諭及び高等学校教諭の特別免許状は、次に掲げる教科又は事項について授与するものとする。

　一　小学校教諭にあつては、国語、社会、算数、理科、生活、音楽、図画工作、家庭及び体育

　二　中学校教諭にあつては、前項第一号に掲げる各教科及び第16条の3第1項の文部科学省令で定める教科

　三　高等学校教諭にあつては、前項第二号に掲げる各教科及びこれらの教科の領域の一部に係る事項で第16条の4第1項の文部科学省令で定めるもの並びに第16条の3第1項の文部科学省令で定める教科

（授与）

第5条　普通免許状は、別表第1、別表第2若しくは別表第2の2に定める基礎資格を有し、かつ、大学若しくは文部科学大臣の指定する養護教諭養成機関において別表第1、別表第2若しくは別表第2の2に定める単位を修得した者又はその免許状を授与するため行う教育職員検定に合格した者に授与する。ただし、次の各号のいずれかに該当する者には、授与しない。

　一　18歳未満の者

　二　高等学校を卒業しない者（通常の課程以外の課程におけるこれに相当するものを修了しない者を含む。）。ただし、文部科学大臣において高等学校を卒業した者と同等以上の資格を有すると認めた者を除く。

　三　成年被後見人又は被保佐人

四　禁錮以上の刑に処せられた者

　五　第10条第1項第二号又は第三号に該当することにより免許状がその効力を失い、当該失効の日から3年を経過しない者

　六　第11条第1項から第3項までの規定により免許状取上げの処分を受け、当該処分の日から3年を経過しない者

　七　日本国憲法施行の日以後において、日本国憲法又はその下に成立した政府を暴力で破壊することを主張する政党その他の団体を結成し、又はこれに加入した者

2　前項本文の規定にかかわらず、別表第1から別表第2の2までに規定する普通免許状に係る所要資格を得た日の翌日から起算して10年を経過する日の属する年度の末日を経過した者に対する普通免許状の授与は、その者が免許状更新講習（第9条の3第1項に規定する免許状更新講習をいう。以下第9条の2までにおいて同じ。）の課程を修了した後文部科学省令で定める2年以上の期間内にある場合に限り、行うものとする。

3　特別免許状は、教育職員検定に合格した者に授与する。ただし、第1項各号のいずれかに該当する者には、授与しない。

4　前項の教育職員検定は、次の各号のいずれにも該当する者について、教育職員に任命し、又は雇用しようとする者が、学校教育の効果的な実施に特に必要があると認める場合において行う推薦に基づいて行うものとする。

　一　担当する教科に関する専門的な知識経験又は技能を有する者

　二　社会的信望があり、かつ、教員の職務を行うのに必要な熱意と識見を持っている者

5　第7項で定める授与権者は、第3項の教育職員検定において合格の決定をしようとするときは、あらかじめ、学校教育に関し学識経験を有する者その他の文部科学省令で定める者の意見を聴かなければならない。

6　臨時免許状は、普通免許状を有する者を採用することができない場合に限り、第1項各号のいずれにも該当しない者で教育職員検定に合格したものに授与する。ただし、高等学校助教諭の臨時免許状は、次の各号のいずれかに該当する者以外の者には授与しない。

　一　短期大学士の学位又は準学士の称号を有する者

　二　文部科学大臣が前号に掲げる者と同等以上の資格を有すると認めた者

7　免許状は、都道府県の教育委員会（以下「授与権者」という。）が授与する。

（免許状の授与の手続等）

第5条の2　免許状の授与を受けようとする者は、申請書に授与権者が定める書類を添えて、授与権者に申し出るものとする。

（教育職員検定）

第6条　教育職員検定は、受検者の人物、学力、実務及び身体について、授与権者が行う。

2　学力及び実務の検定は、第5条第3項及び第6項、前条第3項並びに第18条の場合を除くほか、別表第3又は別表第5から別表第8までに定めるところによつて行わ

なければならない。

3 1以上の教科についての教諭の免許状を有する者に他の教科についての教諭の免許状を授与するため行う教育職員検定は、第1項の規定にかかわらず、受検者の人物、学力及び身体について行う。この場合における学力の検定は、前項の規定にかかわらず、別表第4の定めるところによつて行わなければならない。

（証明書の発行）

第7条 大学（文部科学大臣の指定する教員養成機関、並びに文部科学大臣の認定する講習及び通信教育の開設者を含む。）は、免許状の授与、新教育領域の追加の定め（第5条の2第3項の規定による新教育領域の追加の定めをいう。）又は教育職員検定を受けようとする者から請求があつたときは、その者の学力に関する証明書を発行しなければならない。

2 国立学校又は公立学校の教員にあつては所轄庁、私立学校の教員にあつてはその私立学校を設置する学校法人等（学校法人（私立学校法（昭和24年法律第270号）第3条に規定する学校法人をいう。以下同じ。）又は社会福祉法人（社会福祉法（昭和26年法律第45号）第22条に規定する社会福祉法人をいう。以下同じ。）をいう。以下同じ。）の理事長は、教育職員検定を受けようとする者から請求があつたときは、その者の人物、実務及び身体に関する証明書を発行しなければならない。

4 免許状更新講習を行う者は、免許状の授与又は免許状の有効期間の更新を受けようとする者から請求があつたときは、その者の免許状更新講習の課程の修了又は免許状更新講習の課程の一部の履修に関する証明書を発行しなければならない。

（効力）

第9条 普通免許状は、その授与の日の翌日から起算して10年を経過する日の属する年度の末日まで、すべての都道府県（中学校及び高等学校の教員の宗教の教科についての免許状にあつては、国立学校又は公立学校の場合を除く。次項及び第3項において同じ。）において効力を有する。

2 特別免許状は、その授与の日の翌日から起算して10年を経過する日の属する年度の末日まで、その免許状を授与した授与権者の置かれる都道府県においてのみ効力を有する。

3 臨時免許状は、その免許状を授与したときから3年間、その免許状を授与した授与権者の置かれる都道府県においてのみ効力を有する。

（有効期間の更新及び延長）

第9条の2 免許管理者は、普通免許状又は特別免許状の有効期間を、その満了の際、その免許状を有する者の申請により更新することができる。

2 前項の申請は、申請書に免許管理者が定める書類を添えて、これを免許管理者に提出してしなければならない。

3 第1項の規定による更新は、その申請をした者が当該普通免許状又は特別免許状の有効期間の満了する日までの文部科学省令で定める2年以上の期間内において免許状更新講習の課程を修了した者である場合又は知識技能その他の事項を勘案して免許状更新講習を受ける必要がないものとして文部科学省令で定めるところにより免

許管理者が認めた者である場合に限り、行うものとする。

4　第1項の規定により更新された普通免許状又は特別免許状の有効期間は、更新前の有効期間の満了の日の翌日から起算して10年を経過する日の属する年度の末日までとする。

5　免許管理者は、普通免許状又は特別免許状を有する者が、次条第3項第一号に掲げる者である場合において、同条第4項の規定により免許状更新講習を受けることができないことその他文部科学省令で定めるやむを得ない事由により、その免許状の有効期間の満了の日までに免許状更新講習の課程を修了することが困難であると認めるときは、文部科学省令で定めるところにより相当の期間を定めて、その免許状の有効期間を延長するものとする。

（免許状更新講習）

第9条の3　免許状更新講習は、大学その他文部科学省令で定める者が、次に掲げる基準に適合することについての文部科学大臣の認定を受けて行う。

一　講習の内容が、教員の職務の遂行に必要なものとして文部科学省令で定める事項に関する最新の知識技能を修得させるための課程（その一部として行われるものを含む。）であること。

二　講習の講師が、次のいずれかに該当する者であること。

イ　文部科学大臣が第16条の3第4項の政令で定める審議会等に諮問して免許状の授与の所要資格を得させるために適当と認める課程を有する大学において、当該課程を担当する教授、准教授又は講師の職にある者

ロ　イに掲げる者に準ずるものとして文部科学省令で定める者

三　講習の課程の修了の認定（課程の一部の履修の認定を含む。）が適切に実施されるものであること。

四　その他文部科学省令で定める要件に適合するものであること。

2　前項に規定する免許状更新講習（以下単に「免許状更新講習」という。）の時間は、30時間以上とする。

3　免許状更新講習は、次に掲げる者に限り、受けることができる。

一　教育職員及び文部科学省令で定める教育の職にある者

二　教育職員に任命され、又は雇用されることとなつている者及びこれに準ずるものとして文部科学省令で定める者

4　前項の規定にかかわらず、公立学校の教員であつて教育公務員特例法（昭和24年法律第一号）第25条の2第1項に規定する指導改善研修（以下この項及び次項において単に「指導改善研修」という。）を命ぜられた者は、その指導改善研修が終了するまでの間は、免許状更新講習を受けることができない。

5　前項に規定する者の任命権者（免許管理者を除く。）は、その者に指導改善研修を命じたとき、又はその者の指導改善研修が終了したときは、速やかにその旨を免許管理者に通知しなければならない。

6　前各項に規定するもののほか、免許状更新講習に関し必要な事項は、文部科学省令で定める。

資料編 ■ 209

（有効期間の更新又は延長の場合の通知等）

第9条の4　免許管理者は、普通免許状又は特別免許状の有効期間を更新し、又は延長したときは、その旨をその免許状を有する者、その者の所轄庁（免許管理者を除く。）及びその免許状を授与した授与権者（免許管理者を除く。）に通知しなければならない。

2　免許状の有効期間を更新し、若しくは延長したとき、又は前項の通知を受けたときは、その免許状を授与した授与権者は、その旨を第8条第1項の原簿に記入しなければならない。

（二種免許状を有する者の一種免許状の取得に係る努力義務）

第9条の5　教育職員で、その有する相当の免許状（主幹教諭（養護又は栄養の指導及び管理をつかさどる主幹教諭を除く。）及び指導教諭についてはその有する相当学校の教諭の免許状、養護をつかさどる主幹教諭についてはその有する養護教諭の免許状、栄養の指導及び管理をつかさどる主幹教諭についてはその有する栄養教諭の免許状、講師についてはその有する相当学校の教員の相当免許状）が二種免許状であるものは、相当の一種免許状の授与を受けるように努めなければならない。

第3章　免許状の失効及び取上げ

（失効）

第10条　免許状を有する者が、次の各号のいずれかに該当する場合には、その免許状はその効力を失う。

　一　第5条第1項第三号、第四号又は第七号に該当するに至つたとき。

　二　公立学校の教員であつて懲戒免職の処分を受けたとき。

　三　公立学校の教員（地方公務員法（昭和25年法律第261号）第29条の2第1項各号に掲げる者に該当する者を除く。）であつて同法第28条第1項第一号又は第三号に該当するとして分限免職の処分を受けたとき。

2　前項の規定により免許状が失効した者は、速やかに、その免許状を免許管理者に返納しなければならない。

（略）

教育公務員特例法

　　　　（昭和24年1月12日　法律第1号）

（この法律の趣旨）

第1条　この法律は、教育を通じて国民全体に奉仕する教育公務員の職務とその責任の特殊性に基づき、教育公務員の任免、給与、分限、懲戒、服務及び研修等について規定する。

（定義）

第2条　この法律において「教育公務員」とは、地方公務員のうち、学校（学校教育法

（昭和22年法律第26号）第1条に規定する学校及び就学前の子どもに関する教育、保育等の総合的な提供の推進に関する法律（平成18年法律第77号）第2条第7項に規定する幼保連携型認定こども園（以下「幼保連携型認定こども園」という。）をいう。以下同じ。）であつて地方公共団体が設置するもの（以下「公立学校」という。）の学長、校長（園長を含む。以下同じ。）、教員及び部局長並びに教育委員会の専門的教育職員をいう。

2　この法律において「教員」とは、公立学校の教授、准教授、助教、副校長（副園長を含む。以下同じ。）、教頭、主幹教諭（幼保連携型認定こども園の主幹養護教諭及び主幹栄養教諭を含む。以下同じ。）、指導教諭、教諭、助教諭、養護教諭、養護助教諭、栄養教諭、主幹保育教諭、指導保育教諭、保育教諭、助保育教諭及び講師（常時勤務の者及び地方公務員法（昭和25年法律第261号）第28条の5第1項に規定する短時間勤務の職を占める者に限る。第23条第2項を除き、以下同じ。）をいう。

5　この法律で「専門的教育職員」とは、指導主事及び社会教育主事をいう。

第2章　任免、給与、分限及び懲戒
第2節　大学以外の公立学校の校長及び教員

（採用及び昇任の方法）

第11条　公立学校の校長の採用並びに教員の採用及び昇任は、選考によるものとし、その選考は、大学附置の学校にあつては当該大学の学長、大学附置の学校以外の公立学校（幼保連携型認定こども園を除く。）にあつてはその校長及び教員の任命権者である教育委員会の教育長、大学附置の学校以外の公立学校（幼保連携型認定こども園に限る。）にあつてはその校長及び教員の任命権者である地方公共団体の長が行う。

（条件附任用）

第12条　公立の小学校、中学校、高等学校、中等教育学校、特別支援学校、幼稚園及び幼保連携型認定こども園（以下「小学校等」という。）の教諭、助教諭、保育教諭、助保育教諭及び講師（以下「教諭等」という。）に係る地方公務員法第22条第1項に規定する採用については、同項中「6月」とあるのは「1年」として同項の規定を適用する。

2　地方教育行政の組織及び運営に関する法律（昭和31年法律第162号）第40条に定める場合のほか、公立の小学校等の校長又は教員で地方公務員法第22条第1項（前項の規定において読み替えて適用する場合を含む。）の規定により正式任用になつている者が、引き続き同一都道府県内の公立の小学校等の校長又は教員に任用された場合には、その任用については、同条同項の規定は適用しない。

（校長及び教員の給与）

第13条　公立の小学校等の校長及び教員の給与は、これらの者の職務と責任の特殊性に基づき条例で定めるものとする。

2　前項に規定する給与のうち地方自治法（昭和22年法律第67号）第204条第2項の規定により支給することができる義務教育等教員特別手当は、これらの者のうち次に掲げるものを対象とするものとし、その内容は、条例で定める。

一　公立の小学校、中学校、中等教育学校の前期課程又は特別支援学校の小学部若しくは中学部に勤務する校長及び教員

二　前号に規定する校長及び教員との権衡上必要があると認められる公立の高等学校、中等教育学校の後期課程、特別支援学校の高等部若しくは幼稚部、幼稚園又は幼保連携型認定こども園に勤務する校長及び教員

第3章　服務

（兼職及び他の事業等の従事）

第17条　教育公務員は、教育に関する他の職を兼ね、又は教育に関する他の事業若しくは事務に従事することが本務の遂行に支障がないと任命権者（地方教育行政の組織及び運営に関する法律第37条第1項に規定する県費負担教職員については、市町村（特別区を含む。以下同じ。）の教育委員会。第23条第2項及び第24条第2項において同じ。）において認める場合には、給与を受け、又は受けないで、その職を兼ね、又はその事業若しくは事務に従事することができる。

2　前項の場合においては、地方公務員法第38条第2項の規定により人事委員会が定める許可の基準によることを要しない。

（公立学校の教育公務員の政治的行為の制限）

第18条　公立学校の教育公務員の政治的行為の制限については、当分の間、地方公務員法第36条の規定にかかわらず、国家公務員の例による。

2　前項の規定は、政治的行為の制限に違反した者の処罰につき国家公務員法（昭和22年法律第120号）第110条第1項の例による趣旨を含むものと解してはならない。

第4章　研修

（研修）

第21条　教育公務員は、その職責を遂行するために、絶えず研究と修養に努めなければならない。

2　教育公務員の任命権者は、教育公務員の研修について、それに要する施設、研修を奨励するための方途その他研修に関する計画を樹立し、その実施に努めなければならない。

（研修の機会）

第22条　教育公務員には、研修を受ける機会が与えられなければならない。

2　教員は、授業に支障のない限り、本属長の承認を受けて、勤務場所を離れて研修を行うことができる。

3　教育公務員は、任命権者の定めるところにより、現職のままで、長期にわたる研修を受けることができる。

（初任者研修）

第23条　公立の小学校等の教諭等の任命権者は、当該教諭等（政令で指定する者を除く。）に対して、その採用の日から1年間の教諭又は保育教諭の職務の遂行に必要な事項に関する実践的な研修（以下「初任者研修」という。）を実施しなければならな

い。

2 任命権者は、初任者研修を受ける者（次項において「初任者」という。）の所属する学校の副校長、教頭、主幹教諭（養護又は栄養の指導及び管理をつかさどる主幹教諭を除く。）、指導教諭、教諭、主幹保育教諭、指導保育教諭、保育教諭又は講師のうちから、指導教員を命じるものとする。

3 指導教員は、初任者に対して教諭又は保育教諭の職務の遂行に必要な事項について指導及び助言を行うものとする。

（10 年経験者研修）

第 24 条　公立の小学校等の教諭等の任命権者は、当該教諭等に対して、その在職期間（公立学校以外の小学校等の教諭等としての在職期間を含む。）が 10 年（特別の事情がある場合には、10 年を標準として任命権者が定める年数）に達した後相当の期間内に、個々の能力、適性等に応じて、教諭等としての資質の向上を図るために必要な事項に関する研修（以下「10 年経験者研修」という。）を実施しなければならない。

2 任命権者は、10 年経験者研修を実施するに当たり、10 年経験者研修を受ける者の能力、適性等について評価を行い、その結果に基づき、当該者ごとに 10 年経験者研修に関する計画書を作成しなければならない。

3 第 1 項に規定する在職期間の計算方法、10 年経験者研修を実施する期間その他 10 年経験者研修の実施に関し必要な事項は、政令で定める。

（研修計画の体系的な樹立）

第 25 条　任命権者が定める初任者研修及び 10 年経験者研修に関する計画は、教員の経験に応じて実施する体系的な研修の一環をなすものとして樹立されなければならない。

（指導改善研修）

第 25 条の 2　公立の小学校等の教諭等の任命権者は、児童、生徒又は幼児（以下「児童等」という。）に対する指導が不適切であると認定した教諭等に対して、その能力、適性等に応じて、当該指導の改善を図るために必要な事項に関する研修（以下「指導改善研修」という。）を実施しなければならない。

2 指導改善研修の期間は、1 年を超えてはならない。ただし、特に必要があると認めるときは、任命権者は、指導改善研修を開始した日から引き続き 2 年を超えない範囲内で、これを延長することができる。

4 任命権者は、指導改善研修の終了時において、指導改善研修を受けた者の児童等に対する指導の改善の程度に関する認定を行わなければならない。

（指導改善研修後の措置）

第 25 条の 3　任命権者は、前条第 4 項の認定において指導の改善が不十分でなお児童等に対する指導を適切に行うことができないと認める教諭等に対して、免職その他の必要な措置を講ずるものとする。

第 5 章　大学院修学休業

（大学院修学休業の許可及びその要件等）

第26条 公立の小学校等の主幹教諭、指導教諭、教諭、養護教諭、栄養教諭、主幹保育教諭、指導保育教諭、保育教諭又は講師（以下「主幹教諭等」という。）で次の各号のいずれにも該当するものは、任命権者の許可を受けて、3年を超えない範囲内で年を単位として定める期間、大学（短期大学を除く。）の大学院の課程若しくは専攻科の課程又はこれらの課程に相当する外国の大学の課程（次項及び第28条第2項において「大学院の課程等」という。）に在学してその課程を履修するための休業（以下「大学院修学休業」という。）をすることができる。

一 主幹教諭（養護又は栄養の指導及び管理をつかさどる主幹教諭を除く。）、指導教諭、教諭、主幹保育教諭、指導保育教諭、保育教諭又は講師にあつては教育職員免許法（昭和24年法律第147号）に規定する教諭の専修免許状、養護をつかさどる主幹教諭又は養護教諭にあつては同法に規定する養護教諭の専修免許状、栄養の指導及び管理をつかさどる主幹教諭又は栄養教諭にあつては同法に規定する栄養教諭の専修免許状の取得を目的としていること。

2 大学院修学休業の許可を受けようとする主幹教諭等は、取得しようとする専修免許状の種類、在学しようとする大学院の課程等及び大学院修学休業をしようとする期間を明らかにして、任命権者に対し、その許可を申請するものとする。

（大学院修学休業の効果）

第27条 大学院修学休業をしている主幹教諭等は、地方公務員としての身分を保有するが、職務に従事しない。

2 大学院修学休業をしている期間については、給与を支給しない。

（略）

地方教育行政の組織及び運営に関する法律

（昭和31年6月30日　法律第162号）

第1章　総則

（この法律の趣旨）

第1条 この法律は、教育委員会の設置、学校その他の教育機関の職員の身分取扱その他地方公共団体における教育行政の組織及び運営の基本を定めることを目的とする。

（基本理念）

第1条の2 地方公共団体における教育行政は、教育基本法（平成18年法律第120号）の趣旨にのつとり、教育の機会均等、教育水準の維持向上及び地域の実情に応じた教育の振興が図られるよう、国との適切な役割分担及び相互の協力の下、公正かつ適正に行われなければならない。

（大綱の策定等）

第1条の3 地方公共団体の長は、教育基本法第17条第1項に規定する基本的な方針を参酌し、その地域の実情に応じ、当該地方公共団体の教育、学術及び文化の振興に関する総合的な施策の大綱（以下単に「大綱」という。）を定めるものとする。

（総合教育会議）

第1条の4　地方公共団体の長は、大綱の策定に関する協議及び次に掲げる事項についての協議並びにこれらに関する次項各号に掲げる構成員の事務の調整を行うため、総合教育会議を設けるものとする。

　一　教育を行うための諸条件の整備その他の地域の実情に応じた教育、学術及び文化の振興を図るため重点的に講ずべき施策

　二　児童、生徒等の生命又は身体に現に被害が生じ、又はまさに被害が生ずるおそれがあると見込まれる場合等の緊急の場合に講ずべき措置

（略）

第2章　教育委員会の設置及び組織
第1節　教育委員会の設置、教育長及び委員並びに会議

（設置）

第2条　都道府県、市（特別区を含む。以下同じ。）町村及び第21条に規定する事務の全部又は一部を処理する地方公共団体の組合に教育委員会を置く。

（組織）

第3条　教育委員会は、教育長及び4人の委員をもつて組織する。ただし、条例で定めるところにより、都道府県若しくは市又は地方公共団体の組合のうち都道府県若しくは市が加入するものの教育委員会にあつては教育長及び5人以上の委員、町村又は地方公共団体の組合のうち町村のみが加入するものの教育委員会にあつては教育長及び2人以上の委員をもつて組織することができる。

（任命）

第4条　教育長は、当該地方公共団体の長の被選挙権を有する者で、人格が高潔で、教育行政に関し識見を有するもののうちから、地方公共団体の長が、議会の同意を得て、任命する。

2　委員は、当該地方公共団体の長の被選挙権を有する者で、人格が高潔で、教育、学術及び文化（以下単に「教育」という。）に関し識見を有するもののうちから、地方公共団体の長が、議会の同意を得て、任命する。

4　教育長及び委員の任命については、そのうち委員の定数に1を加えた数の2分の1以上の者が同一の政党に所属することとなつてはならない。

5　地方公共団体の長は、第2項の規定による委員の任命に当たつては、委員の年齢、性別、職業等に著しい偏りが生じないように配慮するとともに、委員のうちに保護者（親権を行う者及び未成年後見人をいう。第47条の5第2項において同じ。）である者が含まれるようにしなければならない。

（任期）

第5条　教育長の任期は3年とし、委員の任期は4年とする。ただし、補欠の教育長又は委員の任期は、前任者の残任期間とする。

2　教育長及び委員は、再任されることができる。

（教育長）

第13条 教育長は、教育委員会の会務を総理し、教育委員会を代表する。

2 教育長に事故があるとき、又は教育長が欠けたときは、あらかじめその指名する委員がその職務を行う。

第2節　事務局

（事務局）

第17条 教育委員会の権限に属する事務を処理させるため、教育委員会に事務局を置く。

（指導主事その他の職員）

第18条 都道府県に置かれる教育委員会（以下「都道府県委員会」という。）の事務局に、指導主事、事務職員及び技術職員を置くほか、所要の職員を置く。

2 市町村に置かれる教育委員会（以下「市町村委員会」という。）の事務局に、前項の規定に準じて指導主事その他の職員を置く。

3 指導主事は、上司の命を受け、学校（学校教育法（昭和22年法律第26号）第1条に規定する学校及び就学前の子どもに関する教育、保育等の総合的な提供の推進に関する法律（平成18年法律第77号）第2条第7項に規定する幼保連携型認定こども園（以下「幼保連携型認定こども園」という。）をいう。以下同じ。）における教育課程、学習指導その他学校教育に関する専門的事項の指導に関する事務に従事する。

4 指導主事は、教育に関し識見を有し、かつ、学校における教育課程、学習指導その他学校教育に関する専門的事項について教養と経験がある者でなければならない。指導主事は、大学以外の公立学校（地方公共団体が設置する学校をいう。以下同じ。）の教員（教育公務員特例法（昭和24年法律第1号）第2条第2項に規定する教員をいう。以下同じ。）をもつて充てることができる。

第3章　教育委員会及び地方公共団体の長の職務権限

（教育委員会の職務権限）

第21条 教育委員会は、当該地方公共団体が処理する教育に関する事務で、次に掲げるものを管理し、及び執行する。

一　教育委員会の所管に属する第30条に規定する学校その他の教育機関（以下「学校その他の教育機関」という。）の設置、管理及び廃止に関すること。

二　教育委員会の所管に属する学校その他の教育機関の用に供する財産（以下「教育財産」という。）の管理に関すること。

三　教育委員会及び教育委員会の所管に属する学校その他の教育機関の職員の任免その他の人事に関すること。

四　学齢生徒及び学齢児童の就学並びに生徒、児童及び幼児の入学、転学及び退学に関すること。

五　教育委員会の所管に属する学校の組織編制、教育課程、学習指導、生徒指導及び職業指導に関すること。

六　教科書その他の教材の取扱いに関すること。

七　校舎その他の施設及び教具その他の設備の整備に関すること。

八　校長、教員その他の教育関係職員の研修に関すること。

九　校長、教員その他の教育関係職員並びに生徒、児童及び幼児の保健、安全、厚生及び福利に関すること。

十　教育委員会の所管に属する学校その他の教育機関の環境衛生に関すること。

十一　学校給食に関すること。

（事務処理の法令準拠）

第24条　教育委員会及び地方公共団体の長は、それぞれ前3条の事務を管理し、及び執行するに当たつては、法令、条例、地方公共団体の規則並びに地方公共団体の機関の定める規則及び規程に基づかなければならない。

いじめ防止対策推進法

（平成25年6月28日　法律第71号）

第1章　総則

（目的）

第1条　この法律は、いじめが、いじめを受けた児童等の教育を受ける権利を著しく侵害し、その心身の健全な成長及び人格の形成に重大な影響を与えるのみならず、その生命又は身体に重大な危険を生じさせるおそれがあるものであることに鑑み、児童等の尊厳を保持するため、いじめの防止等（いじめの防止、いじめの早期発見及びいじめへの対処をいう。以下同じ。）のための対策に関し、基本理念を定め、国及び地方公共団体等の責務を明らかにし、並びにいじめの防止等のための対策に関する基本的な方針の策定について定めるとともに、いじめの防止等のための対策の基本となる事項を定めることにより、いじめの防止等のための対策を総合的かつ効果的に推進することを目的とする。

（定義）

第2条　この法律において「いじめ」とは、児童等に対して、当該児童等が在籍する学校に在籍している等当該児童等と一定の人的関係にある他の児童等が行う心理的又は物理的な影響を与える行為（インターネットを通じて行われるものを含む。）であって、当該行為の対象となった児童等が心身の苦痛を感じているものをいう。

2　この法律において「学校」とは、学校教育法（昭和22年法律第26号）第1条に規定する小学校、中学校、高等学校、中等教育学校及び特別支援学校（幼稚部を除く。）をいう。

3　この法律において「児童等」とは、学校に在籍する児童又は生徒をいう。

4　この法律において「保護者」とは、親権を行う者（親権を行う者のないときは、未成年後見人）をいう。

（基本理念）

第3条　いじめの防止等のための対策は、いじめが全ての児童等に関係する問題であることに鑑み、児童等が安心して学習その他の活動に取り組むことができるよう、学校

の内外を問わずいじめが行われなくなるようにすることを旨として行われなければならない。

2　いじめの防止等のための対策は、全ての児童等がいじめを行わず、及び他の児童等に対して行われるいじめを認識しながらこれを放置することがないようにするため、いじめが児童等の心身に及ぼす影響その他のいじめの問題に関する児童等の理解を深めることを旨として行われなければならない。

3　いじめの防止等のための対策は、いじめを受けた児童等の生命及び心身を保護することが特に重要であることを認識しつつ、国、地方公共団体、学校、地域住民、家庭その他の関係者の連携の下、いじめの問題を克服することを目指して行われなければならない。

（いじめの禁止）

第4条　児童等は、いじめを行ってはならない。

（国の責務）

第5条　国は、第3条の基本理念（以下「基本理念」という。）にのっとり、いじめの防止等のための対策を総合的に策定し、及び実施する責務を有する。

（地方公共団体の責務）

第6条　地方公共団体は、基本理念にのっとり、いじめの防止等のための対策について、国と協力しつつ、当該地域の状況に応じた施策を策定し、及び実施する責務を有する。

（学校の設置者の責務）

第7条　学校の設置者は、基本理念にのっとり、その設置する学校におけるいじめの防止等のために必要な措置を講ずる責務を有する。

（学校及び学校の教職員の責務）

第8条　学校及び学校の教職員は、基本理念にのっとり、当該学校に在籍する児童等の保護者、地域住民、児童相談所その他の関係者との連携を図りつつ、学校全体でいじめの防止及び早期発見に取り組むとともに、当該学校に在籍する児童等がいじめを受けていると思われるときは、適切かつ迅速にこれに対処する責務を有する。

（保護者の責務等）

第9条　保護者は、子の教育について第一義的責任を有するものであって、その保護する児童等がいじめを行うことのないよう、当該児童等に対し、規範意識を養うための指導その他の必要な指導を行うよう努めるものとする。

2　保護者は、その保護する児童等がいじめを受けた場合には、適切に当該児童等をいじめから保護するものとする。

3　保護者は、国、地方公共団体、学校の設置者及びその設置する学校が講ずるいじめの防止等のための措置に協力するよう努めるものとする。

4　第1項の規定は、家庭教育の自主性が尊重されるべきことに変更を加えるものと解してはならず、また、前3項の規定は、いじめの防止等に関する学校の設置者及びその設置する学校の責任を軽減するものと解してはならない。

（財政上の措置等）

第10条　国及び地方公共団体は、いじめの防止等のための対策を推進するために必要

218 ■ 資料編

な財政上の措置その他の必要な措置を講ずるよう努めるものとする。

第2章　いじめ防止基本方針等

（いじめ防止基本方針）

第11条　文部科学大臣は、関係行政機関の長と連携協力して、いじめの防止等のための対策を総合的かつ効果的に推進するための基本的な方針（以下「いじめ防止基本方針」という。）を定めるものとする。

2　いじめ防止基本方針においては、次に掲げる事項を定めるものとする。

一　いじめの防止等のための対策の基本的な方向に関する事項

二　いじめの防止等のための対策の内容に関する事項

三　その他いじめの防止等のための対策に関する重要事項

（地方いじめ防止基本方針）

第12条　地方公共団体は、いじめ防止基本方針を参酌し、その地域の実情に応じ、当該地方公共団体におけるいじめの防止等のための対策を総合的かつ効果的に推進するための基本的な方針（以下「地方いじめ防止基本方針」という。）を定めるよう努めるものとする。

（学校いじめ防止基本方針）

第13条　学校は、いじめ防止基本方針又は地方いじめ防止基本方針を参酌し、その学校の実情に応じ、当該学校におけるいじめの防止等のための対策に関する基本的な方針を定めるものとする。

（いじめ問題対策連絡協議会）

第14条　地方公共団体は、いじめの防止等に関係する機関及び団体の連携を図るため、条例の定めるところにより、学校、教育委員会、児童相談所、法務局又は地方法務局、都道府県警察その他の関係者により構成されるいじめ問題対策連絡協議会を置くことができる。

2　都道府県は、前項のいじめ問題対策連絡協議会を置いた場合には、当該いじめ問題対策連絡協議会におけるいじめの防止等に関係する機関及び団体の連携が当該都道府県の区域内の市町村が設置する学校におけるいじめの防止等に活用されるよう、当該いじめ問題対策連絡協議会と当該市町村の教育委員会との連携を図るために必要な措置を講ずるものとする。

第3章　基本的施策

（学校におけるいじめの防止）

第15条　学校の設置者及びその設置する学校は、児童等の豊かな情操と道徳心を培い、心の通う対人交流の能力の素地を養うことがいじめの防止に資することを踏まえ、全ての教育活動を通じた道徳教育及び体験活動等の充実を図らなければならない。

2　学校の設置者及びその設置する学校は、当該学校におけるいじめを防止するため、当該学校に在籍する児童等の保護者、地域住民その他の関係者との連携を図りつつ、いじめの防止に資する活動であって当該学校に在籍する児童等が自主的に行うものに

対する支援、当該学校に在籍する児童等及びその保護者並びに当該学校の教職員に対するいじめを防止することの重要性に関する理解を深めるための啓発その他必要な措置を講ずるものとする。

（いじめの早期発見のための措置）

第16条 学校の設置者及びその設置する学校は、当該学校におけるいじめを早期に発見するため、当該学校に在籍する児童等に対する定期的な調査その他の必要な措置を講ずるものとする。

（インターネットを通じて行われるいじめに対する対策の推進）

第19条 学校の設置者及びその設置する学校は、当該学校に在籍する児童等及びその保護者が、発信された情報の高度の流通性、発信者の匿名性その他のインターネットを通じて送信される情報の特性を踏まえて、インターネットを通じて行われるいじめを防止し、及び効果的に対処することができるよう、これらの者に対し、必要な啓発活動を行うものとする。

2 国及び地方公共団体は、児童等がインターネットを通じて行われるいじめに巻き込まれていないかどうかを監視する関係機関又は関係団体の取組を支援するとともに、インターネットを通じて行われるいじめに関する事案に対処する体制の整備に努めるものとする。

第4章　いじめの防止等に関する措置

（学校におけるいじめの防止等の対策のための組織）

第22条 学校は、当該学校におけるいじめの防止等に関する措置を実効的に行うため、当該学校の複数の教職員、心理、福祉等に関する専門的な知識を有する者その他の関係者により構成されるいじめの防止等の対策のための組織を置くものとする。

（いじめに対する措置）

第23条 学校の教職員、地方公共団体の職員その他の児童等からの相談に応じる者及び児童等の保護者は、児童等からいじめに係る相談を受けた場合において、いじめの事実があると思われるときは、いじめを受けたと思われる児童等が在籍する学校への通報その他の適切な措置をとるものとする。

2 学校は、前項の規定による通報を受けたときその他当該学校に在籍する児童等がいじめを受けていると思われるときは、速やかに、当該児童等に係るいじめの事実の有無の確認を行うための措置を講ずるとともに、その結果を当該学校の設置者に報告するものとする。

3 学校は、前項の規定による事実の確認によりいじめがあったことが確認された場合には、いじめをやめさせ、及びその再発を防止するため、当該学校の複数の教職員によって、心理、福祉等に関する専門的な知識を有する者の協力を得つつ、いじめを受けた児童等又はその保護者に対する支援及びいじめを行った児童等に対する指導又はその保護者に対する助言を継続的に行うものとする。

4 学校は、前項の場合において必要があると認めるときは、いじめを行った児童等についていじめを受けた児童等が使用する教室以外の場所において学習を行わせる等い

じめを受けた児童等その他の児童等が安心して教育を受けられるようにするために必要な措置を講ずるものとする。

6　学校は、いじめが犯罪行為として取り扱われるべきものであると認めるときは所轄警察署と連携してこれに対処するものとし、当該学校に在籍する児童等の生命、身体又は財産に重大な被害が生じるおそれがあるときは直ちに所轄警察署に通報し、適切に、援助を求めなければならない。

（学校の設置者による措置）

第24条　学校の設置者は、前条第2項の規定による報告を受けたときは、必要に応じ、その設置する学校に対し必要な支援を行い、若しくは必要な措置を講ずることを指示し、又は当該報告に係る事案について自ら必要な調査を行うものとする。

（校長及び教員による懲戒）

第25条　校長及び教員は、当該学校に在籍する児童等がいじめを行っている場合であって教育上必要があると認めるときは、学校教育法第11条の規定に基づき、適切に、当該児童等に対して懲戒を加えるものとする。

（出席停止制度の適切な運用等）

第26条　市町村の教育委員会は、いじめを行った児童等の保護者に対して学校教育法第35条第1項（同法第49条において準用する場合を含む。）の規定に基づき当該児童等の出席停止を命ずる等、いじめを受けた児童等その他の児童等が安心して教育を受けられるようにするために必要な措置を速やかに講ずるものとする。

第5章　重大事態への対処

（学校の設置者又はその設置する学校による対処）

第28条　学校の設置者又はその設置する学校は、次に掲げる場合には、その事態（以下「重大事態」という。）に対処し、及び当該重大事態と同種の事態の発生の防止に資するため、速やかに、当該学校の設置者又はその設置する学校の下に組織を設け、質問票の使用その他の適切な方法により当該重大事態に係る事実関係を明確にするための調査を行うものとする。

（公立の学校に係る対処）

第30条　地方公共団体が設置する学校は、第28条第1項各号に掲げる場合には、当該地方公共団体の教育委員会を通じて、重大事態が発生した旨を、当該地方公共団体の長に報告しなければならない。

（略）

子どもの貧困対策の推進に関する法律

（平成 25 年 6 月 26 日　法律第 64 号）

総則

（目的）

第 1 条　この法律は、子どもの将来がその生まれ育った環境によって左右されることのないよう、貧困の状況にある子どもが健やかに育成される環境を整備するとともに、教育の機会均等を図るため、子どもの貧困対策に関し、基本理念を定め、国等の責務を明らかにし、及び子どもの貧困対策の基本となる事項を定めることにより、子どもの貧困対策を総合的に推進することを目的とする。

（基本理念）

第 2 条　子どもの貧困対策は、子ども等に対する教育の支援、生活の支援、就労の支援、経済的支援等の施策を、子どもの将来がその生まれ育った環境によって左右されることのない社会を実現することを旨として講ずることにより、推進されなければならない。

2　子どもの貧困対策は、国及び地方公共団体の関係機関相互の密接な連携の下に、関連分野における総合的な取組として行われなければならない。

（国の責務）

第 3 条　国は、前条の基本理念（次条において「基本理念」という。）にのっとり、子どもの貧困対策を総合的に策定し、及び実施する責務を有する。

（地方公共団体の責務）

第 4 条　地方公共団体は、基本理念にのっとり、子どもの貧困対策に関し、国と協力しつつ、当該地域の状況に応じた施策を策定し、及び実施する責務を有する。

（国民の責務）

第 5 条　国民は、国又は地方公共団体が実施する子どもの貧困対策に協力するよう努めなければならない。

第 2 章　基本的施策

（子どもの貧困対策に関する大綱）

第 8 条　政府は、子どもの貧困対策を総合的に推進するため、子どもの貧困対策に関する大綱（以下「大綱」という。）を定めなければならない。

2　大綱は、次に掲げる事項について定めるものとする。

　　一　子どもの貧困対策に関する基本的な方針

　　二　子どもの貧困率、生活保護世帯に属する子どもの高等学校等進学率等子どもの貧困に関する指標及び当該指標の改善に向けた施策

　　三　教育の支援、生活の支援、保護者に対する就労の支援、経済的支援その他の子どもの貧困対策に関する事項

（都道府県子どもの貧困対策計画）

第 9 条　都道府県は、大綱を勘案して、当該都道府県における子どもの貧困対策につい

ての計画（次項において「計画」という。）を定めるよう努めるものとする。

2　都道府県は、計画を定め、又は変更したときは、遅滞なく、これを公表しなければならない。

（教育の支援）

第10条　国及び地方公共団体は、就学の援助、学資の援助、学習の支援その他の貧困の状況にある子どもの教育に関する支援のために必要な施策を講ずるものとする。

（生活の支援）

第11条　国及び地方公共団体は、貧困の状況にある子ども及びその保護者に対する生活に関する相談、貧困の状況にある子どもに対する社会との交流の機会の提供その他の貧困の状況にある子どもの生活に関する支援のために必要な施策を講ずるものとする。

（保護者に対する就労の支援）

第12条　国及び地方公共団体は、貧困の状況にある子どもの保護者に対する職業訓練の実施及び就職のあっせんその他の貧困の状況にある子どもの保護者の自立を図るための就労の支援に関し必要な施策を講ずるものとする。

（経済的支援）

第13条　国及び地方公共団体は、各種の手当等の支給、貸付金の貸付けその他の貧困の状況にある子どもに対する経済的支援のために必要な施策を講ずるものとする。

児童の権利に関する条約

（1994年　日本国　批准）

前文

この条約の締約国は、

国際連合憲章において宣明された原則によれば、人類社会の

すべての構成員の固有の尊厳及び平等のかつ奪い得ない権利を認めることが世界における自由、正義及び平和の基礎を成すものであることを考慮し、

国際連合加盟国の国民が、国際連合憲章において、基本的人権並びに人間の尊厳及び価値に関する信念を改めて確認し、かつ、一層大きな自由の中で社会的進歩及び生活水準の向上を促進することを決意したことに留意し、

国際連合が、世界人権宣言及び人権に関する国際規約において、すべての人は人種、皮膚の色、性、言語、宗教、政治的意見その他の意見、国民的若しくは社会的出身、財産、出生又は他の地位等によるいかなる差別もなしに同宣言及び同規約に掲げるすべての権利及び自由を享有することができることを宣明し及び合意したことを認め、

国際連合が、世界人権宣言において、児童は特別な保護及び援助についての権利を享有することができることを宣明したことを想起し、

家族が、社会の基礎的な集団として、並びに家族のすべての構成員、特に、児童の成長及び福祉のための自然な環境として、社会においてその責任を十分に引き受けることが

できるよう必要な保護及び援助を与えられるべきであることを確信し、

児童が、その人格の完全なかつ調和のとれた発達のため、家庭環境の下で幸福、愛情及び理解のある雰囲気の中で成長すべきであることを認め、

児童が、社会において個人として生活するため十分な準備が整えられるべきであり、かつ、国際連合憲章において宣明された理想の精神並びに特に平和、尊厳、寛容、自由、平等及び連帯の精神に従って育てられるべきであることを考慮し、

児童に対して特別な保護を与えることの必要性が、1924年の児童の権利に関するジュネーヴ宣言及び1959年11月20日に国際連合総会で採択された児童の権利に関する宣言において述べられており、また、世界人権宣言、市民的及び政治的権利に関する国際規約（特に第23条及び第24条）、経済的、社会的及び文化的権利に関する国際規約（特に第10条）並びに児童の福祉に関係する専門機関及び国際機関の規程及び関係文書において認められていることに留意し、

児童の権利に関する宣言において示されているとおり「児童は、身体的及び精神的に未熟であるため、その出生の前後において、適当な法的保護を含む特別な保護及び世話を必要とする。」ことに留意し、

国内の又は国際的な里親委託及び養子縁組を特に考慮した児童の保護及び福祉についての社会的及び法的な原則に関する宣言、少年司法の運用のための国際連合最低基準規則（北京規則）及び緊急事態及び武力紛争における女子及び児童の保護に関する宣言の規定を想起し、

極めて困難な条件の下で生活している児童が世界のすべての国に存在すること、また、このような児童が特別の配慮を必要としていることを認め、

児童の保護及び調和のとれた発達のために各人民の伝統及び文化的価値が有する重要性を十分に考慮し、

あらゆる国特に開発途上国における児童の生活条件を改善するために国際協力が重要であることを認めて、次のとおり協定した。

（略）

教員の地位に関する勧告（抄）

（1966年9月21日～10月5日　ユネスコ特別政府間会議採択）

前文

教員の地位に関する特別政府間会議は、

教育を受ける権利が基本的人権の一つであることを想起し、

世界人権宣言の第26条、児童の権利宣言の第5原則、第7原則および第10原則および諸国民間の平和、相互の尊重と理解の精神を青少年の間に普及することに関する国連宣言を達成するうえで、すべての者に適正な教育を与えることが国家の責任であることを自覚し、

不断の道徳的・文化的進歩および経済的社会的発展に本質的な寄与をなすものとして、

役立てうるすべての能力と知性を十分に活用するために、普通教育、技術教育および職業教育をより広範に普及させる必要を認め、

教育の進歩における教員の不可欠な役割、ならびに人間の開発および現代社会の発展への彼らの貢献の重要性を認識し、

教員がこの役割にふさわしい地位を享受することを保障することに関心を持ち、

異なった国々における教育のパターンおよび編成を決定する法令および慣習が非常に多岐にわたっていることを考慮し、

かつ、それぞれの国で教育職員に適用される措置が、とくに公務に関する規制が教員にも適用されるかどうかによって非常に異なった種類のものが多く存在することを考慮に入れ、

これらの相違にもかかわらず教員の地位に関してすべての国々で同じような問題が起こっており、かつ、これらの問題が、今回の勧告の作成の目的であるところの、一連の共通基準および措置の適用を必要としていることを確信し、

教員に適用される現行国際諸条約、とくに ILO 総会で採択された結社の自由及び団結権保護条約（1948 年）、団結権及び団体交渉権条約（1949 年）、同一報酬条約（1951 年）、差別待遇（雇用及び職業）条約（1958 年）、および、ユネスコ総会で採択された教育の差別防止条約（1960 年）等の基本的人権に関する諸条項に注目し、

また、ユネスコおよび国際教育局が合同で召集した国際公教育会議で採択された初中等学校教員の養成と地位の諸側面に関する諸勧告、およびユネスコ総会で、1962 年に採択された技術・職業教育に関する勧告にも注目し、

教員にとくに関連する諸問題に関した諸規定によって現行諸基準を補足し、また、教員不足の問題を解決したいと願い、以下の勧告を採択した。

（略）

おわりに

　教員の養成・採用・研修という一連の教職生活は、生涯にわたり学び続ける教員のライフコースともいうべきものである。『現代教職論』という本書は、近い将来に学校教育を担うべき教員の、いわばライフコースを網羅的に論述した入門書である。したがって、本書はライフコースに沿って、第1〜4章での教員の養成や仕事・専門性に関すること、第5・7章での教員の地位・身分や採用に関すること、第6章での教員の研修に関することの3分野で構成するようにした。

　各章別の内容を見ると、第1章の内容は、戦前・戦後を通じての学校と教員養成の歴史を概観し、その歴史や国家社会の中で求められた教員像を追求している。第2章は、教員を目指す皆さんが履修すべき教職課程のしくみと内容—教職に関する科目と教科に関する科目との2本立て—を紹介し、さらに介護等体験および教育実習の意義・目的や内容と教員養成の質保証を扱った。第3章は、教員の関わるべきじつに多岐にわたる仕事と役割としての学習指導や生徒指導・進路指導のすすめ方、校務分掌のしくみ、学級・学校経営の仕方、道徳教育や特別活動の取扱い、地域社会との関わり方などを内容とした。第4章は、教員として身につけるべき専門性とは具体的に何かを明確にし、授業・教材研究の内容と方法、生徒理解・生徒指導の内容と方法、教育評価の考え方と方法、そして文部科学省の教員養成審議会などの答申内容が新たに求めている教員の資質・能力を紹介している。

　第5章は、公立学校の教員は教育公務員であるがゆえに、さまざまな関係法令で幾重にも規定されている教員の地位・身分や服務、分限・懲戒処分、待遇と勤務条件、私立学校の教員の身分や労働条件を論じた。第7章は、読者の皆さんが教員への進路を選択する際の各種の情報を提供しているが、具体的に教師という仕事のやりがいとその勤務実態、教師のさまざまな生き方と力量形成のしくみ、教員採用試験合格への道を扱った。

　第6章は、教員採用後のさまざまな研修や教員免許更新講習の実施とその内容を紹介し、これらを通じて学び続ける教師像が教員評価を伴って形

成されることを内容とした。

　なお、第1章は学校と教員養成に関する歴史を扱っているが、内容的には片仮名交じりの史料や各種の原文などを使用するなどやや難しい記述になっている。そのため、必要に応じて最初に現代的な課題を第2章以降で学習した後に、第1章を読み進めるのもひとつの方法である。

　本書の執筆方針としては、1つは各章別の執筆者に、教育史・教育思想史や教育行政を専門とし、かつ教職課程の講義内容や仕事に精通している大学教員を配したことである。もう1つは、図表、資料・データ、統計・グラフなどを駆使し、コラム欄や索引も採用するなどして、読者には読みやすくするように執筆に努めたことである。

　本書が、新しい時代を切り拓いていこうと教員を志望する皆さんに、いささかでも役立つことができれば幸いである。

　2016年1月

編者　関川悦雄・羽田積男

索引

あ行

ICT ……………………… 168
赤い鳥 ………………………15
明石女子師範付属小学校…14
芦田恵之助 …………………15
アメリカ教育使節団………21
「アメリカ教育使節団報告書」
………………………………21
安全性指導 …………………94
生き方の指導 ………………69
いじめ ……… 67,91,92,94
いじめ防止対策推進法…… 216
威重 …………………………11
一斉授業 ……………………59
一般的理解 ……………92,93
意欲 ………………………… 154
営利企業等の従事制限…… 119
及川平治 ……………………14
OECD ……………………… 163
大村はま ………………… 171

か行

介護休暇 ………………… 130
戒告 ……………………… 121
外国人学習者 ………………77
介護等体験 …………………44
介護等体験特例法…………45
改正教育令 …………………8
改正師範学校令 ……………16
開放制免許状制度…………26
学業指導 ……………………94
学芸学部 ……………………26
学芸大学 ……………………26
学習権 …………………… 177
学習指導……57,58,59,86,90
学習指導案…………………88

学習指導要領 ………………59
学制 …………………………6
学制改革 ……………………15
学徒勤労令 …………………17
学年主任 ……………………62
学級運営 ……………………86
学級活動 ………………77,78
学級経営……58,63,64,66,77
学級担任 ………………63,66,77
学校 …………………………74
学校、家庭、地域の連携…79
学校外活動 …………………83
学校管理 ………………64,65
学校教育相談 ………………75
学校教育の2大機能………59
学校教育法 ……… 24,88,195
学校教育法施行規則………95
学校教員品行検定規則……9
学校経営 ………………65,66
学校のスリム化 ……………83
家庭教育 ……………………80
課程認定 ……………………27
観察法 …………………91,92
机間指導 ……………………89
期限付任用教員 ………… 181
気づき …………………… 149
気づき力 ………………… 150
木下竹次 ……………………14
客観的理解 …………………92
キャリア教育 ………………69
休憩時間 ………………… 126
休日 ……………………… 127
休職 ……………………… 124
給食指導 ………………… 168
給与条例主義 …………… 130
教育委員会 …………………25
教育委員会法 ………………25
教育学部 ……………………26

教育課程 ………………59,65
教育課程の各領域…………59
教育観 …………………… 158
教育基本法 …………23,191
教育研究全国集会…………27
教育公務員特例法
……… 27,110,119,136,209
教育刷新委員会 ………23,25
教育三法 ……………………36
教育実習 ……………………48
教育指導者講習……………22
教育職員免許法
………………26,29,32,203
教育職員養成審議会…34,139
教育審議会 …………………16
教育センター ………………86
教育相談 ……………………66
教育ニ関スル戦時非常措置方
策…………………………17
教育ニ関スル勅語（教育勅語）
……………………… 11,71
教育の目的・目標…58,59,60
教育への情熱 …………… 158
教員候補者名簿………… 182
教員採用候補者選考…… 181
教員の資質能力………… 136
教員の多忙化 …………57,78
教員の地位に関する勧告
……………………… 27,223
教員評価 ………………… 151
教員評価システムの取組状況
………………………… 155
教員評価の意義………… 155
教員評価の実施状況…… 154
教員評価の特徴………… 152
教員評価の年間プロセス
………………………… 155
教員免許更新制………… 145

教員免許状⋯⋯⋯⋯⋯⋯27
教員養成の修士レベル化⋯37
教科外活動⋯⋯⋯⋯⋯⋯184
教学刷新⋯⋯⋯⋯⋯⋯⋯15
教学刷新評議会⋯⋯⋯⋯15
教学聖旨⋯⋯⋯⋯⋯⋯⋯7
教学大旨⋯⋯⋯⋯⋯⋯⋯7
教科書⋯⋯⋯⋯⋯⋯⋯⋯88
教科書の発行に関する臨時措
　置法⋯⋯⋯⋯⋯⋯⋯⋯88
教科担任制⋯⋯⋯⋯⋯57,63
教科に関する科目⋯⋯⋯⋯43
共感的理解⋯⋯⋯⋯⋯⋯92
教材⋯⋯⋯⋯⋯⋯⋯⋯⋯88
教材研究⋯⋯⋯⋯86,88,89,90
教師教育⋯⋯⋯⋯⋯⋯178
教師聖職者論⋯⋯⋯⋯⋯162
教師像⋯⋯⋯⋯⋯⋯24,172
教師の倫理綱領⋯⋯⋯⋯27
教師は労働者である⋯⋯⋯27
教職課程⋯⋯⋯⋯⋯⋯⋯27
教職実践演習⋯⋯⋯⋯⋯37
教職調整額⋯⋯⋯⋯⋯128
教職追放⋯⋯⋯⋯⋯⋯⋯20
教職に関する科目⋯⋯⋯⋯40
教職の意義等に関する科目
　⋯⋯⋯⋯⋯⋯⋯⋯⋯⋯35
教師労働者論⋯⋯⋯⋯⋯27
業績評価⋯⋯⋯⋯⋯⋯154
教務主任⋯⋯⋯⋯⋯⋯62,66
勤務時間⋯⋯⋯⋯⋯⋯126
勤務時間の割振り⋯⋯⋯126
勤務日⋯⋯⋯⋯⋯⋯⋯126
勤務評定⋯⋯⋯⋯⋯⋯151
崩れ⋯⋯⋯⋯⋯⋯⋯⋯150
グループディスカッション
　⋯⋯⋯⋯⋯⋯⋯⋯⋯183
欠格条項⋯⋯⋯⋯⋯⋯112
決戦教育措置要綱⋯⋯⋯17
減給⋯⋯⋯⋯⋯⋯⋯⋯121
検査法⋯⋯⋯⋯⋯⋯91,92
研修⋯⋯⋯⋯⋯⋯⋯⋯117
検討会⋯⋯⋯⋯⋯86,87,88
県費負担教職員⋯⋯⋯110
合科学習⋯⋯⋯⋯⋯⋯15

降給⋯⋯⋯⋯⋯⋯⋯⋯124
高校3原則⋯⋯⋯⋯⋯⋯24
高校生の政治的活動⋯⋯83
高等学校⋯⋯⋯⋯⋯⋯24
校内研修⋯⋯⋯⋯⋯86,87
校内暴力⋯⋯⋯⋯⋯⋯94
降任⋯⋯⋯⋯⋯⋯⋯⋯124
河野清丸⋯⋯⋯⋯⋯⋯14
校務分掌⋯⋯⋯⋯60,63,95
国際教員指導環境調査
　⋯⋯⋯⋯⋯⋯⋯163,174
国際労働機構（ILO）⋯⋯27
国体観念⋯⋯⋯⋯⋯⋯15
国民学校⋯⋯⋯⋯⋯⋯16
国民学校令⋯⋯⋯⋯⋯16
国立学校設置法⋯⋯⋯25
個人的適応指導⋯⋯⋯94
子ども観⋯⋯⋯⋯⋯⋯158
子どもの貧困対策の推進に関
　する法律⋯⋯⋯⋯⋯221
個別指導⋯⋯⋯⋯68,93,94
個別的理解⋯⋯⋯⋯92,93
コーホート⋯⋯⋯⋯⋯170
コミュニケーション⋯⋯156
コミュニティ・スクール⋯82

さ行

再課程認定⋯⋯⋯⋯⋯34
査定⋯⋯⋯⋯⋯⋯⋯⋯157
沢柳政太郎⋯⋯⋯⋯⋯14
私学教員志望者名簿⋯⋯182
私学協会⋯⋯⋯⋯⋯⋯182
時間外勤務⋯⋯⋯⋯⋯128
時季変更権⋯⋯⋯⋯⋯129
自己開発能力⋯⋯⋯⋯151
自己研修⋯⋯⋯⋯⋯⋯147
自己効力感⋯⋯⋯⋯⋯163
自己申告⋯⋯⋯⋯⋯⋯152
自主研修⋯⋯⋯⋯137,148
実習日誌⋯⋯⋯⋯⋯⋯50
質保証（教員養成の）⋯⋯52
質問紙調査法⋯⋯⋯91,92
指導教諭⋯⋯⋯⋯51,61,79
児童生徒⋯⋯⋯⋯⋯⋯74

児童（子ども）の権利に関す
　る条約⋯⋯⋯⋯⋯⋯222
指導要録⋯⋯⋯⋯⋯⋯98
指導力不足の教員⋯⋯⋯125
師範学校⋯⋯⋯⋯⋯6,22
師範学校令⋯⋯⋯⋯⋯10
師範教育令⋯⋯⋯⋯⋯11
師範タイプ⋯⋯⋯⋯⋯11
社会性・公民性指導⋯⋯94
社会福祉施設⋯⋯⋯⋯44
集会条例⋯⋯⋯⋯⋯⋯9
自由画教育運動⋯⋯⋯15
週休日⋯⋯⋯⋯⋯⋯126
自由教育令⋯⋯⋯⋯⋯7
修身⋯⋯⋯⋯⋯⋯⋯⋯71
終戦の詔書⋯⋯⋯⋯⋯19
集団指導⋯⋯⋯⋯68,93,94
10年経験者研修⋯⋯⋯142
主幹教諭⋯⋯⋯⋯61,79,169
主観的理解⋯⋯⋯⋯⋯92
授業研究⋯⋯⋯⋯86,87,88
守秘義務⋯⋯⋯⋯⋯51,118
順良⋯⋯⋯⋯⋯⋯⋯⋯11
障害⋯⋯⋯⋯⋯⋯⋯91,94
小学条目二件⋯⋯⋯⋯8
小学校および中学校の普通免
　許状授与に係わる教育職員
　免許法の特例等に関する法
　律⋯⋯⋯⋯⋯⋯⋯⋯45
小学校教員心得⋯⋯⋯8
小学校教員免許状授与方心得
　⋯⋯⋯⋯⋯⋯⋯⋯⋯9
小学校令⋯⋯⋯⋯⋯⋯10
消極的資格要件⋯⋯⋯112
常勤講師⋯⋯⋯⋯⋯⋯181
条件附採用⋯⋯⋯112,140
職員会議⋯⋯⋯⋯⋯66,169
職全体の不名誉となる行為
　⋯⋯⋯⋯⋯⋯⋯⋯⋯117
職専免研修⋯⋯⋯⋯⋯137
職の信用を傷つける行為
　⋯⋯⋯⋯⋯⋯⋯⋯⋯117
職務研修⋯⋯⋯⋯⋯⋯136
職務上の服務⋯⋯⋯⋯115
職務に専念する義務⋯⋯117

初任者研修制度‥‥‥‥‥139
ショーン
　Schön, D. ‥‥‥‥‥‥‥28
私立学校法‥‥‥‥‥‥‥25
事例研究法‥‥‥‥‥‥‥92
信愛‥‥‥‥‥‥‥‥‥‥11
新学力観‥‥‥‥‥‥‥‥99
人材確保法‥‥‥‥‥28,130
診断的評価‥‥‥‥‥‥100
信用失墜行為の禁止‥‥‥117
信頼される学校づくり‥‥152
進路指導‥‥‥‥66,68,69,94
進路指導主事‥‥‥‥‥62,66
スクールカウンセラー‥66,75
スクールソーシャルワーカー
‥‥‥‥‥‥‥‥‥‥‥75
鈴木三重吉‥‥‥‥‥‥‥15
ストッダード
　Stoddard, G. D. ‥‥‥‥21
墨塗り教科書‥‥‥‥‥‥19
成蹊実務学校‥‥‥‥‥‥14
省察‥‥‥‥‥‥‥‥149,166
政治的行為の制限‥‥‥‥119
政治的中立性‥‥‥‥‥111
成城小学校‥‥‥‥‥‥‥14
成長促進・開発的な生徒指導
‥‥‥‥‥‥‥‥‥‥‥94
生徒指導‥‥‥57,58,59,63,66,
　　　86,90,91,93,94,95,96
生徒指導主事‥‥‥‥62,66,95
生徒指導部‥‥‥‥‥‥‥95
生徒理解‥‥‥67,90,91,93,96
世界人権宣言‥‥‥‥‥‥23
積極的資格要件‥‥‥‥‥112
絶対評価‥‥‥‥‥‥99,152
選考‥‥‥‥‥‥‥‥‥113
戦時教育令‥‥‥‥‥‥‥17
全体計画‥‥‥‥‥‥‥‥95
全体の奉仕者‥‥‥‥24,111
専任教員‥‥‥‥‥‥‥181
専門職‥‥‥‥‥‥‥‥‥27
総括的な評価‥‥‥‥‥100
争議行為‥‥‥‥‥‥‥118
総合演習‥‥‥‥‥‥‥‥35
相互理解‥‥‥‥‥‥‥157

相対評価‥‥‥‥‥‥99,153
相当免許状主義‥‥‥‥‥32
疎開‥‥‥‥‥‥‥‥‥‥19
その他の評価‥‥‥‥‥154

た行

大学基準協会‥‥‥‥‥‥25
大学設置委員会‥‥‥‥‥25
体験証明書‥‥‥‥‥‥‥45
体験日誌‥‥‥‥‥‥‥‥47
大正自由教育‥‥‥‥‥‥14
対人関係力‥‥‥‥‥‥158
第2次アメリカ教育使節団
‥‥‥‥‥‥‥‥‥‥‥22
体罰‥‥‥‥‥‥‥‥‥121
短期大学‥‥‥‥‥‥‥‥24
探究心‥‥‥‥‥‥‥‥158
千葉師範付属小学校‥‥‥‥14
千葉命吉‥‥‥‥‥‥‥‥14
地方教育行政の組織及び運営
　に関する法律‥‥‥‥213
地方公務員法‥‥‥‥‥110
チーム学校‥‥‥‥30,78,79
中央教育審議会‥‥‥28,139
中学校学習指導要領‥‥‥‥77
中学校令‥‥‥‥‥‥‥‥10
懲戒処分‥‥‥‥‥111,120
帝国小学校‥‥‥‥‥‥‥14
帝国大学令‥‥‥‥‥‥‥10
停職‥‥‥‥‥‥‥‥‥121
出口指導‥‥‥‥‥‥‥‥69
手塚岸衛‥‥‥‥‥‥‥‥14
デューイ
　Dewey, J. ‥‥‥‥‥‥28
天職・聖職的教員‥‥‥‥13
到達度評価‥‥‥‥‥‥‥99
道徳科‥‥‥‥‥‥‥‥‥71
道徳教育‥‥‥‥‥‥‥‥71
道徳性‥‥‥‥‥‥‥71,72
道徳性指導‥‥‥‥‥‥‥94
道徳の時間‥‥‥‥‥‥‥71
同僚性‥‥‥‥‥‥‥‥180
特別活動‥‥‥‥58,59,77,78
特別休暇‥‥‥‥‥‥‥129

特別支援学校‥‥‥‥‥‥44
特別支援学校教諭‥‥‥‥38
特別支援教育‥‥‥‥‥106
特別免許状‥‥‥‥‥‥‥37

な行

中村春二‥‥‥‥‥‥‥‥14
奈良女子師範付属小学校‥‥14
西山哲治‥‥‥‥‥‥‥‥14
24時間子供SOSダイヤル
‥‥‥‥‥‥‥‥‥‥‥76
日本教職員組合（日教組）
‥‥‥‥‥‥‥‥‥‥‥27
日本国憲法‥‥‥‥‥22,190
日本女子大学豊明小学校‥‥14
日本精神‥‥‥‥‥‥‥‥15
『日本の教育』‥‥‥‥‥21
任命権者‥‥‥‥‥‥‥110
任用‥‥‥‥‥‥‥‥‥112
年間計画‥‥‥‥‥‥‥‥95
年次有給休暇‥‥‥‥‥129
能力評価‥‥‥‥‥‥‥154

は行

発達障害‥‥‥‥‥‥‥‥92
発問‥‥‥‥‥‥‥‥‥‥89
バーンアウト‥‥‥‥‥174
板書‥‥‥‥‥‥‥‥‥‥89
非常勤講師‥‥‥‥‥‥181
秘密を守る義務‥‥‥‥118
病気休暇‥‥‥‥‥‥‥129
開かれた学校‥‥‥‥‥‥81
広島師範付属小学校‥‥‥‥14
部活動指導員‥‥‥‥‥‥79
服務‥‥‥‥‥‥‥‥‥115
服務の宣誓‥‥‥‥‥‥116
普通免許状‥‥‥‥‥‥‥37
不登校‥‥‥‥‥67,92,164
分科学習‥‥‥‥‥‥‥‥15
分限処分‥‥‥‥‥111,123
兵式体操‥‥‥‥‥‥‥‥11
放課後児童健全育成事業
‥‥‥‥‥‥‥‥‥‥185

法令等および上司の職務上の
　命令に従う義務………116
保健指導………………94
ポートフォリオ評価……101
ホームルーム活動…………77

ま行

マッカーサー…………20,23
学び続ける教師像………147
身分上の服務……………117
身分保障………………111
民間情報教育局……………21
免許基準の引き上げ………33
免許状更新講習………30,36
免許状授与のための基礎資格
………………………33
免許状の種類………………33
免職………………121,124

面接法………………91,92
目標に準拠した評価………99
森有礼………………10
問題解決・治療的な生徒指導
………………………94
問題解決能力…………158
問題行動………………67
文部科学省………………93
文部省………………93
文部省白書………………28

や行

山本鼎………………15
ユネスコ………………21
幼児期の教育……………80
余暇指導………………95
予防的な生徒指導…………94

ら行

ライフコース……………169
履修カルテ………………37
臨時教育会議………………12
臨時教育審議会…………140
臨時的任用教員……112,181
臨時免許状………………38
臨床教育相談……………75
連合国軍総司令部…………19
労働基準法………………126
労働基本権………………111
6-3制…………………24

わ行

ワーク・ライフ・バランス
………………………165

編者・執筆分担

羽田積男（はだ　せきお）………………………… はじめに、序章、第1章2節、資料編
元 日本大学文理学部　教授

関川悦雄（せきかわ　えつお）………………………… 第3章1-3・7節、おわりに
郡山女子大学家政学部　教授

執筆者（五十音順）・執筆分担

今泉朝雄（いまいずみ　ともお）………………………………… 第4章3-4節
日本大学　非常勤講師

植山剛行（うえやま　たけゆき）………………………………… 第6章3-4節
ブルネイ大学教育大学院　准教授

黒田友紀（くろだ　ゆき）………………………………… 第5章2-3節
日本大学理工学部　准教授

古賀徹（こが　とおる）………………………………… 第2章1-4節
日本大学通信教育部　教授

櫻井歓（さくらい　かん）………………………………… 第7章4-6節
日本大学芸術学部　教授

柴山英樹（しばやま　ひでき）………………………………… 第5章1・4-5節
日本大学理工学部　准教授

壽福隆人（じゅふく　たかと）………………………………… 第2章5-7節
日本大学法学部　教授

杉森知也（すぎもり　ともや）………………………………… 第7章1-3・7節
日本大学文理学部　教授

永塚史孝（ながつか　ふみたか）………………………………… 第3章4-6・8節
日本大学国際関係学部　教授

執筆者（五十音順）・執筆分担（続き）

冨士原雅弘（ふじわら　まさひろ）‥‥‥‥‥‥‥‥‥‥‥‥‥第6章1-2節
日本大学国際関係学部　准教授

藤原政行（ふじわら　まさゆき）‥‥‥‥‥‥‥‥‥‥‥‥‥‥第1章1節
日本大学生物資源科学部　教授

山岸竜治（やまぎし　りゅうじ）‥‥‥‥‥‥‥‥‥‥‥‥‥‥第4章1-2節
日本大学生産工学部　准教授／精神保健福祉士

Next 教科書シリーズ　現代教職論

2016（平成28）年2月28日　初版1刷発行
2019（平成31）年1月30日　同　3刷発行

編　者　羽田　積男・関川　悦雄
発行者　鯉渕　友南
発行所　株式会社　弘文堂　　101-0062　東京都千代田区神田駿河台1の7
　　　　　　　　　　　　　TEL 03（3294）4801　　振替 00120-6-53909
　　　　　　　　　　　　　http://www.koubundou.co.jp

装　丁　水木喜美男
印　刷　三美印刷
製　本　井上製本所

©2016　Sekio Hada & Etsuo Sekikawa. Printed in Japan
[JCOPY]〈（社）出版者著作権管理機構　委託出版物〉
本書の無断複写は著作権法上での例外を除き禁じられています。複写される場合は、
そのつど事前に、（社）出版者著作権管理機構（電話 03-5244-5088、FAX 03-5244-5089、
e-mail : info@jcopy.or.jp）の許諾を得てください。
また本書を代行業者等の第三者に依頼してスキャンやデジタル化することは、たとえ個
人や家庭内の利用であっても一切認められておりません。
ISBN978-4-335-00220-5

Next 教科書シリーズ

好評既刊

授業の予習や独習に適した初学者向けの大学テキスト

（刊行順）

『心理学』［第3版］　和田万紀＝編
定価（本体2100円＋税）　ISBN978-4-335-00230-4

『政治学』［第2版］　吉野　篤＝編
定価（本体2000円＋税）　ISBN978-4-335-00231-1

『行政学』［第2版］　外山公美＝編
定価（本体2600円＋税）　ISBN978-4-335-00222-9

『国際法』［第3版］　渡部茂己・喜多義人＝編
定価（本体2200円＋税）　ISBN978-4-335-00232-8

『現代商取引法』　藤田勝利・工藤聡一＝編
定価（本体2800円＋税）　ISBN978-4-335-00193-2

『刑事訴訟法』　関　正晴＝編
定価（本体2400円＋税）　ISBN978-4-335-00197-0

『行政法』［第3版］　池村正道＝編
定価（本体2800円＋税）　ISBN978-4-335-00229-8

『民事訴訟法』［第2版］　小田　司＝編
定価（本体2200円＋税）　ISBN978-4-335-00223-6

『日本経済論』　稲葉陽二・乾友彦・伊ヶ崎大理＝編
定価（本体2200円＋税）　ISBN978-4-335-00200-7

『地方自治論』　山田光矢・代田剛彦＝編
定価（本体2000円＋税）　ISBN978-4-335-00199-4

『憲法』［第2版］　齋藤康輝・高畑英一郎＝編
定価（本体2100円＋税）　ISBN978-4-335-00225-0

『教育政策・行政』　安藤忠・壽福隆人＝編
定価（本体2200円＋税）　ISBN978-4-335-00201-4

『国際関係論』［第3版］　佐渡友哲・信夫隆司・柑本英雄＝編
定価（本体2200円＋税）　ISBN978-4-335-00233-5

『労働法』［第2版］　新谷眞人＝編
定価（本体2000円＋税）　ISBN978-4-335-00237-3

『刑事法入門』　船山泰範＝編
定価（本体2000円＋税）　ISBN978-4-335-00210-6

『西洋政治史』　杉本　稔＝編
定価（本体2000円＋税）　ISBN978-4-335-00202-1

『社会保障』　神尾真知子・古橋エツ子＝編
定価（本体2000円＋税）　ISBN978-4-335-00208-3

『民事執行法・民事保全法』　小田　司＝編
定価（本体2500円＋税）　ISBN978-4-335-00207-6

『教育心理学』　和田万紀＝編
定価（本体2000円＋税）　ISBN978-4-335-00212-0

『教育相談』　津川律子・山口義枝・北村世都＝編
定価（本体2200円＋税）　ISBN978-4-335-00214-4

Next 教科書シリーズ

■ 好評既刊

刊行順）

『法学』［第 2 版］　高橋雅夫＝編
　　　　　　　　　　　　　　定価（本体2200円＋税）　ISBN978-4-335-00226-7

『経済学入門』　山口正春・楠谷　清＝編
　　　　　　　　　　　　　　定価（本体2000円＋税）　ISBN978-4-335-00213-7

『日本古典文学』　近藤健史＝編
　　　　　　　　　　　　　　定価（本体2200円＋税）　ISBN978-4-335-00209-0

『ソーシャルワーク』　金子絵里乃・後藤広史＝編
　　　　　　　　　　　　　　定価（本体2200円＋税）　ISBN978-4-335-00218-2

『現代教職論』　羽田積男・関川悦雄＝編
　　　　　　　　　　　　　　定価（本体2100円＋税）　ISBN978-4-335-00220-5

『発達と学習』　内藤佳津雄・北村世都・市川優一郎＝編
　　　　　　　　　　　　　　定価（本体2000円＋税）　ISBN978-4-335-00221-2

『哲学』　石浜弘道＝編
　　　　　　　　　　　　　　定価（本体1800円＋税）　ISBN978-4-335-00219-9

『道徳教育の理論と方法』　羽田積男・関川悦雄＝編
　　　　　　　　　　　　　　定価（本体2000円＋税）　ISBN978-4-335-00228-1

『刑法各論』　沼野輝彦・設楽裕文＝編
　　　　　　　　　　　　　　定価（本体2400円＋税）　ISBN978-4-335-00227-4

『刑法総論』　設楽裕文・南部　篤＝編
　　　　　　　　　　　　　　定価（本体2400円＋税）　ISBN978-4-335-00235-9

『特別活動・総合的学習の理論と指導法』　関川悦雄・今泉朝雄＝編
　　　　　　　　　　　　　　定価（本体2000円＋税）　ISBN978-4-335-00239-7